江戸時代の家

暮らしの息吹を伝える

大岡敏昭著

水曜社

まえがき

現代の家は、かつての家にくらべて規模や室数が増え、設備も充実して機能的で便利にはなったが、しかし古くからの大切なものを見失ってしまったように思う。

NHKテレビでひとり暮らしの孤独死がとりあげられ、それを無縁社会と称していた。世の中の人と人とのつながりが疎遠《そえん》になっているのであるが、その背景には他人《ひと》を思いやる利他《りた》のこころではなく、自分だけよければよいという自利《じり》ばかりのこころが蔓延する社会的風潮があろう。

そしてさらに家のつくり方にもその一端がある。

それは近隣とつながる通路や道との関係が閉鎖的になっていることである。とくにマンションやアパートは通路に面したそれぞれの家が頑丈なドアで仕切られ、その横に設けられた窓は小さく、通路との関係はまったく遮断されている。このことは都市の戸建ての家にもいえることで、いわば家が道に背を向けたようになっている。

家と通路や道との関係が閉鎖的になれば、道からは家の中の様子がうかがいにくいし、しかも訪ねにくい。そして家の中からも道につながる近隣の様子がわかりづらい。このような家では人と人との出会いやつながりも阻害されやすい。また家の間取りもプライバシーを強調し過ぎて個室化が進み、家族のつながりも疎遠になってしまった。

しかしかつての家はそうではなかった。一例を示せば、図1と2は幕末の下級武士が書き遺《のこ》した日記の挿絵である。前図は、家人と友人とが部屋で真剣に話し合っていたところへ別の友人が庭を通ってやってきて、縁に腰かけてその話に加わっている。後図は、別の家人が部屋で酒を飲んでいたところ、近隣の娘たち三人が庭を通って縁先にやってきて家人と楽しそうに話している。これをみると、部屋には縁があり、外に向けて広くつながっている。この絵日記によれば、江戸時代の暮らしの風景は、武士の階級および町人、僧侶といった身分の違いに関係なく、たがいの家に気軽によく集まり、人と人とのつながりはきわめて親密であったという。すなわち家も人も開放的であったのである。

図1

日本の家は非常に長い歴史があるが、とくに江戸時代にかけて急速に発展してきた。しかもその時代に玄関、座敷、茶の間、居間、納戸、湯殿、内便所など、それまでなかった新しい空間も生まれた。それらは現代の家にも受け継がれている。

これまで江戸時代の家は多分に偏見と誤解をもってみられてきたように思う。それは封建的で古めかしい家であり、単に和室を並べただけの通り抜けのある住みにくい家であるといわれてきた。

ところが、今に残るそれらの家を全国に訪ね、また多くの家の史料を調べてみると、実際はきわめて地域独自の多彩な家であり、総じて開放的で豊かな家であった。豊かな家とは、その地域の風土と文化によって養われた多様性があり、人と人とのつながりを大切に考えてつくられたという意味である。またそこには住み方と暮らしの絶妙なる生活秩序も存在して

図2

いた。

江戸時代は士農工商の身分制社会であり、家も大きく分けて武士の家、農民の家、町人の家があったが、それぞれに独自の発展をしていた。

本書の一～三章では、現代の家の原点というべきそれらの江戸時代の家を改めて見直し、それはどのような家であったか、その特質とは何であったかを探っていきたい。そこから現代の家が見失ったものを再発見し、すこしでもこれからの日本の家への示唆が得られればと思う。

また四章では、隠者《いんじゃ》の家と題して江戸時代に生きた芭蕉と良寛の庵と暮らしの風景をのべている。隠者とは、世俗を離れ自然の中で清閑《せいかん》の暮らしをした人たちのことをいうが、敢えてその道を歩んだ彼らの苦難の人生をたどりながら、そこで得た感動とよろこびとはいったい何であったかを探っている。家は粗末で貧しい暮らしではあっても、自然とかかわる自由で清らかなよろこびが謳歌《おうか》されていた。そこから家とは、暮らしの豊かさとは何かを考える手がかりになればと思う。

目次◎江戸時代の家

第二章　農民の家

第三章　町人の家

第四章　隠者の家

第一章

武士の家

一　武士について

1　武士の身分と禄高

江戸時代の人口は、初期にかけて著しく増加し、中期から後期にかけては停滞して三千百万人前後を推移した（関山直太郎『日本の人口』）。そのうち武士家族の占める割合はわずか六〜七％であり、圧倒的多数は農民の八〇〜八五％、次いで工商人の一〇％とされる。

武士の身分は大きくは知行《ちぎょう》取《ど》りと扶持《ふち》取《ど》りに分かれていた。前者は上位の身分であり、禄《ろく》高《だか》何石といって知行（土地）が与えられ、その年貢によって生活を賄っていた。禄高の巾は広く、下は五〇石前後、中は百〜二百石台、そして上の三百石台から数千石台まであった。たとえば百石取りの場合、年貢率は藩によって異なるが、だいたい五つ（割）〜八つ（割）であったから、仮に六つとすると六〇石の実収入となる。この米の一部を金に換え、身の廻りの雑貨や食材などを買っていた。

一方、後者は下位の身分であり、何人扶持といって俸禄米《ほうろくまい》が給せられた。これも俸禄の巾は広く、下はたった二〜三人扶持から上は二〇人扶持前後まであった。たとえば人数の多い十人扶持の場合、一年に食べる十人分の米が支給される。ひとり一日五合として計算すると年に一石八斗となり、十人分だから十八石になる。また切米《きりまい》として現米を年俸として支給する石数と扶持数を組み合わせた俸禄も多い。たとえば五石二人扶持とは年に切米五石と二人扶持（三石六斗）の計八石六斗の米が支給される。

江戸時代の中頃になると、知行取りの武士は村の知行に赴くことはなくなり、しだいに扶持取りと同じように年貢米相当の俸禄米が給せられるようになる。現代のサラリーマンの原型といえる。

そこで知行取りと扶持取りの武士はどのように称されていたか。藩によって異なるが、前者は家中《かちゅう》（庄内藩）、家中手廻《てまわ》り（八戸《はちのへ》藩）、侍《さむらい》（膳所《ぜぜ》藩）、士分《しぶん》（備中松山藩）など、後者は給人《きゅうじん》（庄内藩）、足軽手廻り（八戸藩）、足軽（亀田藩）などと称していた。

この二つの身分はそれぞれさらに分かれる。たとえば家臣数の多い仙台藩では、知行取りの最高格を一門、一家、一族と称する五八家を伊達《だて》門閥《もんばつ》とし、その次に宿老《しゅくろう》、着座《ちゃくざ》など四八家を由緒ある家柄とし、それに続いて人数の多い平士《ひらし》という身分を定めた。米沢藩では最も格式の高い九六家を侍組とし、それ以外を三手《みて》組とした。他の藩も家臣数に応じてそれぞれ独自に格式区分をしていた。また扶持取りも多くの藩にほぼ共通して、上は徒士《かち》、中間《ちゅうげん》、足軽、下は小人《こびと》、同心《どうしん》などと称する武士がいた。

さらに身分に相応する数多くの役職もあった。それも藩で異なるが、だいたい上位は家老、奉行、御勘定頭《おかんじょうがしら》、中位は番頭《ばんがしら》、寄合衆《よりあいしゅう》、御目付《おめつけ》、御用人《ごようにん》、御馬廻《おうままわり》、下位は元方改役《もとかたあらためやく》、御鉄砲《おてっぽう》、御小姓《おこしょう》、表坊主《おもてぼうず》などであった。ただし藩によっては奉行は中位に、番頭は上位に位置づけている場合もある。

2　身分の変動

このように武士の身分は細かく区分されていたが、その身分や禄高は固定的なものと考えられていた。しかし実態はそうではなかった。それは次の武士の日記にうかがえる。
忍《おし》藩に御馬廻役百石の尾崎石城《せきじょう》という独身の青年武士がいた。彼は二九歳になった安政四年（一八五七）に上書《じょうしょ》（書面で領主や藩上層に意見をのべる）して藩政を論じたために藩重役たちの逆鱗《げきりん》にふれて蟄居《ちっきょ》申しわたされ、わずか十人扶持に下げられてしまった。一挙に知行取りから扶持取りへの降格である。養子先の家も追いだされ、下級武士の妹夫婦の家に移り住む（その尾崎石城が江戸時代末期の文久《ぶんきゅう》年間に書き残した『石城日記』より）。

また飯田藩のN家一代目当主は長屋に住む足軽身分であったが、その後の明和《めいわ》三年（一七六六）に小頭《こがしら》役から氷餅方《こおりもちかた》に昇進した。扶持取りから知行取りへの出世である。家も長屋から庭付きの戸建に移り住んだ。そして二代目当主の時に下目付《したためつけ》に、さらに文化二年（一八〇五）に町手代《まちてだい》に昇進する。出世はその後も順調に続き、三代目当主の天保四年（一八三三）に山奉行、天保《てんぽう》六年（一八三五）には上郷《かみごう》代官になる。だが安政《あんせい》五年（一八五八）に身に覚えのない職務不正の理由から突然蟄居申しわたされ、身分も下士《かし》の坊主格に下げられてしまった。家も一代目当主が住んでいた元の足軽長屋にもどるという悲運の経過を辿《たど》っている（N家が江戸時代中頃から末期までの約百年間の家の出来事を記録した『家の記』より）。

右にみたようなことは全家臣の氏名、禄高、役職を記した分限帳《ぶんげんちょう》からもうかがえる。たとえば忍藩の嘉永《かえい》七年（一八五四）と慶応元年（一八六五）の松平家分限帳にみると、その間十一年しかたっていないのに半数以上は同じ氏名ではない。おそらく当主の代替わりや家臣の入れ換えであろう。そのうち両方の分限帳に記載されている氏名の三五％ほどに禄高の変化がみられる。それは加増と減禄が半々ぐらいである。中には三人扶持から百石への大加増、すなわち扶持取りから知行取りへの昇格もある。

これらのことから、とくに幕末にかけては武士の身分や禄高の上下変動は多く、流動的であったと思われる。

3 武士の暮らし

そして武士の中位と下位、武士と町人や寺の僧侶たちとの関係においても、そのような身分の違いにかかわらず、たがいの家を行き来し合って日常的に家族ぐるみで付き合っていた。

また下級武士たちの生活にしても、少ない俸禄だけではやっていけず、内職や自給農耕をする貧窮生活であり、家も狭い長屋暮らしであったといわれてきた。たしかに中級武士に多い百石取りにしてもその実収入は六〇石となり、現在の標準米一石を六万三千円として単純換算すれば三七八万円となる。ましてや下級武士に多い十人扶持では年収十八石となり、わずか一一三万円しかない。しかしながら前出の石城日記をみると、彼らの多くは内職もせず、毎日の生活を人と人との密接な交わりのなかで、貧しいながらもこころ豊かに暮らしていた。そこには偏見や差別はなく、人への思いやりに満ちあふれていた。

食生活にしても日常三食はねぎ汁、菜汁、牛蒡《ごぼう》汁、里芋、とうふ、そしてたまには玉子、焼貝という質素な内容ではあったが、同僚や身分を超えた友人たちとで度々催された自宅での宴会になると、まぐろ、ぶり、ぼらの刺身、鶏肉、田楽、寿司など豪華になる。

江戸時代は厳格な身分制社会であり、その中で人びとは恐々と生き、また下級武士の生活も貧窮していたといわれてきたが、それは明治以降につくられた制度論からみた否定的イメージであって、日記にみる生活の実相はどうも違っていたようである。(詳しくは拙著『幕末下級武士の絵日記』にのべている。)

4 武士の居住地

では武士はどのような居住地に住んでいたか。一万石以上の将軍家臣を大名というが、彼らが封建領主として統治する領地を藩といった。その数は江戸時代初めの寛文《かんぶん》四年(一六六四)には二〇九あったが(西岡虎之助『日本歴史地図』)、中頃にかけて増加し、以後二六〇前後で推移し、幕末には二六六であった(伊東多三郎『幕藩体制』)。

それらの藩の領主に仕える武士の多くは城下町に居住した。それより前の戦国期には武士は知行をもらい、在郷《ざいごう》(農村)に住んでその土地の農民を支配し、多くは自らも農業に携わり、そして領主に何かある時は武器を持ってはせ参じるという侍百姓であった。それを地方知行《じかたちぎょう》という。その時代に城下町はなく、城は山城で、そこには領主とその近辺の人たちだけが住んでいた。結城《ゆうき》、岡崎、小田原などの城下町的な市街地も生まれてはいるが、それらは防備を強く意識して掘に囲まれた小市街を形成し、その中には大身《たいしん》(身分が高い武士)、近臣《きんしん》(領主のそばに仕える武士)の屋敷もあったが、その数は少なく、しかも町人農民たちが入り混じって住んでいた(中部《なかべ》よし子『近世都市の成立と構造』)。

安土桃山時代から江戸時代になると、大名たちは城を山城から平場に移して本格的な城下町をつくり、そこに在郷に住んでいた武士たちを集住させた。これは領主がそれまでの農民の間接支配から直接支配へと切り替え、武士と農民の分離を計ったのである。ただし仙台、米沢、

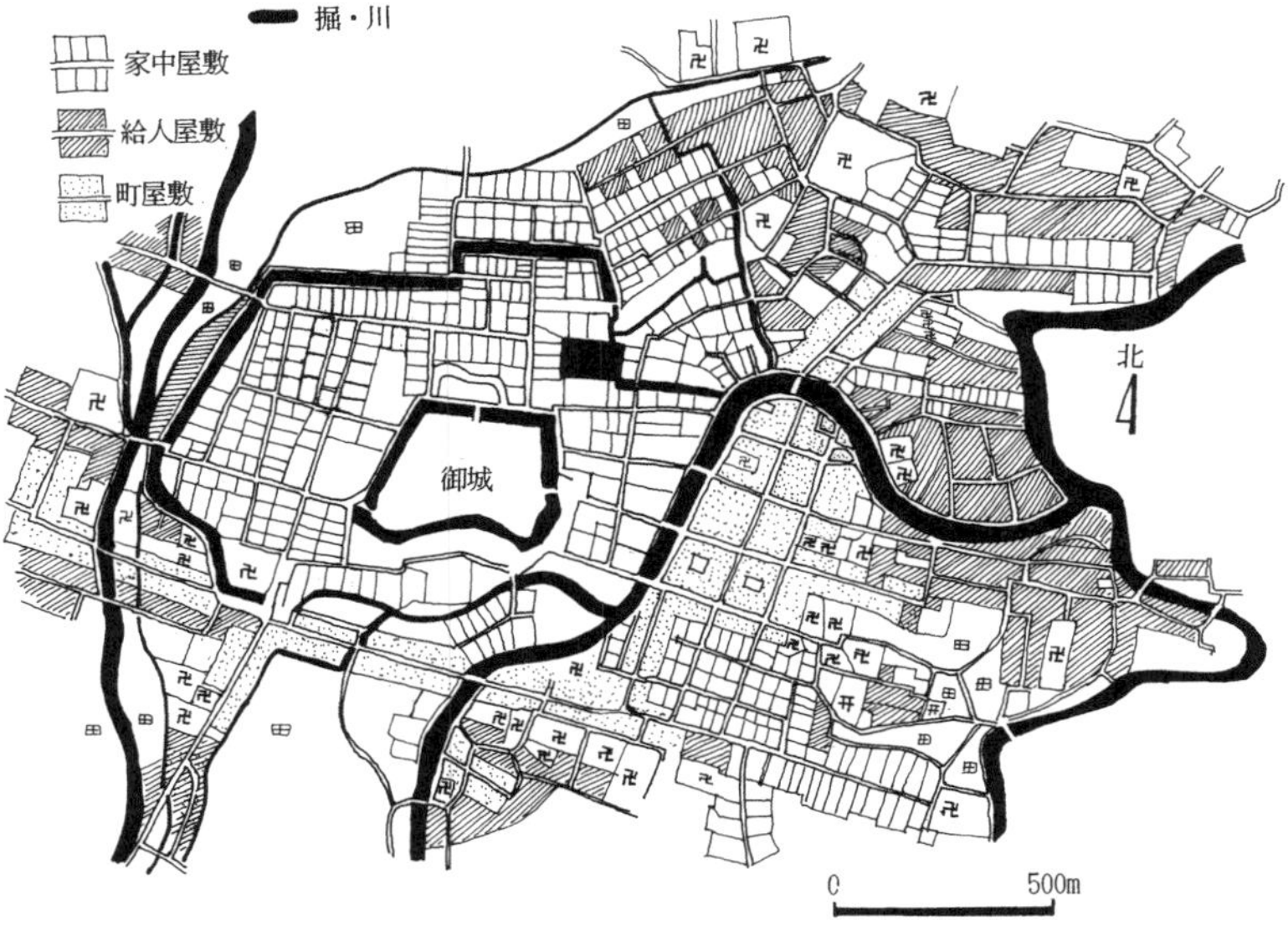

図3　庄内藩城下町（文政4年）

相馬、磐城平《いわきたいら》、諏訪、人吉、鹿児島など少数の藩は武士の在郷居住を下級武士を中心に半農半士として存続したが、それらは戦国大名としてその地を支配してきた旧族居付《いつき》の大名に多く、家臣数の多さゆえに城下町には収容しきれないことや領境の防備が主な理由であった。しかしそれらの在郷武士は戦国時代のような農民を支配するかたちではなく、原方郷《はらかたごう》士《し》集落（米沢藩）、麓《ふもと》集落（鹿児島藩）のように集落を形成して農業に専念した。

そのような城下町の典型例を次にみる。図3は十六万石の庄内《しょうない》藩城下町（現山形県鶴岡市）である。二つの川の間につくられた城郭中心の市街であり、その広さは約二キロ四方である。ここに江戸時代後期の天保十一年（一八四〇）には知行取りの家中と称する武士四五七人（戸）、扶持取りの給人と称する武士一九二四人（戸）の計二三八一人（戸）が住んでいた。家族全体の人数は、七〇年前の明和七年（一七七〇）の史料には家中家族二五九七人、給人家族六六〇九人の計九二〇六人とあり、天保期もほぼこれくらいの人数であったとみられる。一戸あたりの平均家族人数は、家中が五・七人、給人が三・四人となる。

一方、町人の数は江戸中期の元禄七年（一六九四）には一五二八人（戸）、家族全体で一万一九七人である。武士家族人口より町人家族人口の方が少し多く、平均家族人数は六・七人となる。ただしこれらの史料には町屋に働く奉公人、武士に仕える下人、下女、そして寺の僧侶たちは含まれていない。それらの人数を加えると二万人を越える城下町人口であったとみられる。

武士の居住地は城下町のかなり多くを占めていた。その城郭《じょうかく》周辺が家老職などの上級武士が、少し離れたところに百石から二百石台の中級武士の居住地があり、下級武士の足軽給人たちのそれは市街地の周縁に置かれた。この給人たちの家は城下町図には屋敷割りを記していないが、現地調査をするとやはり小規模な戸建であった。

このように、武士の居住地は城郭を中心にして身分に応じて同心円状に配置された。それは長方形の街区を形成し、道に面して矩形《くけい》の宅地が横に並ぶという構成である。その間口も身分に応じて決められ、下位の武士の居住地になるほど狭くなる。そのような長方形街区は桃山から江戸時代にかけてつくられた。それより前の市街は平安京の一町《ひとまち》（一二一・一二メートル四方）の正方形街区であったから、大きく変化したことになる。現在の日本の都市の約八割はそのような城下町を源流として発展してきたのである。

5　拝領の家

武士の家は藩からの拝領《はいりょう》（上から物をいただく）であった。しかし自分のものでなく、家賃のいらない借家である。家の間取りを指図《さしず》というが、それをつくるのは藩の作事方《さくじかた》（藩によっては屋敷奉行などがあった）とお抱えの大工頭である。前もって身分や禄高ごとに家の規模や部屋数、そして座敷、玄関、門の大きさなどが決められ、それにもとづいて間取りがつくられた。また住んでいる途中で増改築や建て替えもあったが、それは藩の作事方に届出を必要とし、藩は家作規制によって許可し、それにともない木材など建築資材の一部が支給された。このように武士の家は現在でいえば公営住宅や社宅のようなものであったが、それらの間取りはそれぞれに微妙に違っており、同じ間取りは一つもない。大工頭が間取りをつくる際に入居を予定する武士の希望を聞いたからであろうか。また住んでいる途中での増改築も影響したであろう。

藩からの拝領であっても、その家の一部を他人に間貸しをしていた例もあった。たとえば前にのべた飯田藩N家が書き残した『家の記』には移り住んだ家の間取り図が書かれているが、その中の家に五尺×七尺の渋《しぶ》小屋を「池田町清兵衛へかし地」という記載がある。自分の家に物を収納する余裕のない清兵衛という武士に小屋を貸していたのであろう。また別の家には居間八畳と納戸の部屋に助三郎という記載がある。この居間八畳には小さな台所が付随し、そこから庭に出られるようになっている。おそらくひとり身の武士ではなく、家族のある武士に間貸しをしたのであろう。さらに仙台藩では武士の家の貸借が禁止されていたにもかかわらず、拝領した家を他人に貸して自分は他の家に住んだり、さらに金銭をともなって家を交換した例もある（仙台市博物館『仙台市史、通史編３』）。また身分が変わると相応の家への住み替えがおこなわれた。家も身分同様に流動的であった。

二　江戸時代初めの武士の家

1　城下町と家

前にみた城下町は江戸時代後期のものであって、初期のそれはまだ建設途中の未整備な状況で、そこに建つ武士の家も同様であった。江戸時代中頃に書かれた米沢藩史料の中に江戸時代初めの城下町と武士の家の様子をのべたところがある。

「慶長六年御入国の節は宅地も定まらざる故、皆先《さき》仮《か》り屋《や》住居にて送りし処《ところ》、同一五年屋敷割りありて宅地を賜りし故《ゆえ》、始めて住居を始めたり。此頃《このごろ》の住居は掘立程《ほったてほど》に藁葺《わらぶき》にて、内は葭簀《よしず》にて仕切《しきり》、土間にて藁筵敷て住居し事也と云り。（中略）侍組の居宅も始《はじめ》は仮住居にて追々《おいおい》建替し事なるべし。都而《ことごとく》六、七十年前迄に建たる家は多くは土間にて座敷斗《ばか》りを板敷にし、柱は都而《ことごとく》釿打《ちょうな》也。（管見談《かんけんだん》・寛政《かんせい》二年（一七九〇）」

米沢藩主の上杉氏は越後からの転封《てんぽう》（領地を移る）大名である。慶長三年（一五九八）に越後から会津へ一二〇万石で転封するが、その三年後の慶長六年（一六〇一）には三〇万石に大きく減封《げんぽう》されて米沢に移っている。そのような厳しい経過を辿ったにもかかわらず、越後からの家臣約五千人を米沢に連れてくる。入国当初は城下町も屋敷もまだ整備されておらず、家臣は仮小屋で凌《しの》いだという。九年後にやっと屋敷割りがおこなわれて宅地を与えられたが、そこに建つ家は、柱は地面に穴を掘って立て、屋根は藁葺き、よしずを部屋の仕切りとし、床は土間に藁《わら》と筵《むしろ》を敷いただけの土坐《どざ》住まいであったという。まさに粗末な掘っ立て小屋であった。

そして侍組の家も仮小屋からしだいに建て替えたが、六、七十年前（享保期《きょうほう》頃、一七二〇〜）までの家は土間で、客を迎える座敷だけ床を上げて板敷にしていたという。また柱は鉋《かんな》ではなく釿《ちょうな》（ひき割った柱の表面を平坦に削る手釿）で仕上げるという荒削りの粗末なものであった。この侍組とは前にのべたように、最も格式の高い身分の九六家であったから、中下級武士の家にいたっては推して知るべしといえる。

このことは米沢藩だけの特別な状況ではなかったと思われる。江戸時代の大名は戦国時代からその地域を支配してきた旧族居付の大名と、江戸時代になってその地を新たに支配した転封の大名に分かれる。多くは後者であり、新しい土地で城下町と家の整備を進めた。また前者にしても、中世的な城下をしだいに新しい城下町として整え、それまで在郷にいた家臣たちの城下への集住を進めた。したがって江戸時代初めの武士の家はどの藩も多かれ少なかれ米沢藩のような状況であったと思われる。

しかしながら、これ以上に江戸時代初めの武士の家の具体的な状況がわかる史料はまだ見つかっていない。そこで城下町ではないが、京都における武士の家の史料が残されているので、つぎにそれをみよう。

2　京都公家町の新しい町

平安京の内裏《だいり》（天皇の御所）は最北の中央にあったが、度々火災にあい、南北朝時代に東端にあった里内裏《さとだいり》（仮の御所）に移っている。秀吉時代にその周辺が公家町《くげまち》として整備され、一条以北や南に分散していた公家たちをそこに集めた。その後、江戸時代初めには武家町もつくられ、内裏を警護する武士たちの居住地とした(図4)。それらの町は、前にみた城下町と同じで、東西道または南北道の両側に短冊状の宅地が並ぶという長方形街区を形成していた。すでにのべたように、それは平安京の一町《ひとまち》の正方形街区からの変化であった。

さらに注目することは、東西道に面した北入り（道が宅地の北側にあって、そこから宅地に入る方式）の宅地群が出現していることである。それよりさかのぼって、奈良から平安時代初めの貴族の家は中国伝来の南入り（道が宅地の南側にあって、そこから宅地に入る方式）であったが、後期にかけて南庭に池が設けられて東または西入り（道が宅地の東または西側にあって、そこから宅地に入る方式）に変化した。いわゆる寝殿造《しんでんづくり》である。しかし北入りの家は生まれなかった。寝殿が南向きを原則としていたからである。その時代の方位観が南を陽の方位として尊び、北を陰の方位として忌み嫌ったことが背景にあったが、それも陰陽《いんよう》五行《ごぎょう》思想として中国からの伝来である。このようなつくり方は、家が小寝殿化した室町時代になっても中頃までつづく。そして室町時代末期から江戸時代初めにかけて武士や公家の家で北入りが現れるようになる。このことについては後に詳しくのべるが、道から家への入り方はこの時代に大きな変化をとげたのである。

全国の城下町はそのような京都の町を見倣ったのであろう。たとえば三州高岡では、「京師ノ町形ニ倣ヒ作ラルトナリ（三州志）」とあり、信州飯田では、「京都ノ町割《まちわり》ニ単ニ準シテ竪横ニ小路《こうじ》ヲ割《わる》（飯田万年記）」（小野晃嗣《こうじ》『近世城下町の研究』）とある。

そこでこの公家町に建っていた武士の家を中井家文書《もんじょ》の指図にみよう（京都府立総合資料館所蔵）。中井家は江戸時代を通して幕府京都御大工頭を努めた。中井家によって作成された指

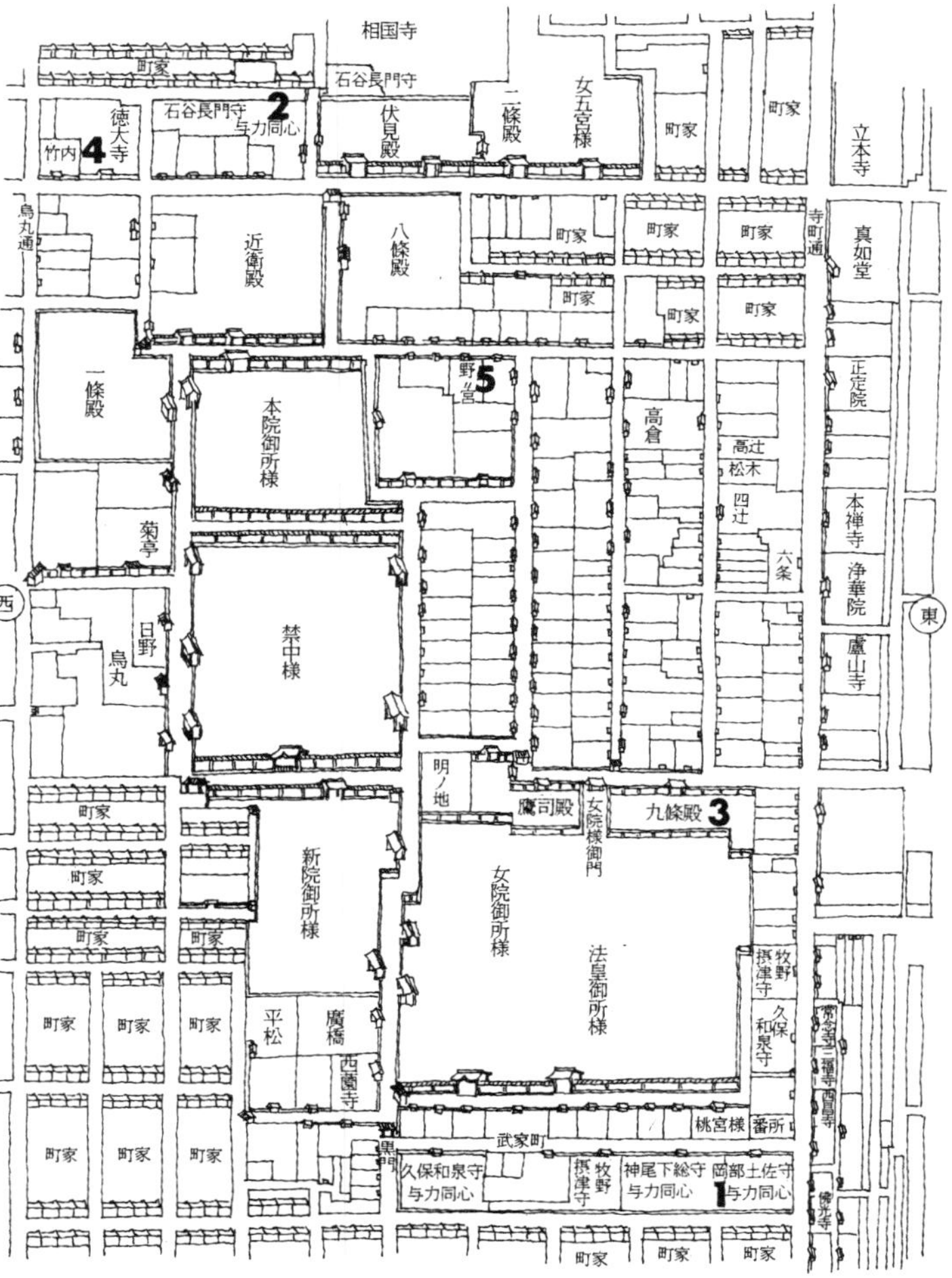

図4　京都公家町（新改内裏之図、1677）

図と絵図は城郭、寺社、家、橋、町など多岐にわたっていた。

３　公家町の上級武士の家

内裏の警護を担当した小大名格の岡部土佐守《とさのかみ》の家が図５である。それは法皇御所の南側につくられた武家町の東端にあり（図４の記号１）、延宝《えんぽう》五年（一六七七）にはすでに建っていた。その前の寛永《かんえい》十九年（一六四二）に作成された公家町の絵図にはまだ武家町はつくられていないので、そのあいだに建てられたことになる。

宅地は北の道に面した北入りであり、道側には多くの小者《こもの》（使用人）たちが住む長屋と門が建てられている。それを表《おもて》長屋と称し、またその中にある正門も表門と称す。北側であってもその方向を表と考えていたことがわかる。

表門を入ると玄関にいたるが、そこには間口《まぐち》二《に》間半《けんはん》（西日本の家は京間《きょうま》であり、一間《いっけん》の寸法は約二メートル）の広い式台がある。式台とは奥行き半間ほどの低い板間のことで、客はそこから出入りした。その式台を上がって、広さ十二・五畳の玄関と称する部屋から六畳の次の間を通って十五畳の広い座敷にいたる。座敷には畳床《とこ》を備え、北と東には縁が廻る。その北縁には内土間があり、それを土縁《どえん》という。

座敷の南には二一畳の広い書院があって、そこにも畳床と床の間、棚がある。書院は主人の日常的居場所であり、客を迎える時は座敷で対応し、場合によっては自分の書院まで招き入れたのであろう。このように大きな家では、客と対面する座敷と主人常住の書院の二つの部屋を設けていた。書院の西に押入れの付いた居間があるが、主人の寝室とみられる。

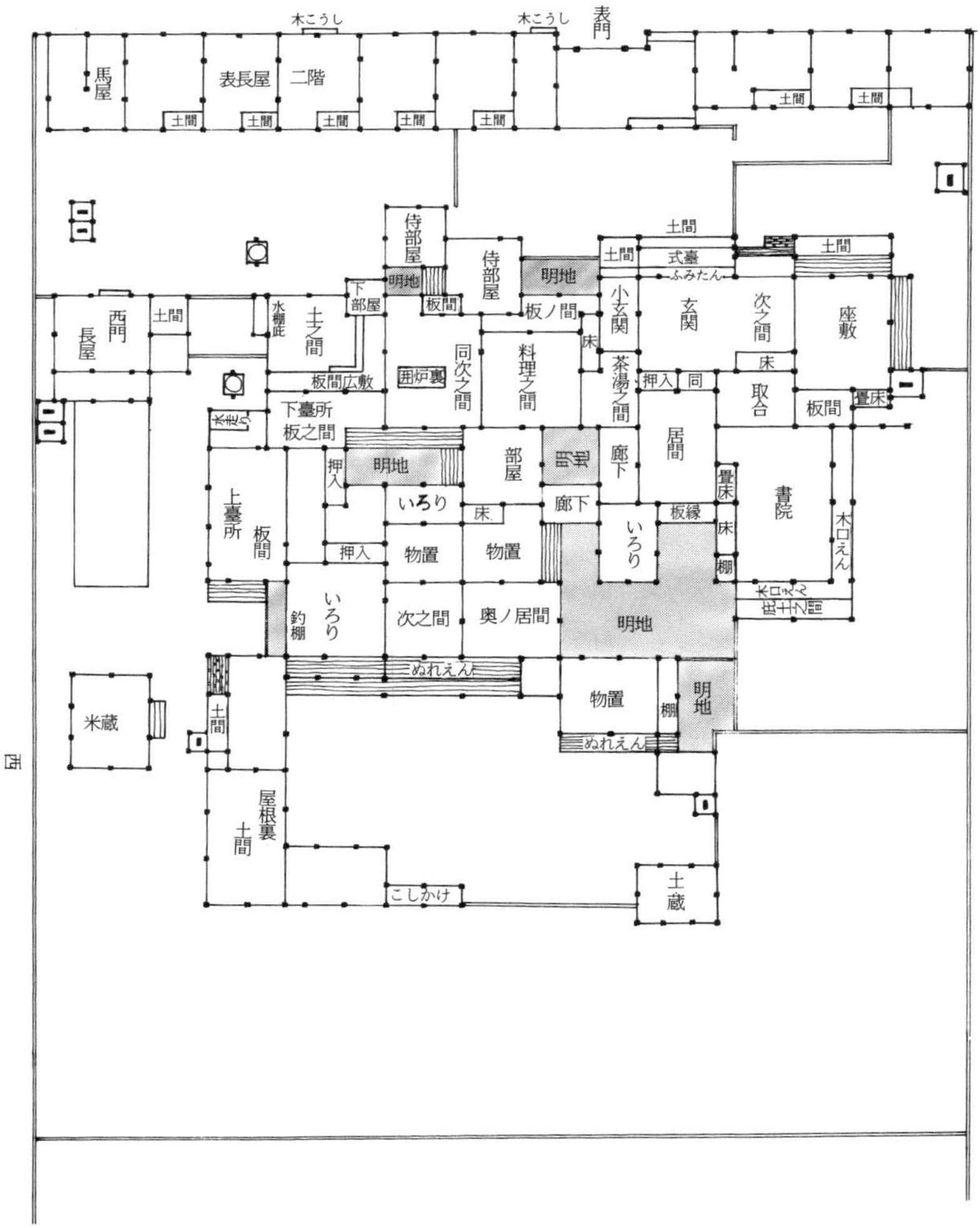

図5　岡部土佐守の家（北入り・181.1坪）

一方、家族の部屋は南側の奥の居間、次の間、さらにその北隣の物置と称する部屋である。それらの西にいろりと記す部屋があるが、上台所とつながっており、家族たちの食事の部屋ではなかったか。

式台の西には侍部屋がある。そこが家臣たちの詰所《つめしょ》であり、式台横の土間から出入りしたのであろう。それは一間四方の広さで、そこに備えた上がり段から床上に上がる。いわゆる土間玄関であった。そしてそれらの接客空間と家族空間のあいだには、広い土間―下台所―上台所、料理の間などを設けていた。

4 公家町の与力の家

与力《よりき》とは江戸町奉行の補佐役で、禄高は二百~三百石ほどの中級武士であった。京都では内裏を警護する上級武士の補佐役であり、彼らの家は補佐する上級武士の屋敷周辺にまとめて置かれた。図6~8は石谷長門守《いしがいながとのかみ》配下の与力屋敷七軒のうちの三軒である。その場所は公家町の北にあった(図4の記号2)。指図には延宝二年(一六七四)と記載されているから、家はその頃に建てられたのであろう。

図6は北入りであり、北門から入ると西に土間に入る大戸があり、そこから家族が出入りしたとみられる。東には巾半間ほどの小さな上がり段が家の外にある。客はそこから玄関と記す部屋に直接上がり、座敷にいたったのであろう。前にみた上級武士の家にあった式台はない。座敷は八畳であり、床の間が設けられ、北庭に面している。座敷の北庭の東隅に便所があるが、それは客用であり、客は縁を降りて庭を通ってそこに行く。

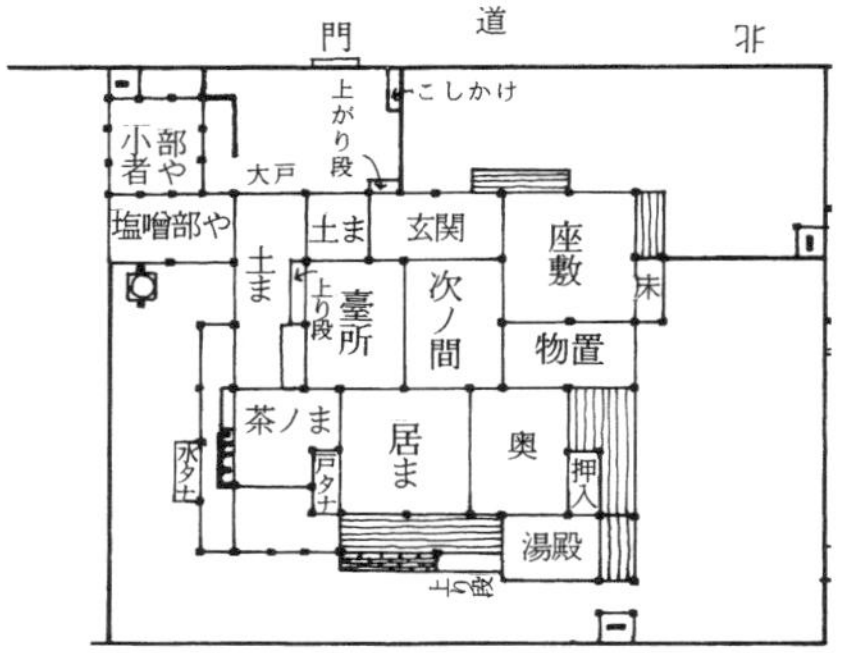

図6　与力の家（北入り・26.4坪）

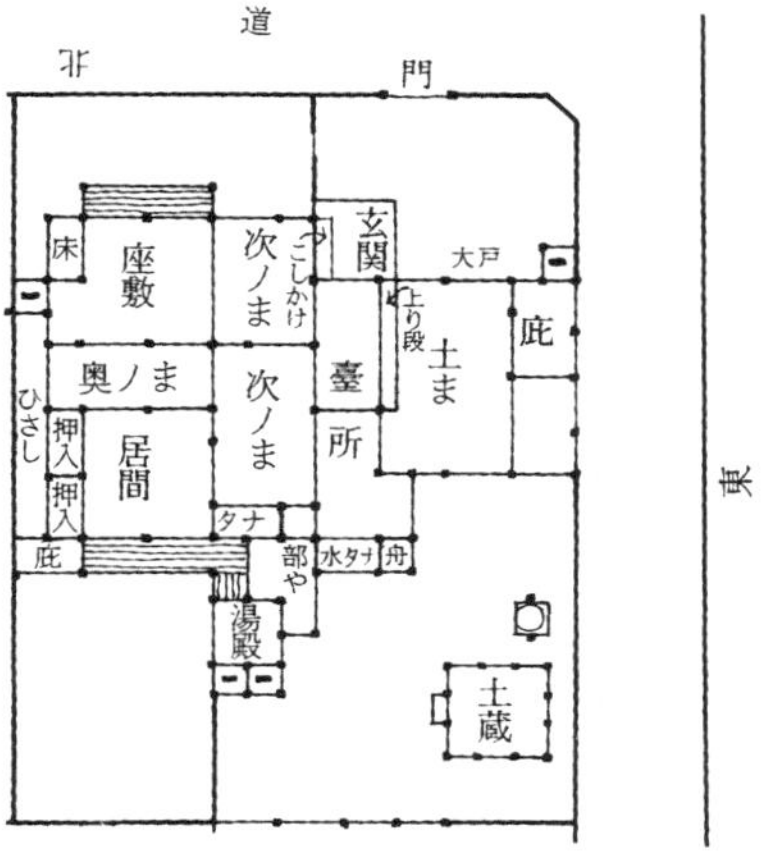

図7　与力の家（北入り・28.3坪）

一方家族の部屋は南にあり、茶の間—居間—奥へとつづく。居間の南には板縁があり、その東の隅に上がり降りする段がある。家族はそこを降りて南庭の便所に行く。便所はさらに小者部屋の横にもあり、客用、家族用、小者用に分かれていた。

ところで茶の間という部屋がこの時代になって初めて出現している。現在は少なくなったが、戦前まではどの家にも設けていた家族の集まり部屋の源流である。この部屋には四つ穴の竈《かまど》があり、それは土間からではなく茶の間から焚く方式である。背後には戸棚も備えている。そこが炊事と食事の部屋であろう。

家族は日常どこに居たか。まず主人は座敷に居たとみられるが、そこは主人の書斎でもあった。前にみた上級武士の家には、主人常住の書院と接客対面用の座敷があったが、この家に書院はなく、座敷だけである。座敷は主人の部屋と客間を兼ねていた。そして妻や子どもたちは茶の間の隣の南の居間ですごし、寝室は奥、物置と称する部屋であろう。

図7も北入りであり、前図の家の宅地規模とほぼ同じであるが、家の規模はすこし小さい。また間取りも異なり、部屋数も少ない。この家の入口をみると、家族が出入りした土間への入口は前図と同じく大戸であるが、客入口が異なっている。玄関と記す一間四

方の広さの土間にこしかけ（上がり段としても使う）を備えており、客はそこから次の間─座敷へいたるのであろう。いわゆる土間の客玄関の成立がここにある。それは現在の家にまで続く玄関の源流である。

またこの家では土間に面した炊事の部屋を前の家にみた茶の間という部屋名ではなく、台所と記している。他の家も茶の間と記したり、台所と記したりまちまちであった。その台所の南には水棚《みずだな》と舟《ふね》がある。水棚とは食器や調理器具などを置く水切り棚のことであり、舟とは流しのことである。流しは水走《みずばし》りまたは単に走《はし》りともいった。

図8は東入りであり、前の二軒よりも家の規模は大きい。座敷は道のある東に面し、そこへいたるには南の土間から次の間─玄関を通る。玄関の外に上がり段を設けていることから、重要な客は庭を通ってそこへいたったのであろう。

ところで図6と8の家には、門を入ったところに「こしかけ」と記す台が置かれている。そこは小者たちが門番をする場所であった。

5　公家町の同心の家

同心《どうしん》とは与力の補佐役である。その身分は多くの藩でもみられ、下級武士の中でも最下層であった。図9は与力屋敷の隣に建てられた同心長屋三〇軒の内の一部であり、東西道の両側に建つ南入りと北入りの長屋である。家はすべてが間口三間、奥行き三間半のわずか十・五坪の広さである。巾一間の通り土間に入ると上がり段があって、八畳の部屋にいたる。そこには奥行き一尺ほどの小さな床の間を備えた家もあることから、この部屋は座敷とみられる。その座敷は北入りと南入りの長屋ともに道側に面し、木格子《きごうし》と称する格子付きの出窓を設けている。そして座敷の奥に一〜二室の部屋があるが、それは台所、居間など家族の部屋であろう。

このように長屋であっても接客空間の座敷を道側に面し、その奥に家族空間を設けるというつくり方である。また中級武士の多くの家にあった湯殿《ゆどの》は長屋にはない。便所や井戸は外にあり、共同であった。

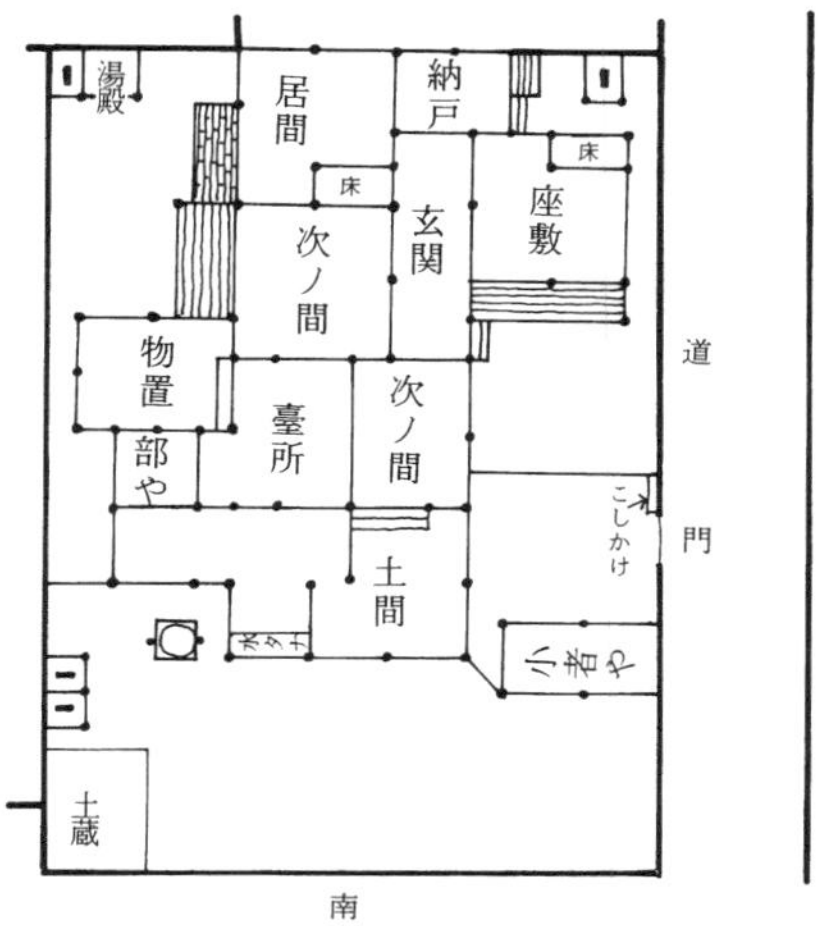

図8　与力の家（東入り・38.8坪）

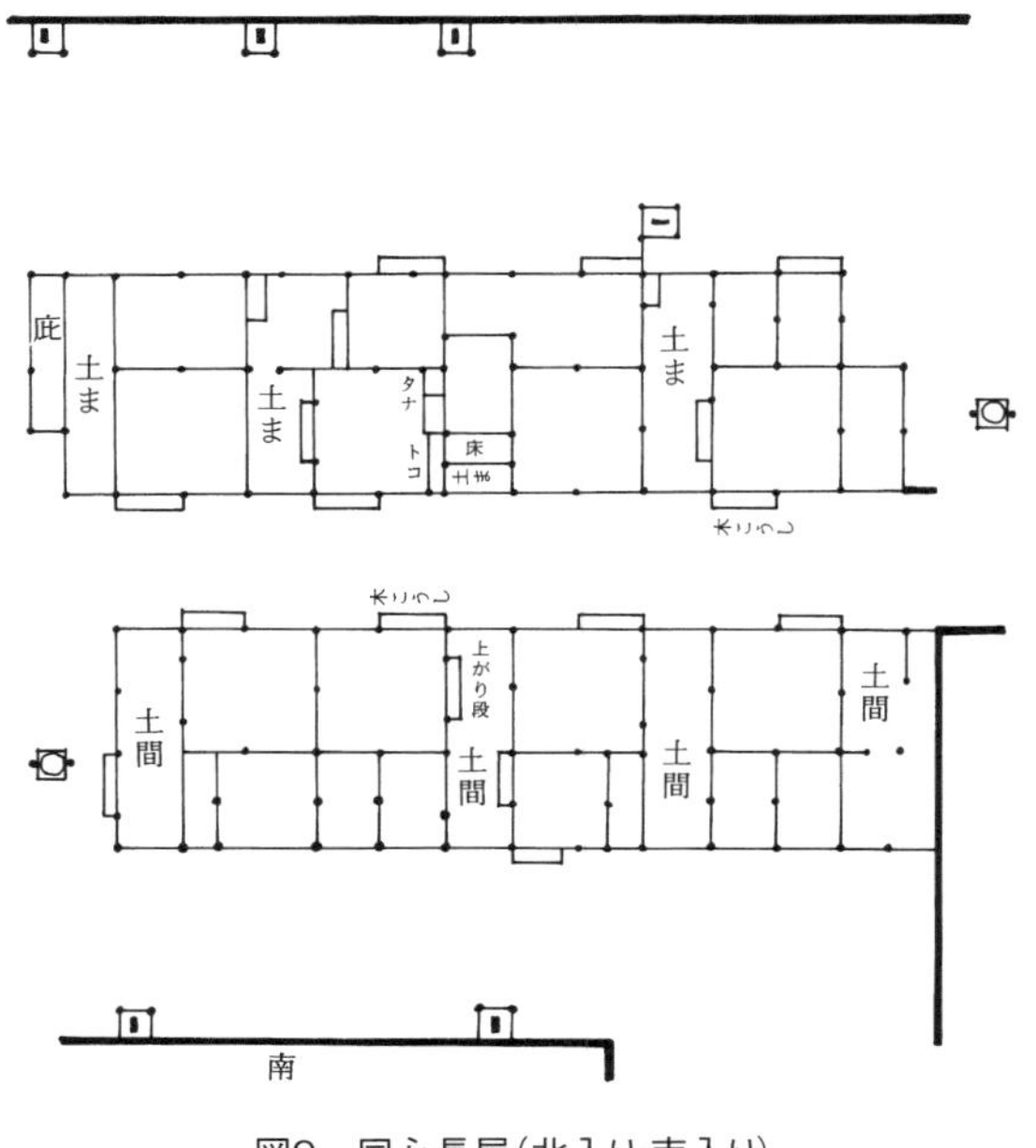

図9　同心長屋（北入り・南入り）

三　江戸時代中後期の武士の家

先の戦争による空襲で城下町を源流とする都市の多くが焼けてしまったが、幸いにも江戸時代後期に建てられた武士の家がわずかに残っていた。三六の城下町で武士の家を調査し、また江戸時代中期以降の指図（家の間取り図）も収集することができた。ここではその一部を紹介し、城下町における江戸時代中後期の武士の家とはどのようなものであったか、また前にみた江戸時代初めの家からどう展開したかを階層ごとにみていこう。

1　上級武士の家

秋田藩山奉行の家

図10は秋田藩城下（現秋田県秋田市）西根小屋町に建っていた山奉行、寺社奉行などの要職を勤めた禄高五百石武士の東入りの家である。文政十二年（一八二九）にこの家に移り住んだ記録があるので、それ以前に建てられていたことになる。現在は別の場所に保存されているが、元は城郭のすぐ南にあった。

家の特徴は玄関構えにあり、それは家の南東端に別棟のように突き出している。このつくり方は秋田藩の武士の家に共通し、明治以降の家にも受け継がれている。玄関は式台ではなく、一間半四方（東日本の家は中京圏を除いて田舎間《いなかま》であり、一間の寸法は約一・八二メートル）

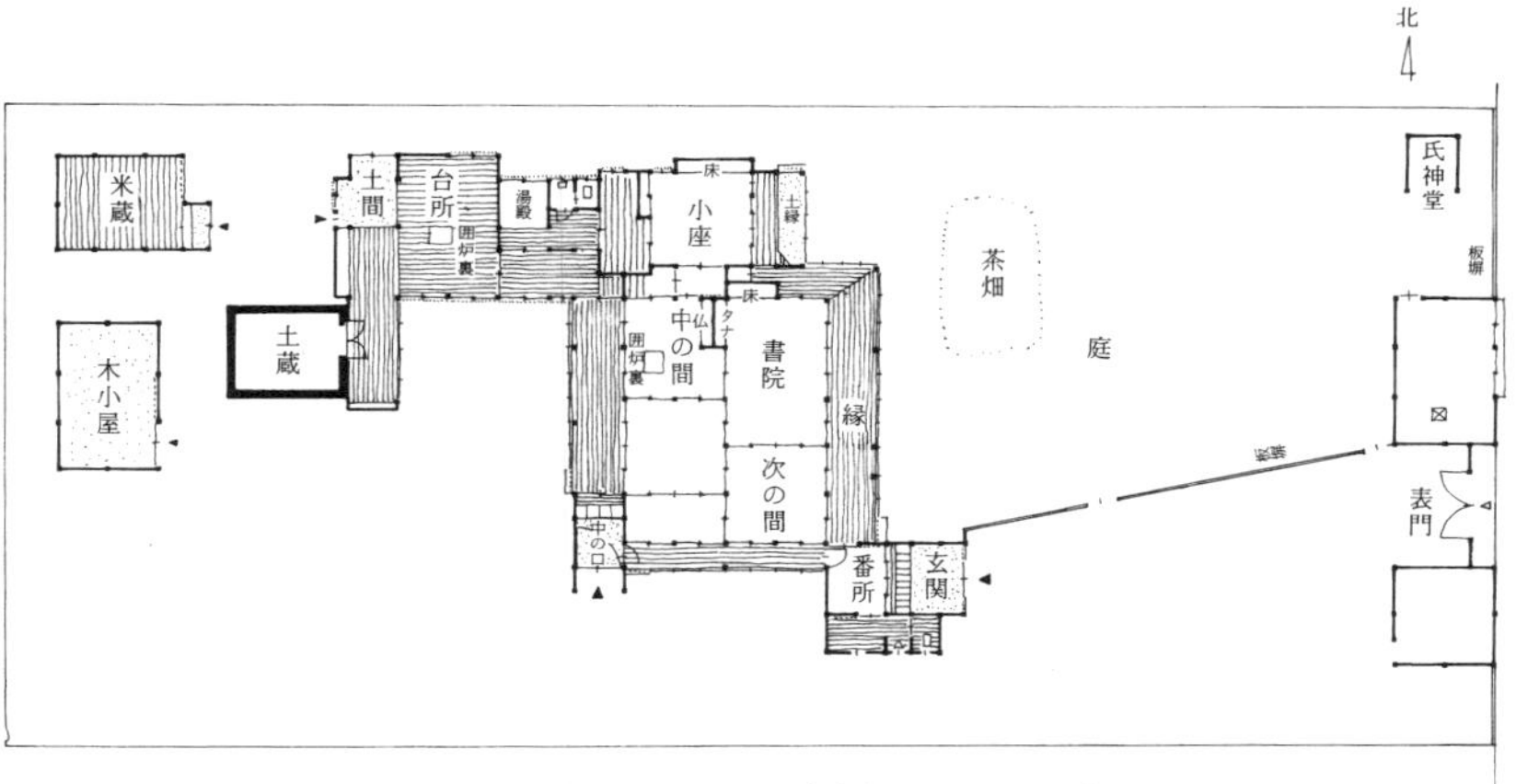

図10　秋田藩山奉行の家（東入り・97.3坪）

図11　図10の外観

の土間に上がり段を設けた土間玄関である。その奥には番所と称する部屋がある。さらに大きい家では、その部屋は八畳もあり、家臣たちの控え室または執務室であったが、この家では玄関の間を兼ねている。巾が一間の広縁を通って次の間と十二畳の書院にいたるが、それらの部屋は東の庭に面している。そこが客間で、奉行の日常的居場所はその北側の小座《こざ》と称する部屋であろう。そこには巾が半間の板縁と同じ巾の土間があるが、これを土縁という。このような土縁は、他に弘前、庄内藩の武士の家にも散見されるが、多いのは金沢藩であった。すでに江戸時代初めの京都における上級武士の家でつくられていたから、その流れであろう。

家族は奥の「中《なか》の口《くち》」と称する入口から出入りする。内開きの大戸をあけると、一間四方の土間玄関になっている。その上がり段を上がって家族の日常的居場所の「中の間」と記す部屋にいたる。そこには囲炉裏があり、背面には仏壇が置かれていた。そして台所は奥に突き出したように設け、その広さは十二畳である。ここが家族の食事の部屋であったとみられる。屋根は三寸ほどの緩い勾配（底辺の長さを一〇とした場合の高さ三の勾配）の板葺きであった。その正面外観は、切妻《きりづま》屋根（大棟《おおむね》から両側に流れ下る屋根のこと）の妻側（屋根の側面）を道に向け、その意匠は妻側壁の横方向に架けた梁を何段にも組み立て、それを強調している。これも秋田藩武士のどの家にもみられる屋根意匠であった（図11を参照）。

庄内藩家老の家

馬場町《ばばちょう》に建っていた禄高千石の家老の家が図12である。これは御用大工棟梁《とうりょう》がつくった指図であり、その作成年は嘉永《かえい》二年（一八四九）である。家はその頃建てられたのであろう。こ

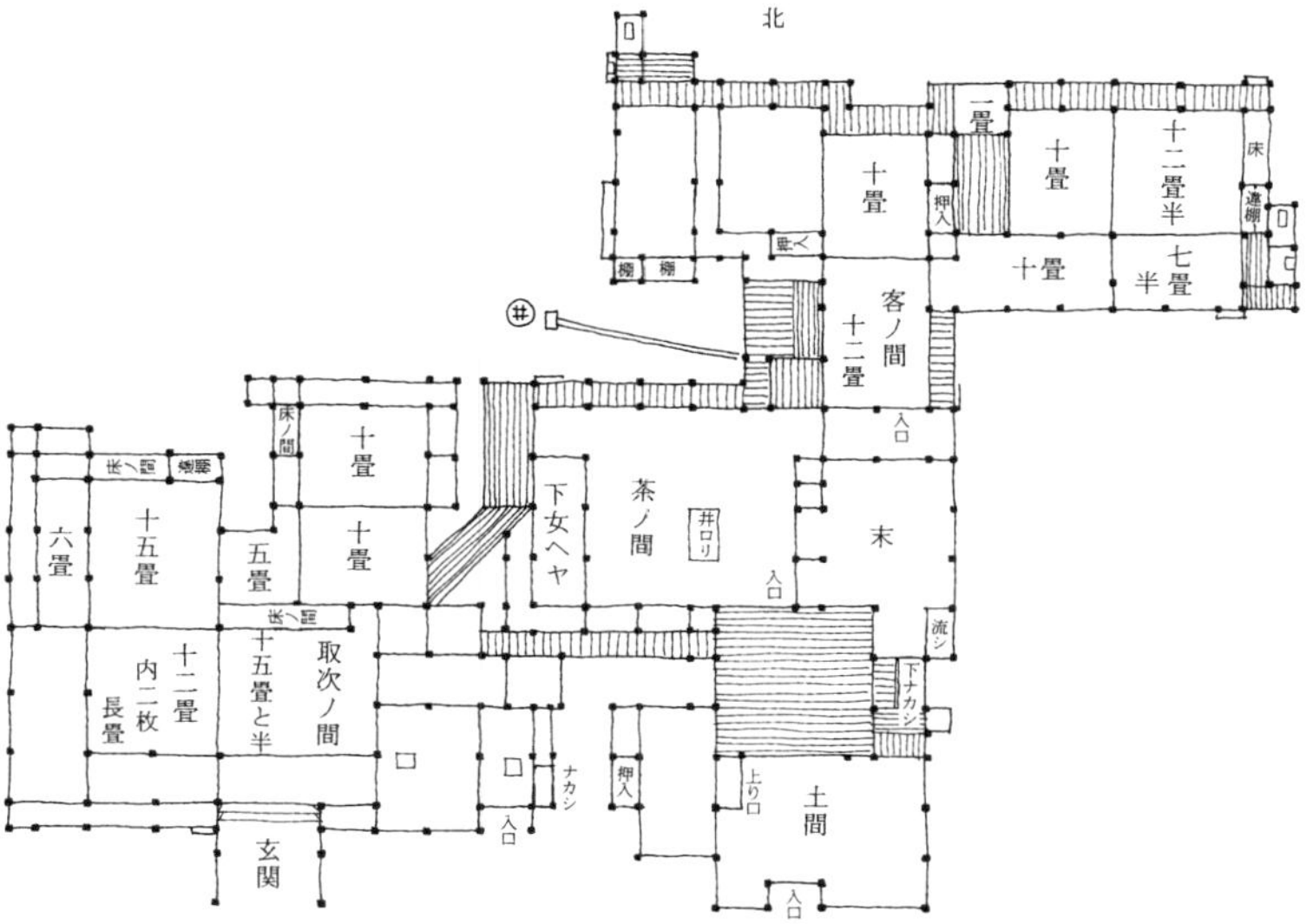

図12　庄内藩家老の家(南入り・205.4坪)

の家も城郭のすぐ東にあった。

宅地は南入りで、家の正面に間口二間の大きな玄関がある。それは式台ではなく、二段の上がり段である。そこから取次の間を通って、十二畳の次の間から十五畳の座敷へといたる。取次《とりつぎ》の間《ま》の奥に床の間を備えた十畳の部屋があり、そこが家老常住の部屋であろう。また取次の間の東隣に囲炉裏を備えた部屋があるが、それは家臣たちが執務する侍部屋であり、彼らはその横の入口と記すところから出入りしたものとみられる。

家族の部屋は奥に突き出た棟にあり、そこへは東端の土間から茶の間を通って行くようになっている。その茶の間には一畳ほどの大きな囲炉裏があり、部屋の広さは三五畳もある。茶の間の東隣に末《すえ》と記す部屋があるが、そこは台所であった。末という台所名は珍しく、東北ではこの庄内藩だけである。

高遠藩家老の家

前の家とは入り方が反対の北入りの家をみる。図13

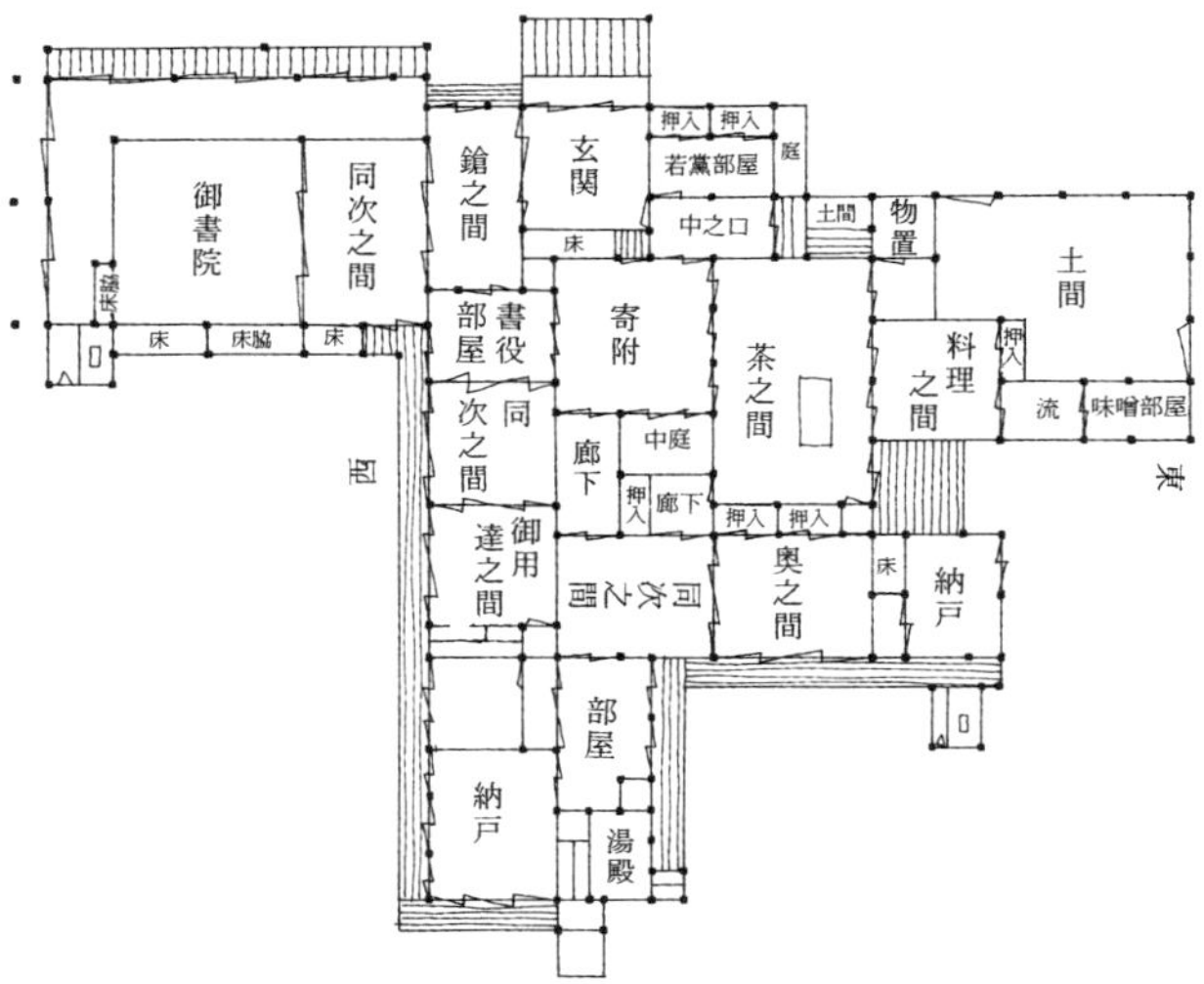

図13　髙遠藩家老の家（北入り・133.7坪）

は高遠《たかとお》藩城下（現長野県伊那市高遠町）の家老の家であり、城郭の表門近くに建っていた。図は幕末頃に書かれた全家臣の間取り図（御《お》家《か》中《ちゅう》屋舗《やしき》絵図）による。

家の北側には間口二間の広い式台がある。客はそこから鎗の間を通って次の間、御書院にいたるが、それらの部屋は北に向いている。鎗《やり》の間《ま》から南へは書役《かきやく》部屋、御《ご》用達《ようたし》の間《ま》へと続く。書役部屋とは書役（公文書をつくる家臣）が執務する部屋であるが、もう一つの御用達とは特権的な御用商人を意味するので、なぜそのような部屋名にしたのか。おそらくその部屋が家老の執務室を兼ねた日常的居場所であり、藩の御用商人たちとの打合せもよくおこなったからではないか。

さらに式台の東隣に若党《わかとう》部屋と記す部屋がある。使用人の上位の者を若党と称したから、彼らの詰所《つめしょ》であった。そして寄附《よりつき》の部屋とは家臣たちや客の伴人《ともびと》の控えの間的な部屋であろう。

この家の茶の間も前の家と同じようにかなり広い。二二畳もあり、一畳ほどの囲炉裏を備え、そこが家族の食事の部屋であったと思われる。家族の部屋はその南の奥の間、納戸などであった。

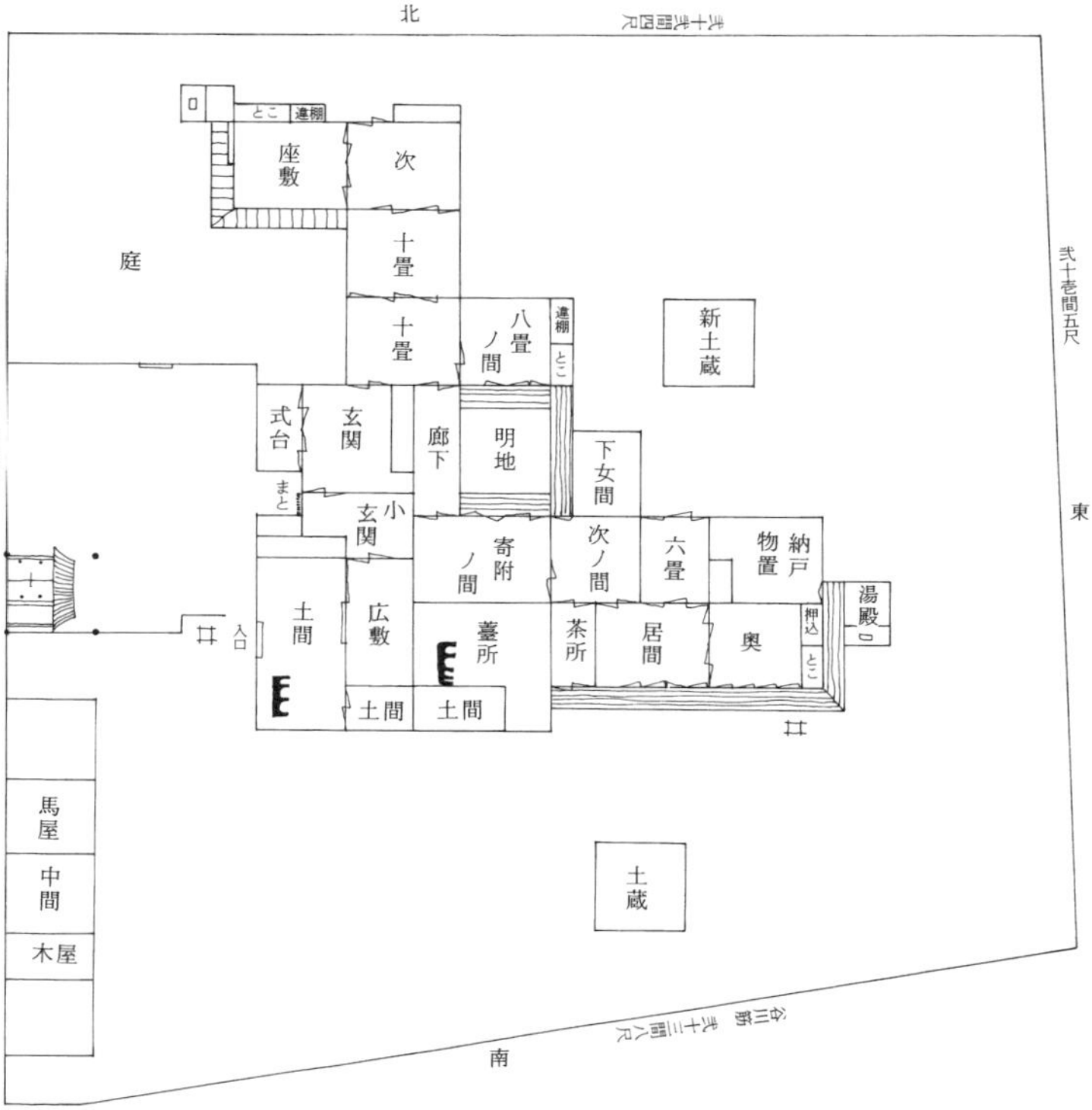

図14　備中松山藩家老の家（西入り・137.3坪）

備中松山藩家老の家

江戸時代中期の延享《えんきょう》元年（一七四四）に伊勢亀山から藩主の板倉氏が備中松山藩（城下は現岡山県高梁《たかはし》市）に転封してきたが、それに随行した禄高八百石の家老の家が図14である。図は転封した時に書かれた指図であり、その家は藩主の居館《きょかん》のすぐ南にあった。

西入りであり、門の南に長屋があるが、そこには馬屋、使用人の中《ちゅう》間《げん》部屋、薪《たきぎ》などを入れる木屋《きや》があった。西門から入ると正面に間口二間の広い式台があり、床の間を備えた十畳半の玄関の間を通って次の間、座敷へといたる。それらの接客空間は西の庭に面している。また家老の部屋は奥の八畳の間であろう。

そして家族の部屋は、東に突き出した棟の奥、居間、納戸と称する部屋であり、食事の場所は竈を据《す》えた台所と記す広い部屋であったとみられる。

2　中級武士の家

次に中級武士の家をみる。彼らの家は明治以降の中流層の家の原型となり、さらに現代の都市戸建の家にもつながっている。それらの家がどのようなものであったかを知ることは、単なる歴史的な興味に止まらず、われわれが住む家の現状と将来を考えるための示唆にもなろう。そこでつぎに東日本と西日本に分けてみてみよう。

東日本の武士の家

亀田藩の家

図15は徒士《かち》町に建っていた亀田藩（城下は現秋田県由利本荘《ゆりほんじょう》市岩城亀田）五〇石の武士の家である。江戸時代後期に建てられ、現在は別の場所に保存されているが、元は西入りの宅地であった。屋根は茅葺き、塀は低い板塀、門は丸太を二本立てただけである（図16）。そこから入ると家の正面に客入口があり、それは間口一間、奥行き半間ほどの小さな土間玄関である。そこに上がり段があって中の間にいたる。そこには格子付きの出窓があり、下に地袋が付いた棚になっている。その部屋から八畳の座敷にいたるが、床の間は奥行き一尺五寸ほどの簡素なものである。座敷は西の庭に面し、床の間の裏には客用便所を設けている。それは奥行き一間、

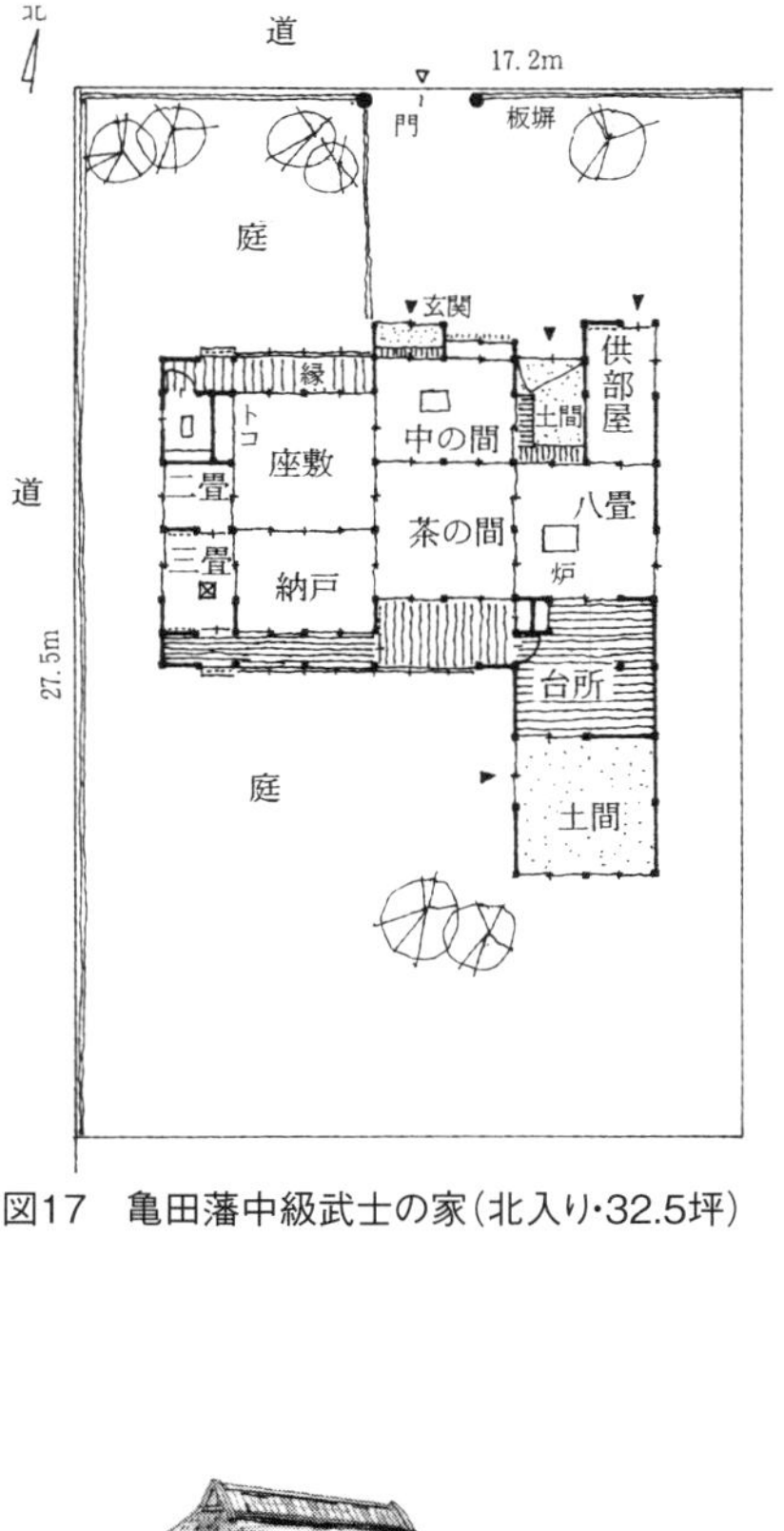

図17　亀田藩中級武士の家（北入り･32.5坪）

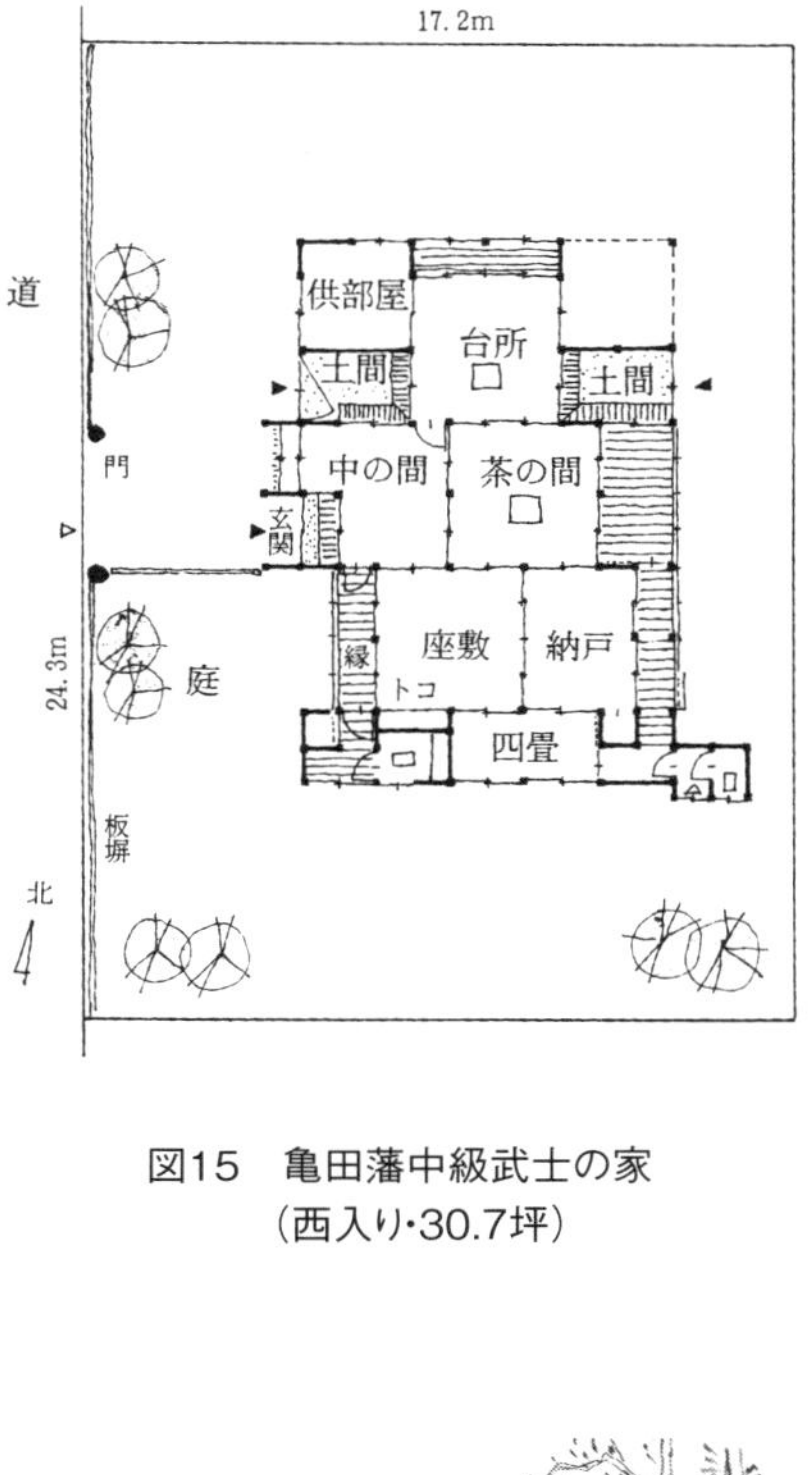

図15　亀田藩中級武士の家
（西入り･30.7坪）

図18　図17の外観

図16　図15の外観

巾が五尺ほどの広い便所で、中には花を飾れるような小さな床の間があった。

　家族は北にある間口一間の土間から出入りをしたが、そこには内開きの大戸があって、普段は開けておき、引き違いの腰高障子（腰は板貼り、上は明かり障子）を開け閉めする。そこから奥の八畳の家族の集まり部屋の茶の間と台所につながっている。茶の間の南隣は納戸、四畳と称する部屋があり、そこが寝室であったとみられる。そして家族用の便所はその端に設けている。この家には供《とも》部屋と称する四畳半の部屋があり、そこが下人たちの部屋であった。

　図17は前の家の近くに建つ二八石武士の北入りの家である。台所と土間が曲り家となっているが、規模と間取りは前の家とあまり変わらない。ところが座敷は北に面している。この家も屋根は茅葺きであった（図18）。

弘前藩の家

　江戸時代中期の宝暦《ほうれき》六年（一七五六）に書かれた弘前藩（城下は現青森県弘前市）の家中《かちゅう》全員の間取りを書いた『御家中屋舗建家図』が残っているが、そのうちの一つが図19である。城下の若党町に建ち、そこは百～二百石台の武士が住んだ居住地であった。北入りであり、門に扉二と記していることから、この家には開き戸があったのであろう。しかし他の家の指図には門柱だけの記載がほとんどであり、それは前にみた家のように丸太を立てただけとみられる。

　客入口は土間玄関とみられ、その広さは一間四方である。そこから入ると四畳の広間《ひろま》と記す部屋に上がる。広間とは客と対面する部屋のことである。そして十二畳の座敷は道と門のある北に向いている。その奥に常居《じょうい》と記す十八畳の広い部屋があるが、それは家族の集まり部屋

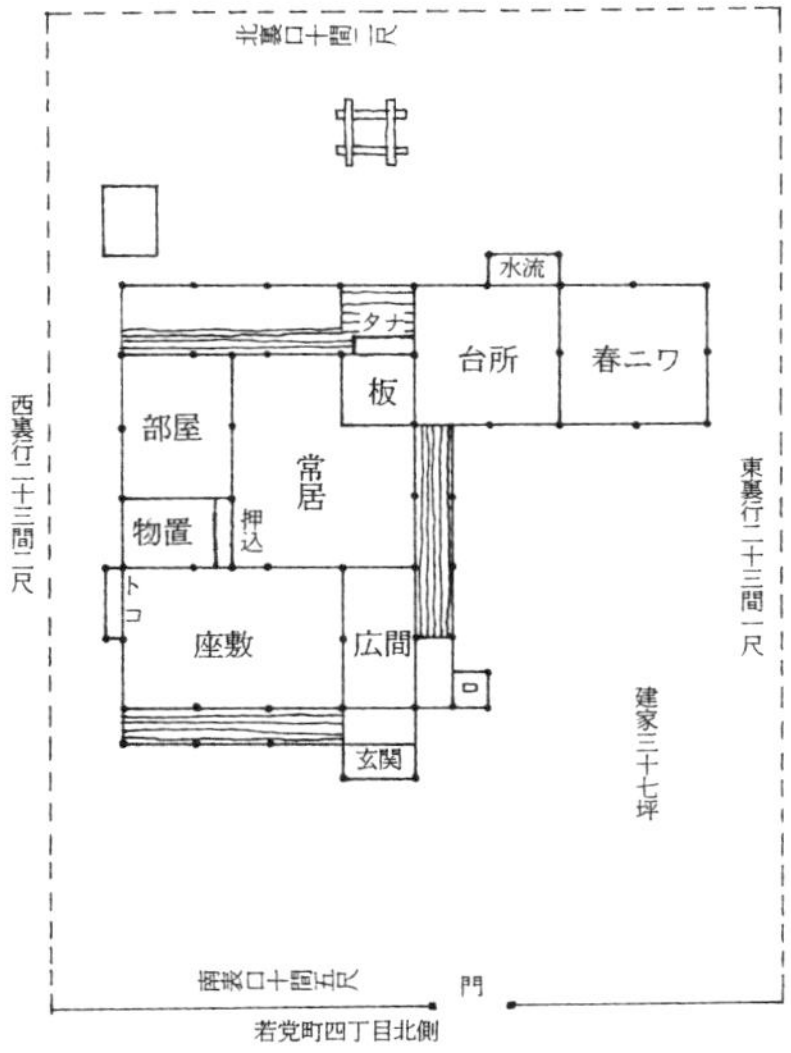

図20　弘前藩中級武士の家
（南入り･37.0坪）

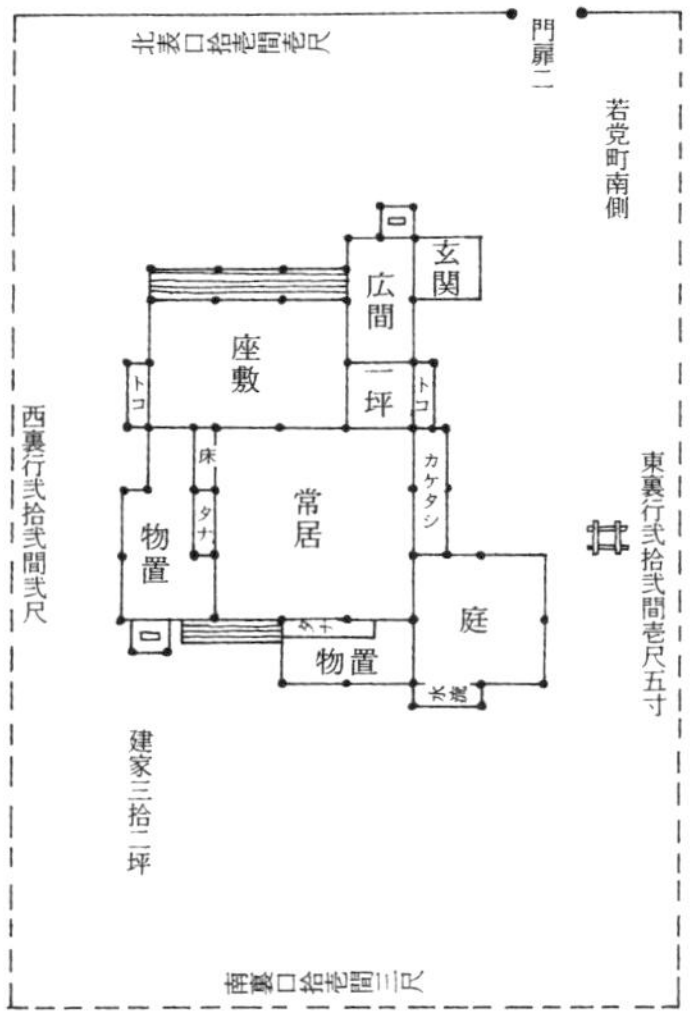

図19　弘前藩中級武士の家
（北入り･32.0坪）

図21　現存する弘前藩中級武士の家の外観

のことである。指図に書かれた他の家にも広い部屋があって、そのような部屋名が多くみられるが、中には居間という部屋名もある。常居の南東には庭と記す部屋があるが、そこは土間の台所のことで、その南には水流《みずながし》と記す流しがある。家族はその土間庭から出入りをしていたのであろう。

図20は同じ若党町に建っていた南入りの家である。この家も土間玄関から広間を経て十二畳の座敷にいたる。それらの接客空間は門と道のある南に面し、その奥の常居は十五畳と広い。常居の北は、板縁と土間で構成された土縁となっている。

これらの家の塀や屋根が何であったかは指図からはわからないが、今に残る武士の家をみると、高さ一メートルほどの椹《さわら》の垣根であり、屋根は緩い勾配の板葺きで、妻側を道に向けていた（図21）。

庄内藩の家

中級武士の居住地であった新屋敷に建つ百石武士の南入りの家が図22であり、今もその子孫によって住み続けられていた。安政六年（一八五九）に作成された指図を示すが、その家は現存し、台所まわりだけが改造されていた。この家の門も丸太を二本立てただけの簡素なものであり、道との境界は五加《うこぎ》の垣根であった。前にみた弘前藩の垣根は椹であったが、どちらも食用・薬用にもなる樹木である。宅地は奥に長く、裏の広い庭には柿の木や杉が多く植えられ、畑もある。また屋根は茅葺きであった（図23）。

南の門から入った正面に客入口があり、それは小さな土間玄関である。そこから槍の間を経て十畳の座敷にいたるが、それは南向きで、南の縁は板縁と土間を組み合わせた土縁であった。家族は西の入口から出入りしたが、そこから末《すえ》と称する台所と十二・五畳の広い茶の間にいたる。どちらの部屋にも囲炉裏があり、以前は末で食事をおこない、その後、茶の間に移ってすごし、親しい客もそこで応対したという。また下女と下男の部屋もあるが、下女部屋は一畳の

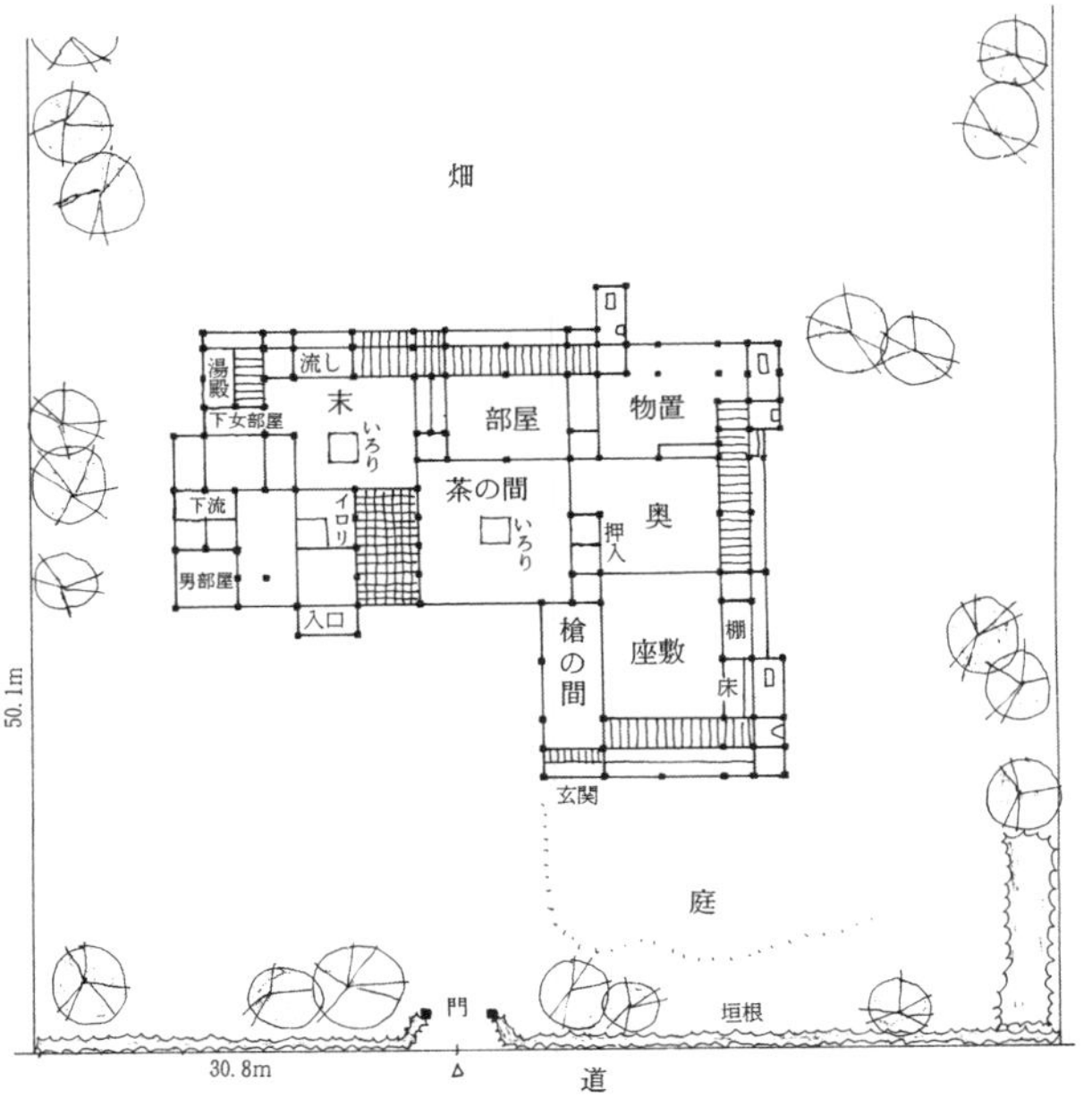

図22　庄内藩中級武士の家（南入り・44.0坪）

図23　図22の外観

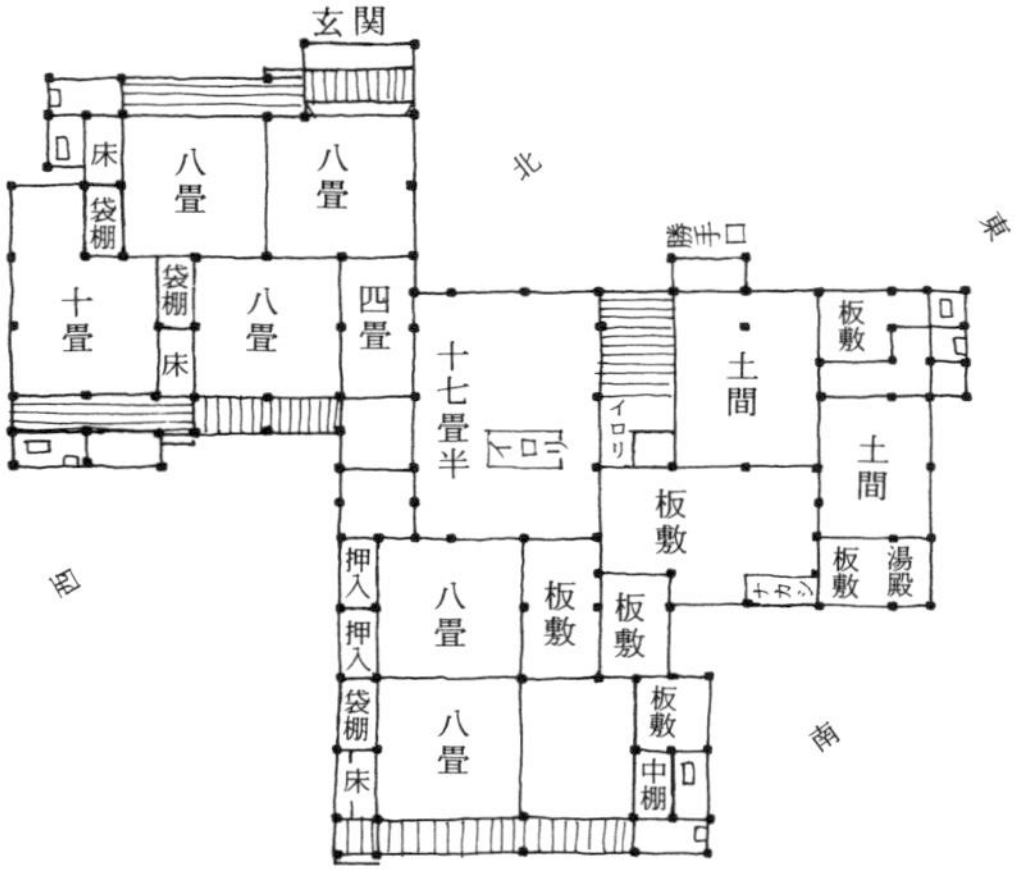

図24　庄内藩中級武士の家（北入り・81.2坪）

広さしかない。

図24は家中新町《かちゅうしんまち》に建つ北入りの家である。その指図には慶応元年（一八六五）の記載があり、その頃に建てられたのであろう。そこに住む武士は前の家と同じく禄高百石であったが、家の規模はかなり大きく、曲り家（家の棟がL字形になったもの）になっている。北側に土間玄関があり、八畳の次の間を経て八畳の座敷へといたる。そこには床の間と袋棚が設けられている。袋棚とは違い棚の上の天袋のことをいう。その南にも床の間と袋棚を設けた部屋があるが、そこは主人常住の書院のような部屋であろう。家の中央には囲炉裏を備えた十七畳の広い部屋があるが、そこが家族の集まり部屋の茶の間である。その南側には家族の日常的な居場所とみられる部屋が並ぶ。

高遠藩の家

幕末頃に書かれた『御家中屋舗絵図』にみる北入りの家が図25である。これは百石前後の中級武士が住んだ下夕町に建っていた。門や塀の状況は分からないが、道から入った正面に間口一間の式台があり、玄関寄附《よりつき》と記す部屋から座敷にいたるが、それらの接客空間は北に面している。寄附とは供待ちの部屋であった。座敷には床の間と床脇を備え、その裏側には客用便所も設けている。

左手には大戸の付いた広い土間があるが、そこが家族の出入り口であろう。その南には囲炉裏を備えた十四畳の広い茶の間があり、そこから右手の奥—部屋—納戸と記す家族の部屋にいたる。そして茶の間の左手には流し間と記す部屋があるが、それは土間の炊事場であろう。それらの部屋の近くには湯殿と家族用の便所も設けている。

図26は、久保川町に建つ中級武士の東入りの家である。東の道に向けて間口一間半の式台があり、玄関—座敷にいたる。そして家族は南側の土間から入り茶の間へといたるが、その広さは十九畳もある。

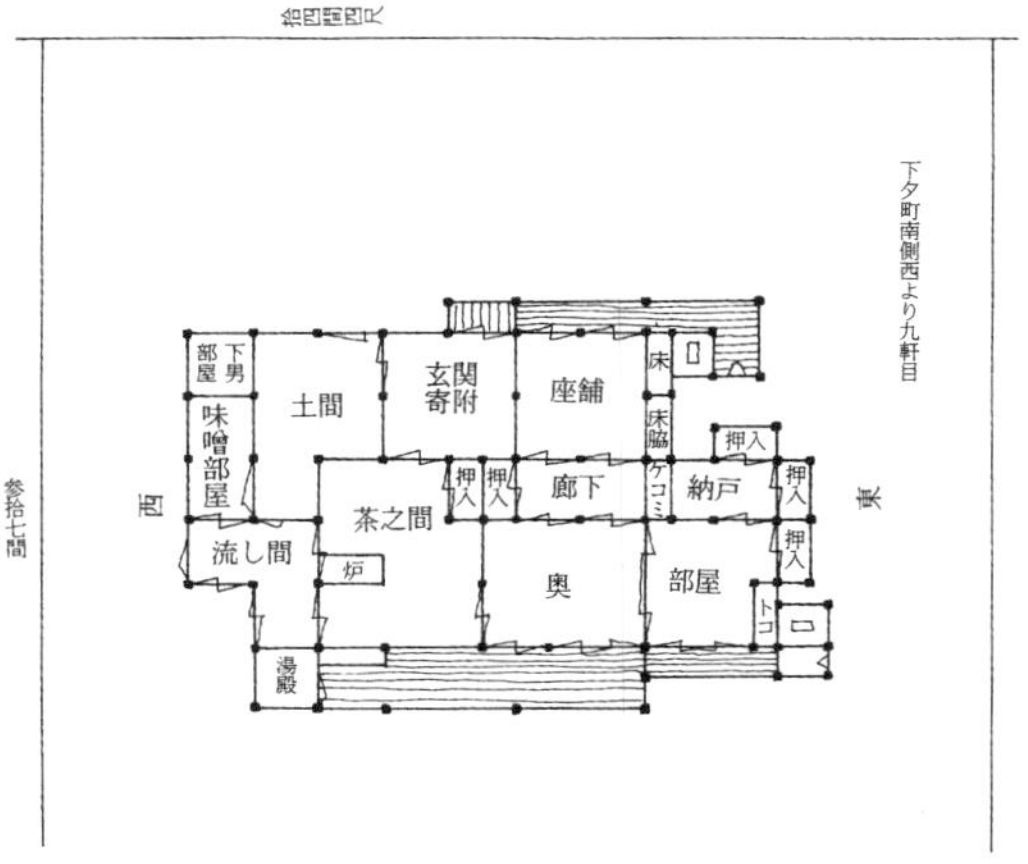

図25　高遠藩中級武士の家（北入り・53.5坪）

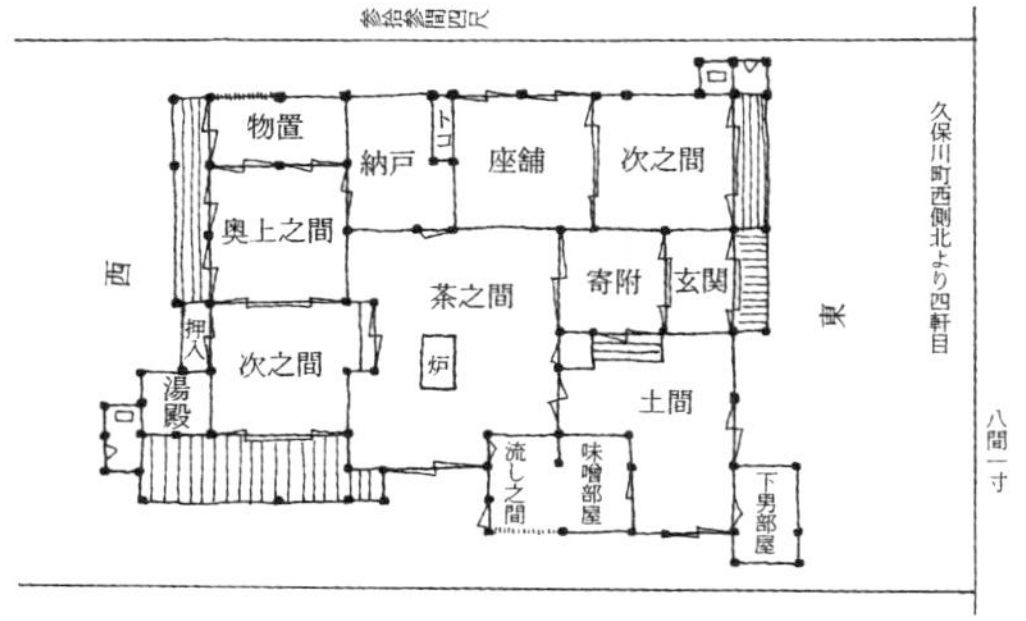

図26　高遠藩中級武士の家（東入り・54.0坪）

金沢藩の家

金沢藩（城下は現石川県金沢市）七〇石武士の家が図27である。幕末の安政期に建てられ、その子孫が住んでいた。屋根は水に強い草槇《くさまき》の木で葺いた切妻であり、妻側を道の方に向け、妻壁の横梁を強調した意匠である（図28）。門は棟門《むなもん》、塀は土塀であった。棟門とは、両側の柱の上部に小さな切妻屋根のある門をいう。土塀とは泥粘土を塗り固めてつくった塀のことである。家の正面には玄関と称する板間の式台があるが、これまでの式台とは異なる。それは式台の外側に引き違いの戸を設けていることである。この金沢でも冬の雪は深く、式台に雪が降りこむのを防ぐためであろう。

　金沢藩の武士の家にはとくに土縁が多くみられる。図の家も座敷前にあり、土縁の外側に板戸を設け、普段はそれを開け放す。外の庭とは土間面から開放的につながり、夏の風通しはき

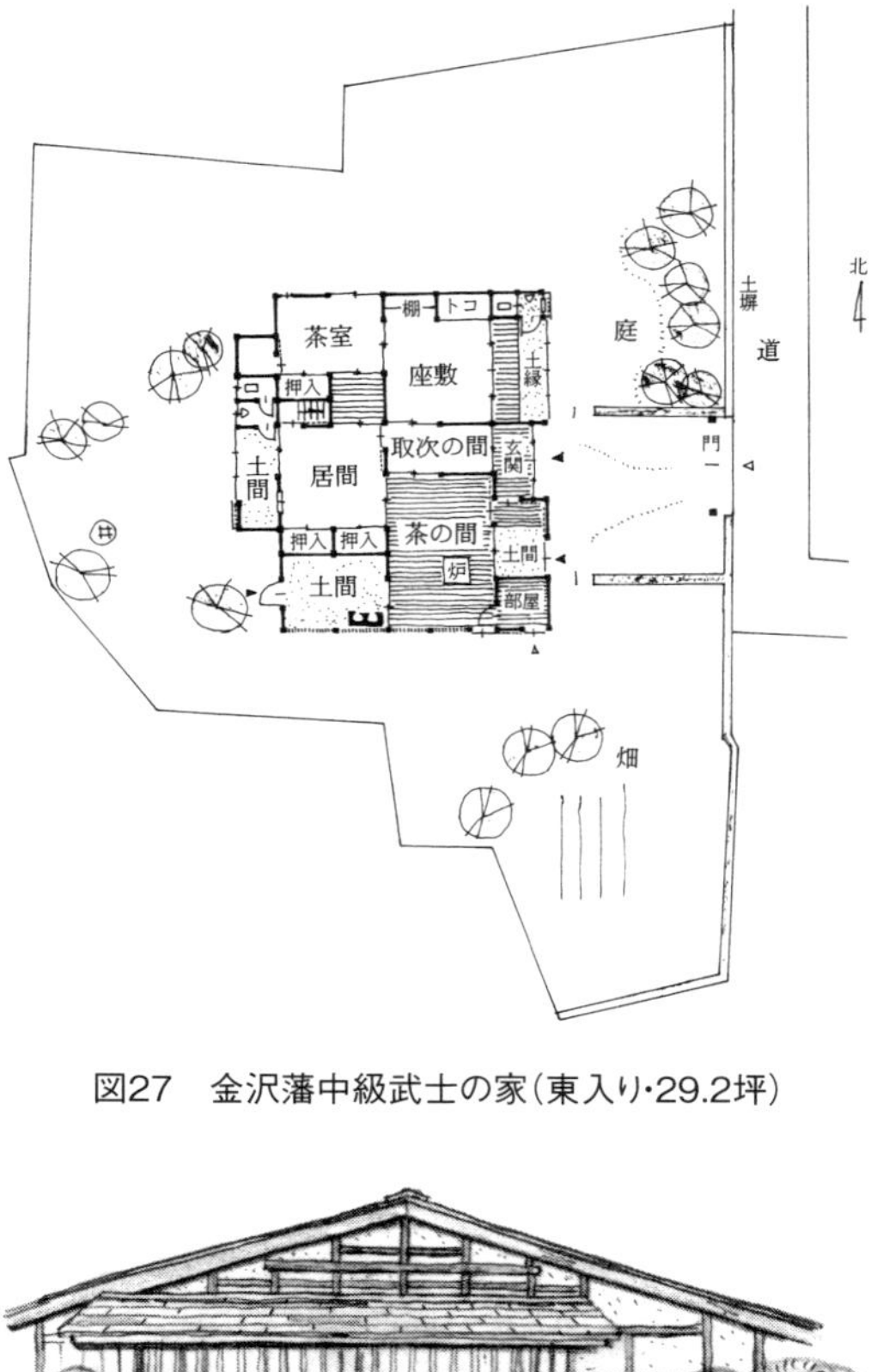

図27　金沢藩中級武士の家（東入り・29.2坪）

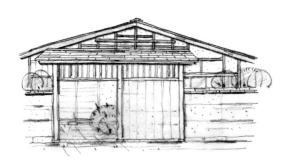

図28　図27の外観

わめてよいと家人はいう。座敷の客は板縁を降りて、庭の風景を見ながら土縁の端の便所に行くが、それはまことに風情のあるつくりである。また雪のときは板戸を閉めるが、板戸の上部に明かり障子の小さな窓があるので、薄暗い雪の光が土縁に差しこむ。土縁は奥の居間の前にもある。巾は一間の内土間であり、やはり夏にはそこを開け放し、裏庭と土間面から開放的に連続している。そして家族も土縁に降りて端の便所に行く。茶の間は囲炉裏を設けた十二畳の広い板間であった。そこが家族の食事の場所で、集まり部屋であった。裏庭には椿と梅が多く植えられ、明治から大正にかけて椿の実から油をしぼり、食物と交換していたという。

平士《ひらし》であった南入りの家が図29である。この家も幕末に建てられ、その子孫が住んでいた。入口は上がり段の付いた土間玄関であり、そこから座敷へも、また台所へも行けるようになっている。客用と家族用の併用玄関であった。南に向けた座敷の前には土縁があり、塀は土塀、屋根は前の家と同じ板葺きの切妻で、その妻側を道側に向けた外観意匠であった。

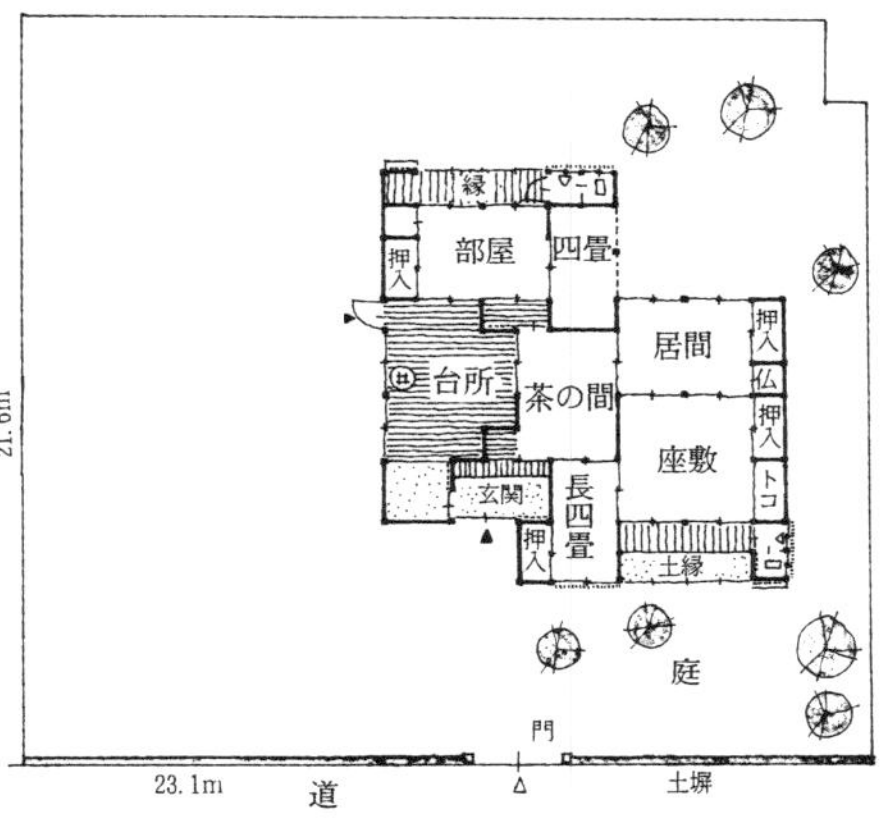

図29　金沢藩中級武士の家（南入り・26.1坪）

飯田藩の家

藩から拝領した家であっても、その一部の部屋を他人に間貸しをしていたことは前にのべた。

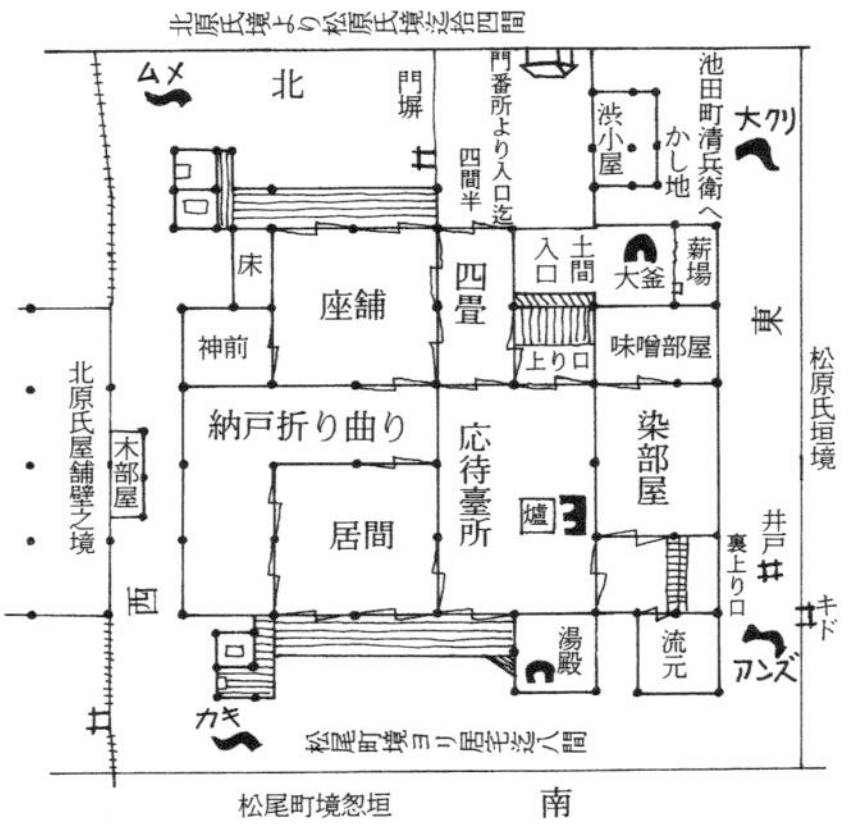

図30　飯田藩中級武士の家（北入り・36.9坪）

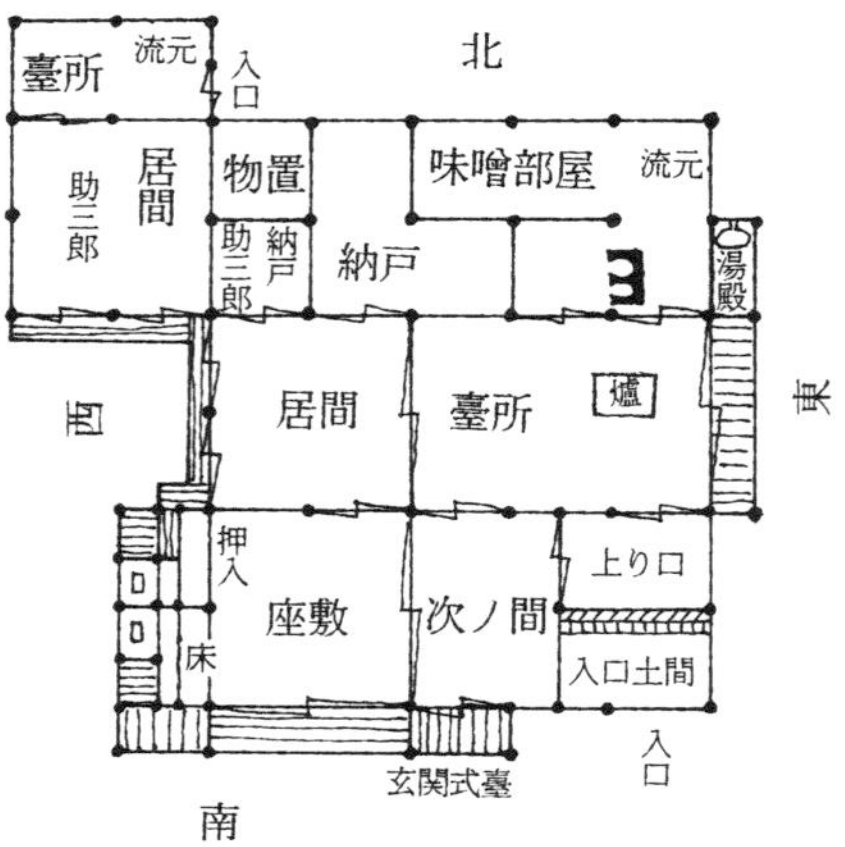

図31　飯田藩中級武士の家（南入り・42.2坪）

その家が図30であり、飯田藩（城下は現長野県飯田市）のN家が二代目当主のときに町手代《まちてだい》に昇進し、文化二年（一八〇五）に移り住んだ上荒町に建つ戸建であった。図はその時に書いた指図である。北入りであり、門を入ったすぐ横に五尺×七尺の渋《しぶ》小屋があるが、そこに「池田町清兵衛へかし地」と記している。池田町とは、この家から二五メートルほど離れた中級武士の居住地であったことから、そこに住む武士仲間に貸していたのであろう。貸地と記しているから、清兵衛という武士が宅地内の一部の土地だけを借りて小屋を建てたのかもしれない。

客用入口は土間玄関であり、上がり段を上がると二畳の「上《あが》り口《ぐち》」である。客はそこから四畳の次の間を通って座敷にいたるが、その座敷は北を向いている。一方、家族は南に廻りこんで「裏上り口」から出入りしたものとみられる。その奥に十二畳の応待台所と記す部屋にいたるが、そこには囲炉裏があって、そばに竈も据えられている。この部屋が煮炊きや食事の場所であった。そして洗い場は流元と記する部屋であろう。

指図には庭の樹木名も記しており、当時の庭の風景がわかる。座敷前の北庭には梅の木、居間の前庭は柿の木、裏口近くには大栗と杏《あんず》の木があった。

この家の三代目はさらに山奉行に出世して天保四年（一八三三）に馬場町に移り住んだのが図31の南入りの家である。南から入ると正面に間口一間の式台があり、次の間から座敷にいたる。一方家族はその右手の土間入口から奥の十二畳の広い台所へといたる。また左手奥の居間と納戸に助三郎と記しており、この部屋も間貸しをしていた。

屋根は指図からはわからないが、今に残る他の中級武士の家が板葺きの切妻屋根で、妻側を道に向け、塀は土塀であったから、この家もそのようであったと思われる。

西日本の武士の家

膳所藩の家

武士の家を訪ねると、その子孫から先代家族の悲運の歴史を聞くことも少なくない。図32の家もその一つであった。それは膳所《ぜぜ》藩（城下は現滋賀県大津市）七〇石の武士として幕末まで住んだ家の指図である。文久三年（一八六二）、尊王攘夷《そんのうじょうい》派の一人が登城途中の家老を襲撃する事件が起こる。ところが二年後、幕府への陳謝と家臣への見せしめのために、事件とはまったく関係のない家臣十一人が家禄没収と切腹および斬首《ざんしゅ》刑に処された。その罪状は城下の流言

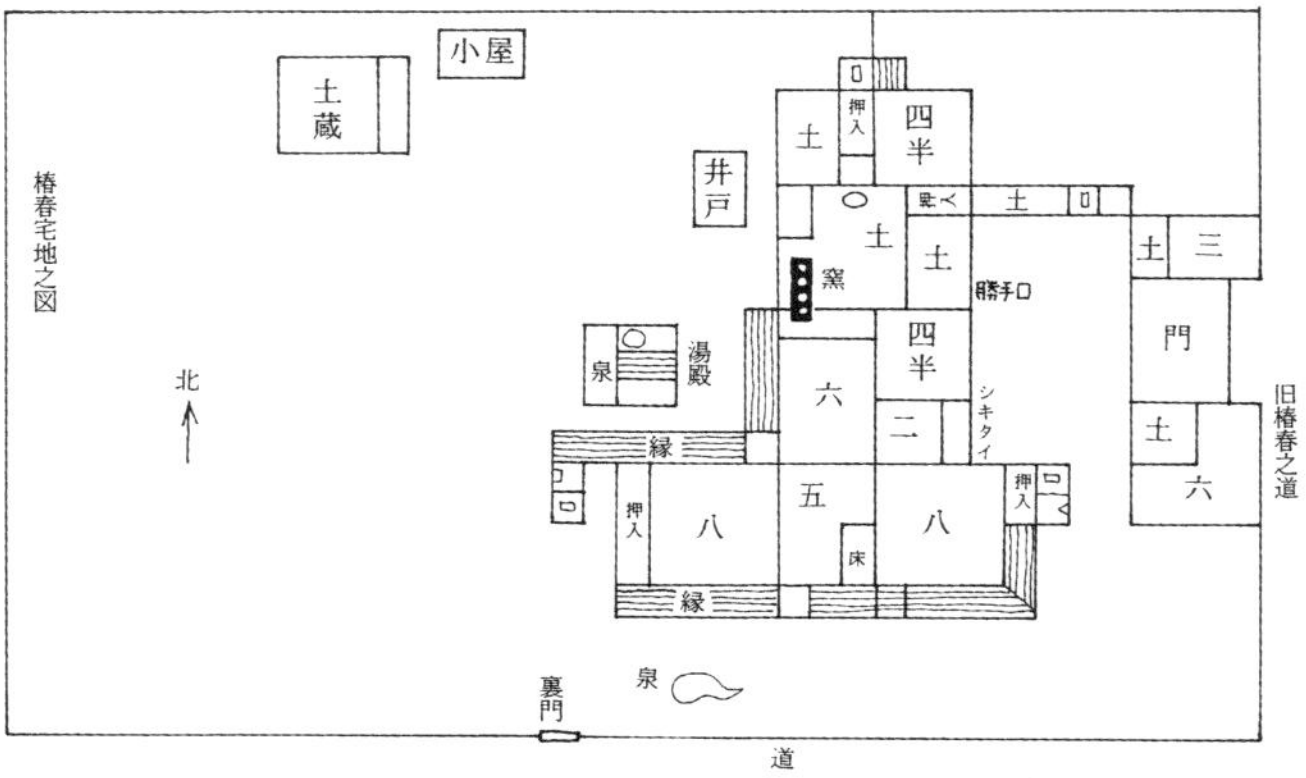

図32　膳所藩中級武士の家（東入り・53.1坪）

飛語によるいい加減なものであった。この家の当主もその一人である。残された家族は城下を追放となり、各地を転々としたが、三年後の明治維新にその無実が明らかになって城下に帰還した。しかし元の家にはもどれず借家住まいをしたが、明治二七年（一八九四）にやっと古家を購入する。それは士族破産（明治になって士族たちは秩禄《ちつろく》処分による金禄公債を受け取っていたが、その額はわずかで生活が立ちゆかなくなり、多くの士族は帰農、転職で家を離れた）で住み手のいなくなった空き家であった。その家が図33であり、以後そこに子孫たちが住み続けた。

　元の家をみると、椿原町に建っていた東入りの宅地で、道側に長屋門があった。そこを入ると正面に間口一間の式台があって、二畳の玄関の間から南の八畳の座敷にいたる。その座敷には廻り縁があり、東と南に広く開口している。式台の北には勝手口があって、四つ穴の竈を据えた土間につながり、茶の間はそれに続く南の六畳の部屋であろう。その外には湯殿があり、そばに泉が湧き出ていたが、それを湯水に使ったとみられる。

　購入した家をみると、その場所は中級でも下層の武士が住んだ新地と称する居住地であった。西入りで、元の家にはあった長屋門はない。屋根は茅葺きで、土塀と小さな棟門がある。家の規模は小さ

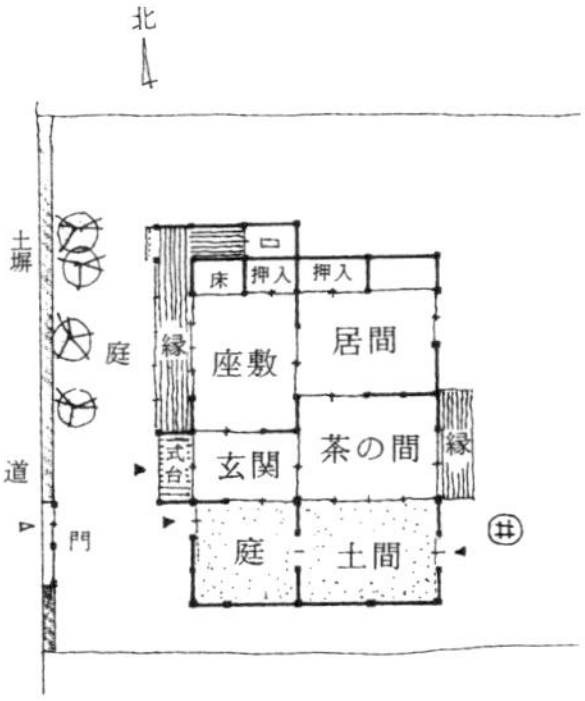

図33　膳所藩中級武士の家
（西入り・21.7坪）

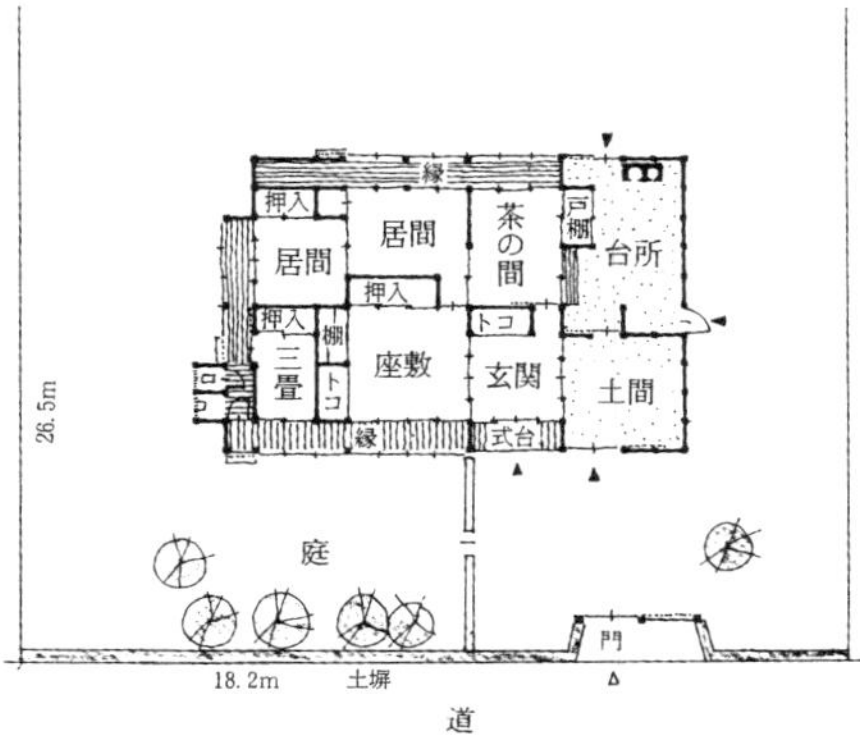

図34　膳所藩中級武士の家（南入り・29.3坪）

く、部屋も四室しかない。それでも六畳の小さな座敷と式台があった。それらはやはり西の道に向けていた。

図34と35は、殿町と称して南大手門に直通し、中級武士の中でも上層の百石〜二百石台の武士が住んだ居住地に建っていた南入りと北入りの家である。どちらの家も東西道に面して式台や座敷を構え、その奥に家族空間を設けている。

このように膳所藩の中級武士の四軒の家をみてきたが、いずれの

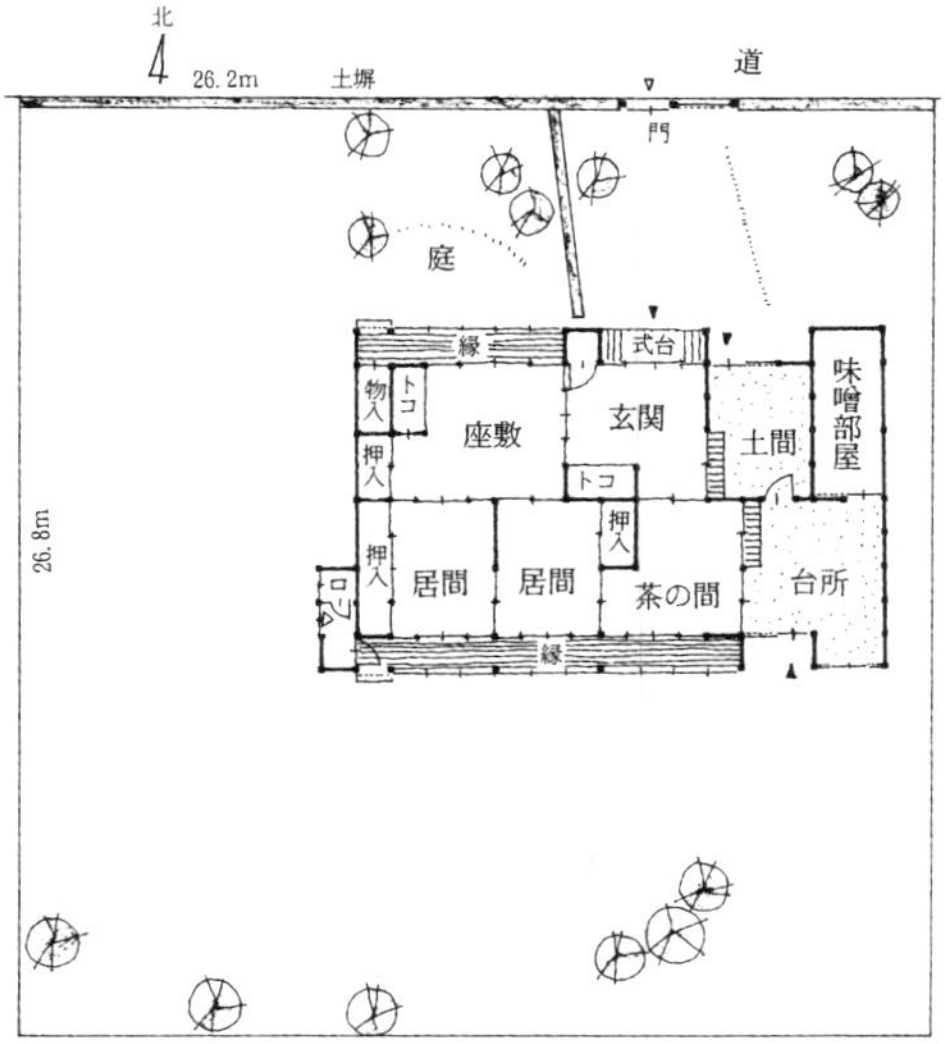

図35　膳所藩中級武士の家（北入り・37.0坪）

茶の間にも東日本の家には必ずあった囲炉裏はない。また屋根は茅葺きであった。

上野藩の家

上野藩（城下は現三重県伊賀市）百石の北入りの武士の家が図36である。江戸時代後期に建てられ、現存している。この家に住む家族の先代にあたる武士の名が元和五年（一六一九）、享保《きょうほう》期、文久《ぶんきゅう》期の三枚の城下古図に記されており、少なくとも約四百年の長いあいだこの屋敷に住みつづけていたことになる。武士の禄高変動と住み替えの多かった中での稀な例といえる。式台はなく、広い上がり段の付いた土間玄関が客用であり、また家族用でもある。次の間と座敷は北に面し、その南側には茶の間―六畳―居間―奥の間の家族空間が南面していた。

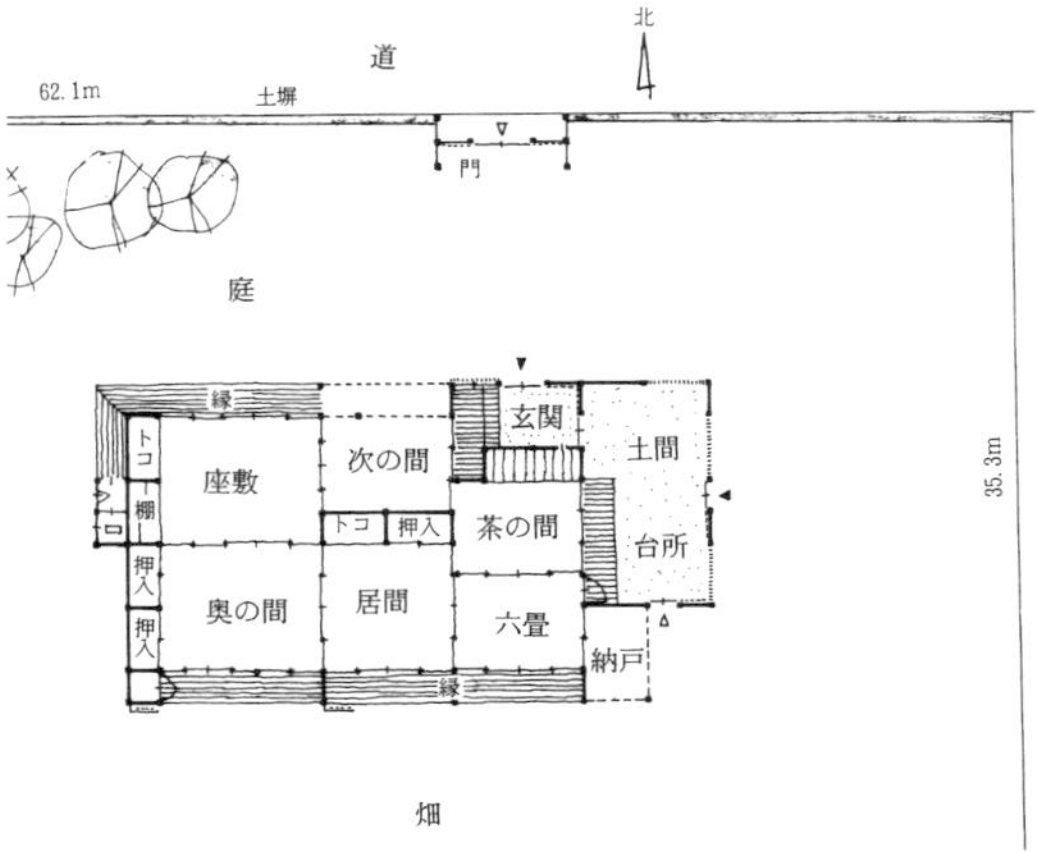

図36　上野藩中級武士の家（北入り・42.3坪）

そして門は棟門、塀は土塀で、屋根は茅葺きであった。

備中松山藩の家

中級武士の居住地であった石火矢丁《いしびやちょう》に建つ西入りの家が図37である。そこに住む武士は番頭役一四〇石であった。図は江戸時代後期に作製されたものであるが、その家は現存し、指図とほとんど変わっていない。土塀と棟門があり、そこを入ると正面に間口一間半の広い式台がある。そこから六畳の玄関を経て十一畳の広い座敷にいたる。そこには床の間と付書院を備えている。式台の北には表口と記す土間玄関があるが、そこが普段の客入口であろう。土間玄関には箱段式台と記す上がり段があって広敷《ひろしき》と記す板間から座敷に行く。家族の出入り口もその土間玄関であり、台所へとつながる。この台所が食事など家族の集まり部屋であろう。そしてその廻りには居間、次の間の家族の部屋がある。屋根は切妻の平入りで、瓦葺きであった。

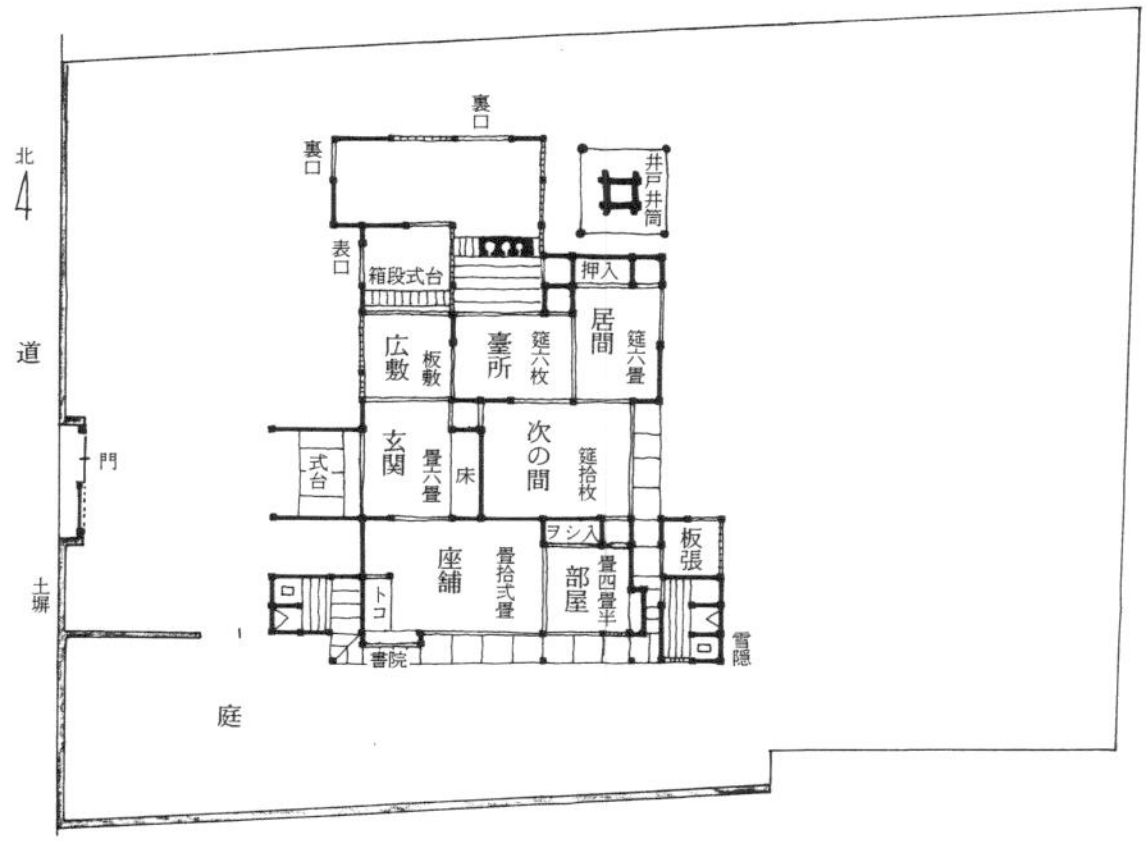

図37　備中松山藩中級武士の家（西入り・47.6坪）

ところで、この指図には部屋の敷物も記している。畳敷は玄関、座敷、その奥の四畳半のみで家族の部屋はすべて筵敷である。畳は中級武士の家でも貴重な敷物であった。

津山藩の家

津山藩城下（現岡山県津山市）の田町に建つ二百石の武士の家が図38である。江戸時代後期に建てられた北入りであり、道側には長屋と棟門、そして土塀があった。今も住み続けるその子孫によると、屋根は茅葺きであったが、明治に瓦葺きに替えたという。

門を入ると正面に間口一間半の式台があって、玄関の間―次の間―座敷へと続くが、それらの接客空間は北を向いている。一方家族は式台横の土間入口から入り、奥の台所にいたる。そこには板間から焚く竈があり、その隣には茶の間があるが、そ

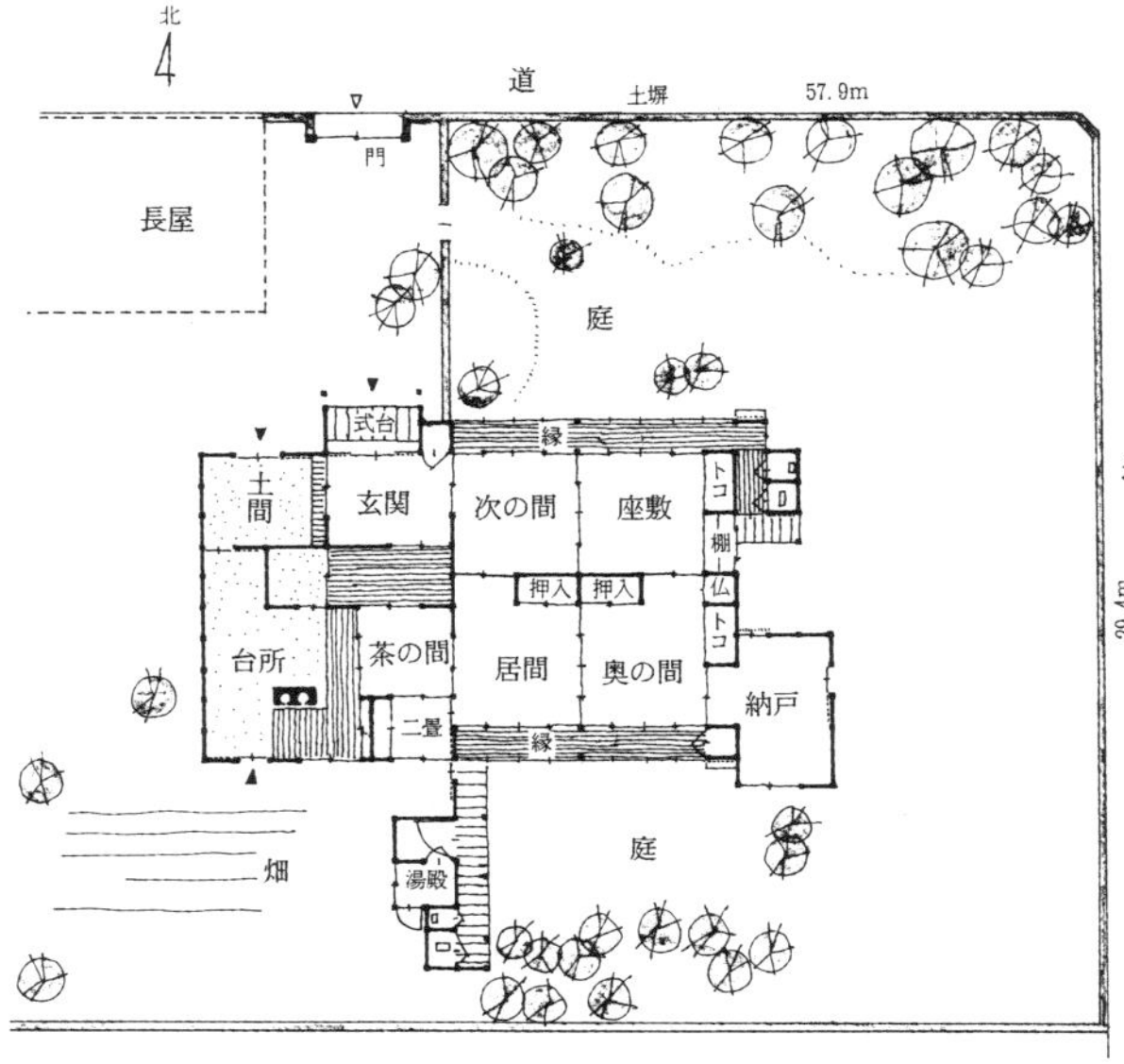

図38　津山藩中級武士の家（北入り・67.1坪）

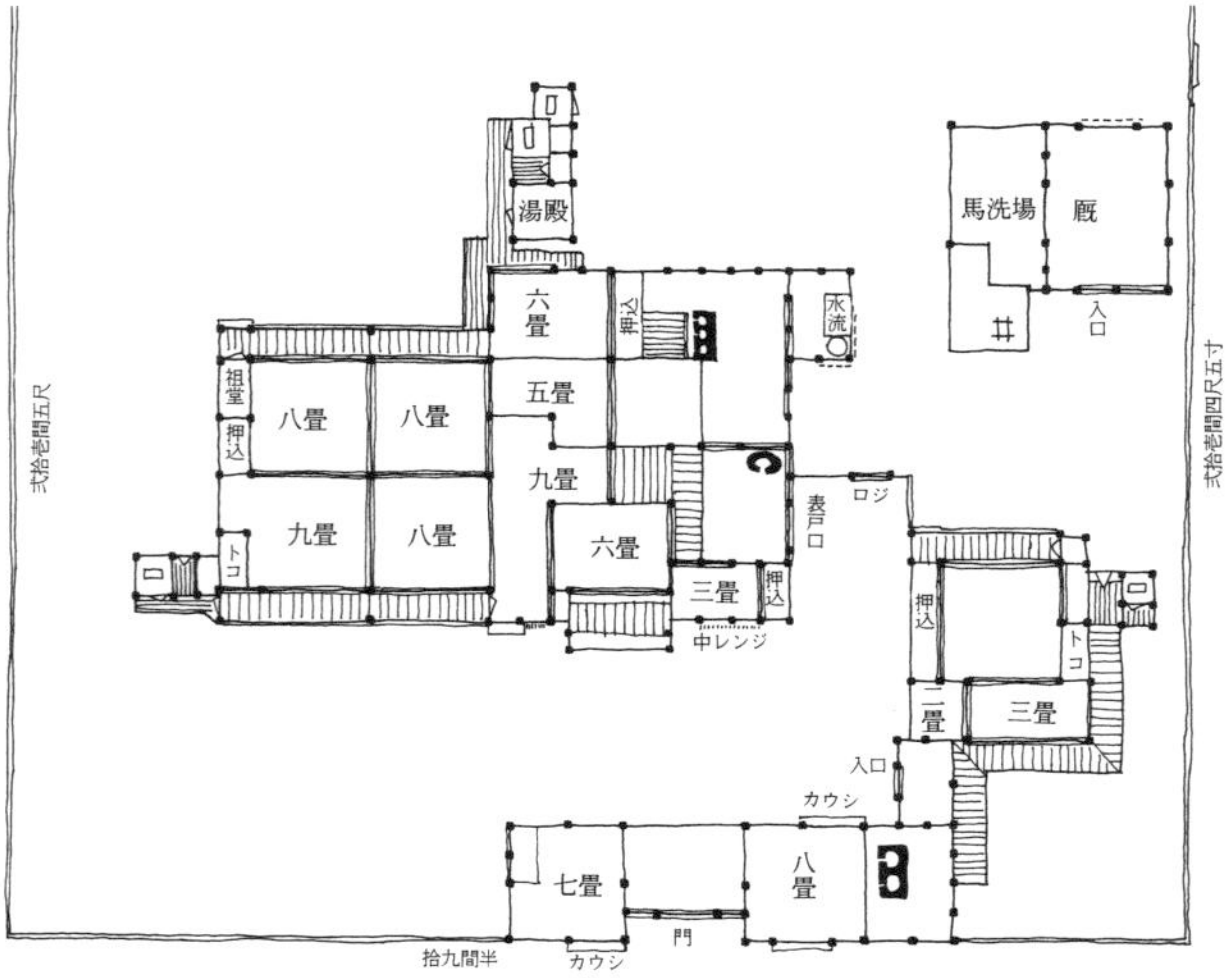

図39　津山藩中級武士の家（南入り・94.3坪）

の広さは四・五畳しかない。そこから家族の日常的居場所の居間、寝室の奥の間へと続くが、それらの部屋は南に面している。

湯殿と便所は南に突き出して設けている。このようなつくり方は津山藩の武士の家にみられる特徴である。湯殿の床は板敷で、その真ん中には小さな排水溝があり、それに向けて板敷が緩やかに下る。つまりこの湯殿に湯舟はなく、かかり湯をしていたのである。

この家の斜め向いに建つ南入りの家が図39である。禄高は前の家と同じく二百石ほどであった。図は嘉永七年（一八五四）と記す指図によるが、その家は現存し、その子孫が住んでいた。屋根は茅葺きで長屋門と土塀がある。間取りは前の家とよく似ているが、式台付近や台所が異なる。家族が出入りする入口は表戸口であり、東に廻りこんで入る。そこを入った土間には大釜が据えられ、味噌をつくる時に大豆を煮たという。その南にある三畳が下女の部屋であり、下男は長屋門にいた。家の東に離れがあるが、そこは隠居部屋であったという。

家の奥は台所であり、三つ穴の竈は板間から焚く方式である。そして茶の間はこの家でも五畳の狭い部屋であった。左手の四つの部屋は前の家と同じく、田の字形の間取りである。その南側が座敷と次の間、北側の二室が家族の部屋であった。

福岡藩の家

福岡藩（城下は現福岡県福岡市）の武士の家は残っていない。そこで藩の御用大工頭であった家に江戸時代中頃の指図が残されていたのでそれをみよう。

図40は因幡丁《いなばちょう》に享保期（一七一六〜）頃に建てられた一五〇石の武士の家である。前に米沢

藩の家の状況をのべたが、享保期の前までは上級武士であっても、客を迎える座敷だけを床上の板敷にして、その他の部屋は土間のままの粗末な家であったと記していた。とすれば享保期以降に家が拡充してきたと読みとれる。では福岡藩における享保期の武士の家はどうであったか。

図をみると、すべての部屋が床上になっている。部屋名は記していないが、それぞれ何畳と記しており、それは床上の部屋を意味するからである。宅地は北入りであり、口《くち》と記すところ

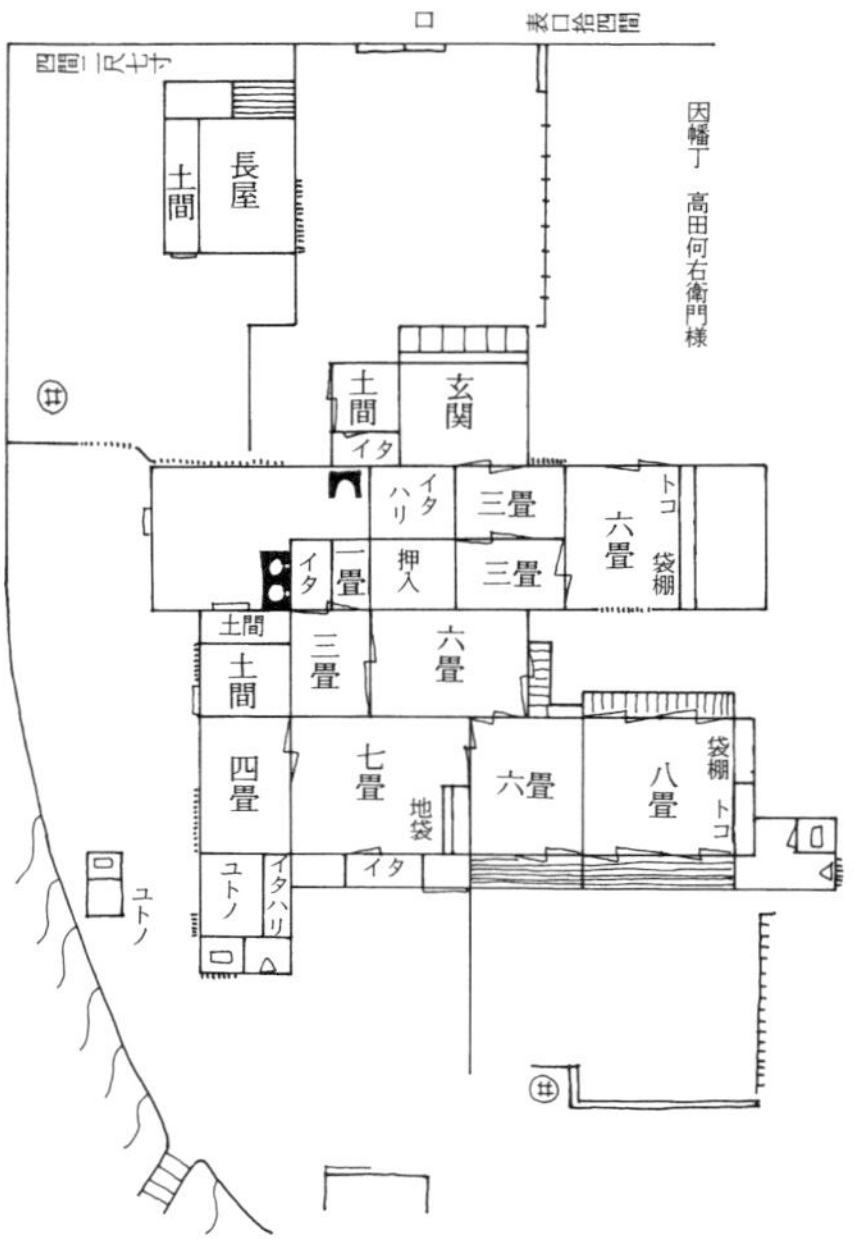

図40　福岡藩中級武士の家(北入り・58.2坪)

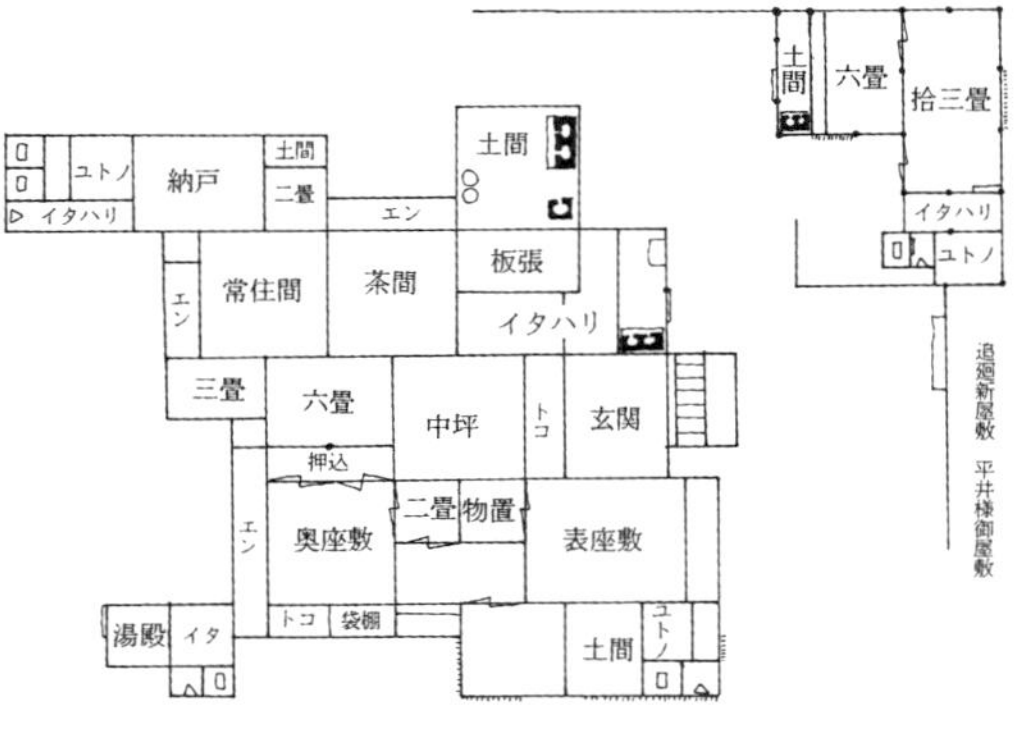

図41　福岡藩中級武士の家(東入り・75.6坪)

が屋敷の入口であろう。それは開き戸だけの簡素な門とみられる。その門を入ったすぐ西に下人たちの長屋がある。そして家の正面には間口一間半の式台があり、そこから広い玄関の間を通って六畳の部屋にいたる。その東背面に奥行き一尺五寸ほどの床の間と袋棚を備えており、この部屋が客と応対する座敷であったことがわかる。しかし縁はなく、質素な部屋であった。

その南には中庭を挟んで八畳の部屋がある。そこにも同じような奥行きの浅い床の間と袋棚があって、部屋の南と北には縁も付いている。縁の端には便所もあり、その部屋は主人の日常的居場所の書院のような部屋ではなかったか。そして式台の西には土間玄関がある。そこから家族が出入りし、また気軽な客の玄関でもあったとみられる。

図41は前の家より後の江戸時代後期に書かれた指図である。この指図には部屋名を記しているので、それから前の家にみた玄関横の北の部屋と中庭を挟んだ南の部屋との関係がわかる。東入りの宅地であり、玄関横の東の部屋は表座敷、廊下を挟んだ西の部屋は奥座敷と記している。つまりその部屋名からして、表座敷は客の応対場所であり、奥座敷は主人の日常的居場所であったことがわかる。よって前の家の二つの部屋もそのような使い方であろう。

また北の広い土間とつながった板張りの部屋は台所である。その横に八畳の茶間《ちゃま》と記す部屋があるが、それは家族の集まり部屋の茶の間のことであろう。その西には常住間《じょうじゅうま》と記す八畳の部屋があるが、そこは妻たちの日常の居場所であったとみられる。

中津藩の家

図42は中津藩（城下は現大分県中津市）の南入りの武士の家である。禄高は不明であるが、

百石台の武士が住んだ諸町《もろまち》に建っていた。幕末頃に建てられ、塀は土塀、門は棟門であった。屋根は茅葺きで、下屋だけが瓦葺になっている（図43）。このような屋根形式は農民の家を含めて結構多い。藩は下屋部分に限って瓦葺きを許可していたからである。

正面に間口一間半の式台があり、玄関の間を通って次の間―座敷へといたる。その座敷は奥行き半間の床の間があり、その横には違い棚がある。前にみた江戸時代中頃の福岡藩の家の座敷は、押板《おしいた》（床の間の原型、奥行きは一、二尺程度）のような奥行きの浅い床の間であったから、幕末にかけて本格的な床の間に拡充していったことがわかる。江戸時代初めの京都公家町における武士の家ではすでに奥行き半間の床の間がすでに生まれていたから、地方城下町の武士の家ではその普及が遅れたものといえる。

座敷の奥は居間―六畳―仏壇のある三畳と続き、そこが家族の部屋であった。住んでいる子孫の話によると、昔から食事は土間に面した板間でおこなっていたという。そこが家族の茶の間的な場所であった。また便所は母屋にはなく、裏庭に雪隠《せっちん》小屋があったという。

3　下級武士の家

下級武士の家は狭い長屋住まいというイメージがあったが、実態はそうではない。多くは小さいながらも庭付きの戸建であり、藩によっては門と塀もあった。次にそれをみよう。

図44は村松藩（城下は現新潟県五泉《ごせん》市村松）禄高五石四斗の北入りの武士の家である。切米であるから、年に支給されるのはまさに五石四斗しかない。これを現在の標準米の価格で単純換算すれば年収三四万円ほどである。下級武士の中でも最下層であった。ところが図の家をみ

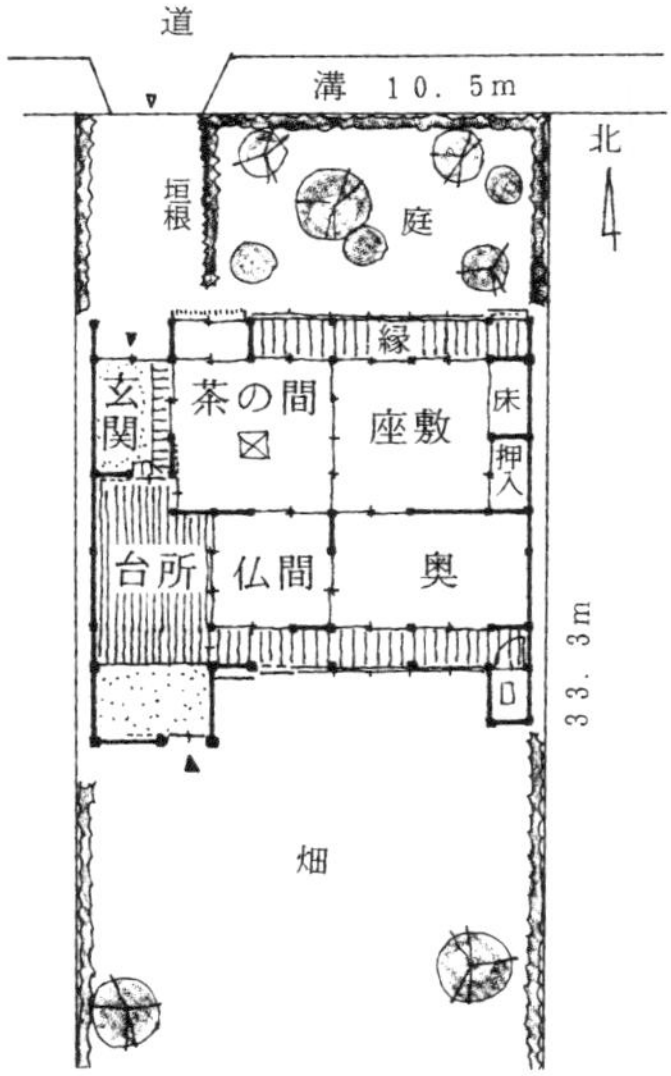

図44　村松藩下級武士の家
（北入り・20.9坪）

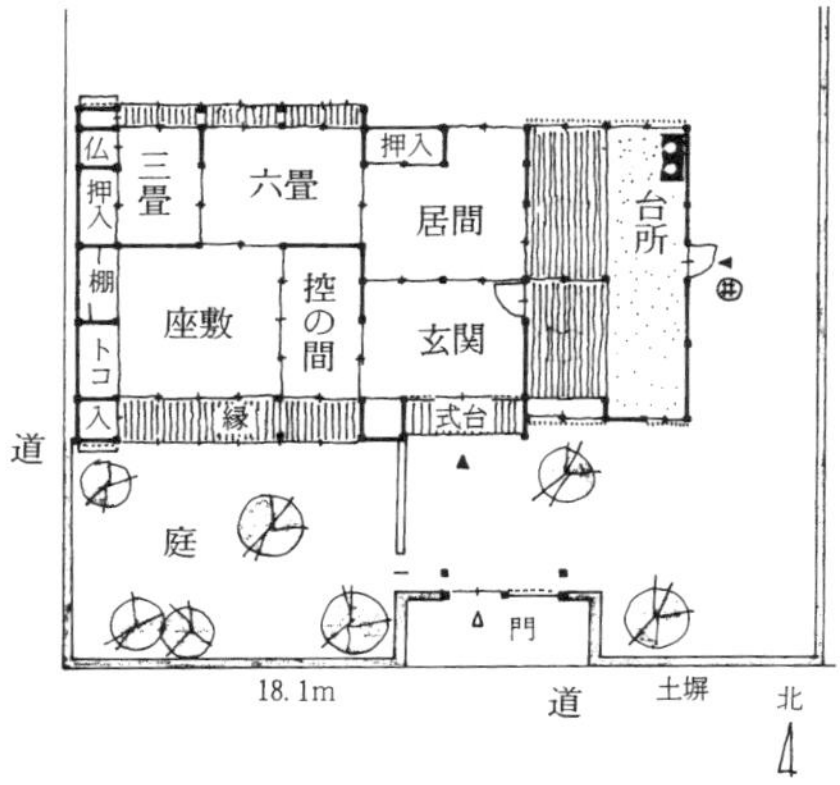

図42　中津藩中級武士の家（南入り・30.1坪）

図45　図44の外観

図43　図42の外観

ると、拝領といっても宅地の間口《まぐち》は五・七間、奥行きは十八・三間の一〇四・三坪もある。南の裏庭はかなり広く、そこで自給野菜をつくっていたと先代から伝え聞いたという。家賃もいらないので何とかやっていけたのであろう。

門もなく、塀は垣根である。幕末に建てられ、家の屋根は板葺きの切妻となっている。式台はなく、土間玄関があり、客も家族もそこから出入りする。その上がり段を上がったところが小さな囲炉裏を備えた茶の間である。その隣に座敷があり、ともに北に向いている。そして奥の南側が板間の台所―仏間―七・五畳の部屋へと続く。このように広い茶の間が玄関脇にあって、座敷への次の間と兼用していることがこの家の特徴である。

図46は庄内藩城下の下級武士の居住地であった外高畑町《そとたかばたけまち》に建つ北入りの家である。そこには足軽身分の武士が住んでいた。家は嘉永七年（一八五四）の記載のある指図だが、現地調査をすると、この家も庭付きの戸建であった。前の家と同じく、北に面した座敷の横に広い茶の間を設けているが、そこには客用の小さな土間玄関もある。家族は右手の土間入口から入り、囲炉裏を備えた台所にいたる。そこが家族の集まり部屋であろう。

図47は、信州松本藩（城下は現長野県松本市）の五石弐人扶持の武士の家である。五石は切米を示して年に五石が支給され、弐人扶持が付いているから年に三石六斗が加算されて計八石六斗となる。図44の家より少し禄が高いが、それでも単純換算して五四万円ほどにしかならない。江戸時代後期に建てられた家は西入りで、土塀と門があった。この家も子孫が住み続けていた。屋根は板葺きである。式台はなく、通り土間を入ったところに十畳の上座敷への上がり段がある。その座敷には床の間と違い棚もあった。一方、家族は通り土間の奥の上がり段から

中の間を経て勝手、下座敷の部屋にいたる。部屋数は六室、規模は四〇坪もあり、下級武士の家にしては大きい。

図48は高遠藩二〇俵《ぴょう》弐人扶持の南入りの武士の家である。切米二〇俵だから、四斗俵《たわら》として八石となる。それに弐人扶持（年に三石六斗）が加算されて合計十一石六斗の年収である。家は幕末に建てられ、現在は保存されている。門や塀はなく、低い垣根だけであった。屋根は板葺きの切妻で屋根には丸石を乗せていた（図49）。式台はもちろんなく、土間玄関を上がったところは一畳ほどの大きな囲炉裏を備えた広い茶の間である。そこが炊事場であり、家族の食事と集まり部屋であった。座敷は奥側にとられ、客は広い縁から上がって次の間を通ってそこにいたったのであろう。

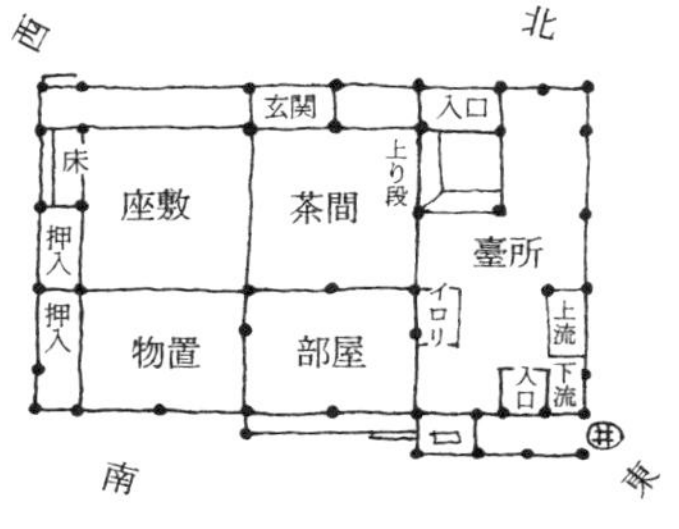

図46　庄内藩下級武士の家
（北入り・27.5坪）

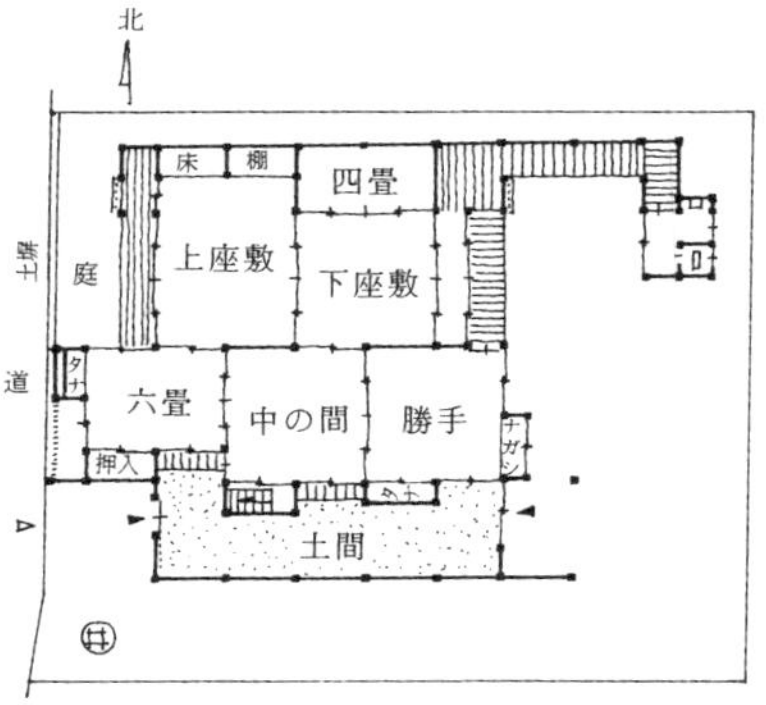

図47　松本藩下級武士の家
（西入り・39.5坪）

図49　図48の外観

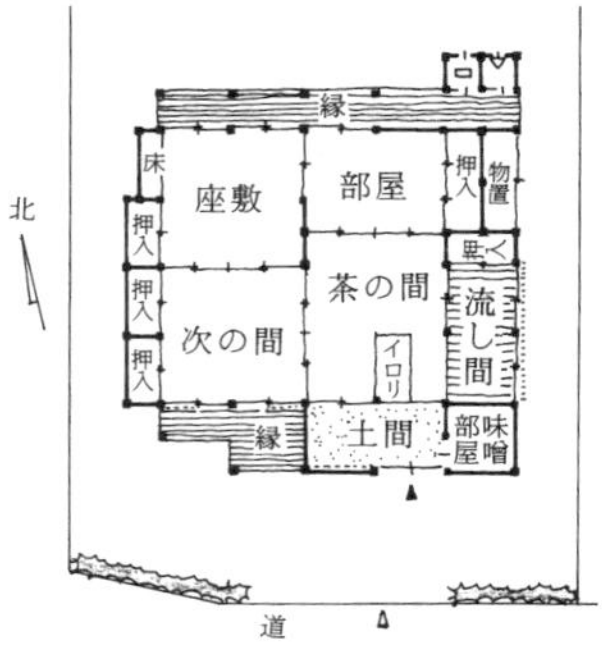

図48　高遠藩下級武士の家（南入り・29.2坪）

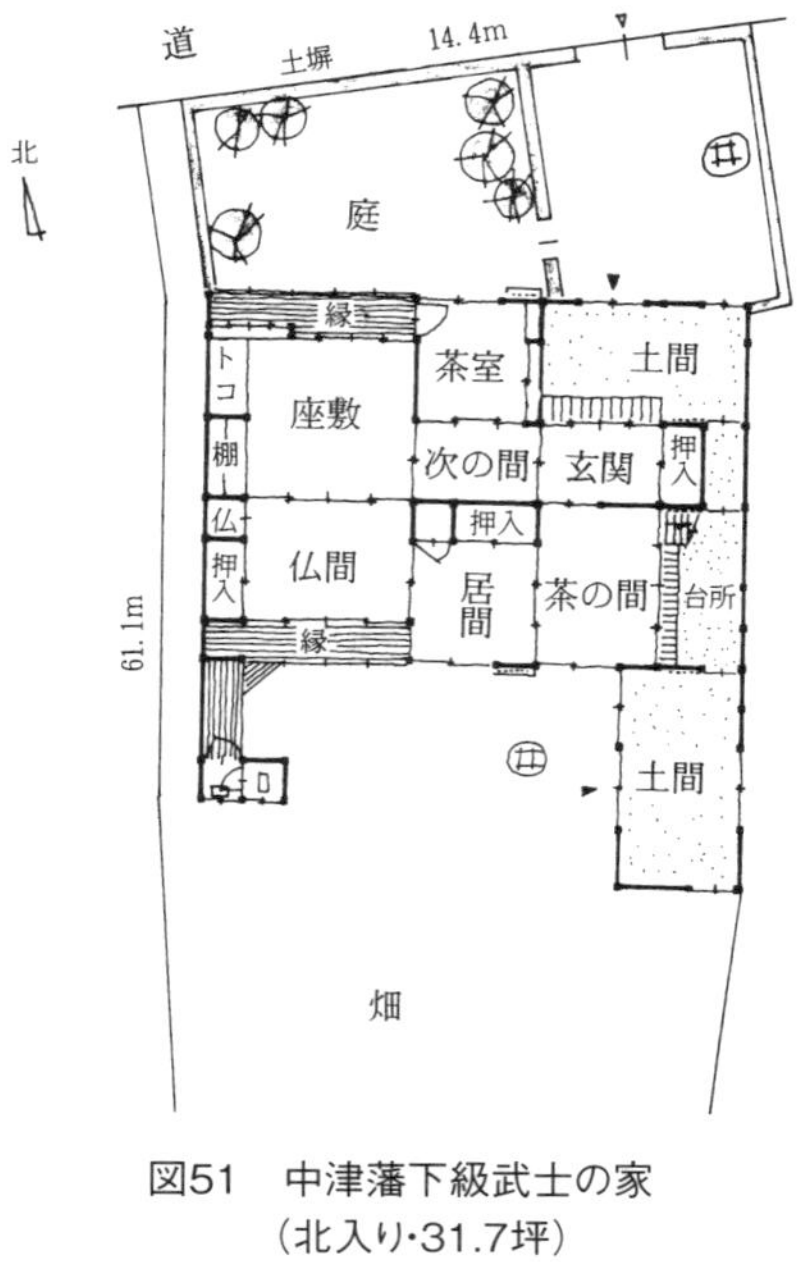

図51　中津藩下級武士の家
（北入り・31.7坪）

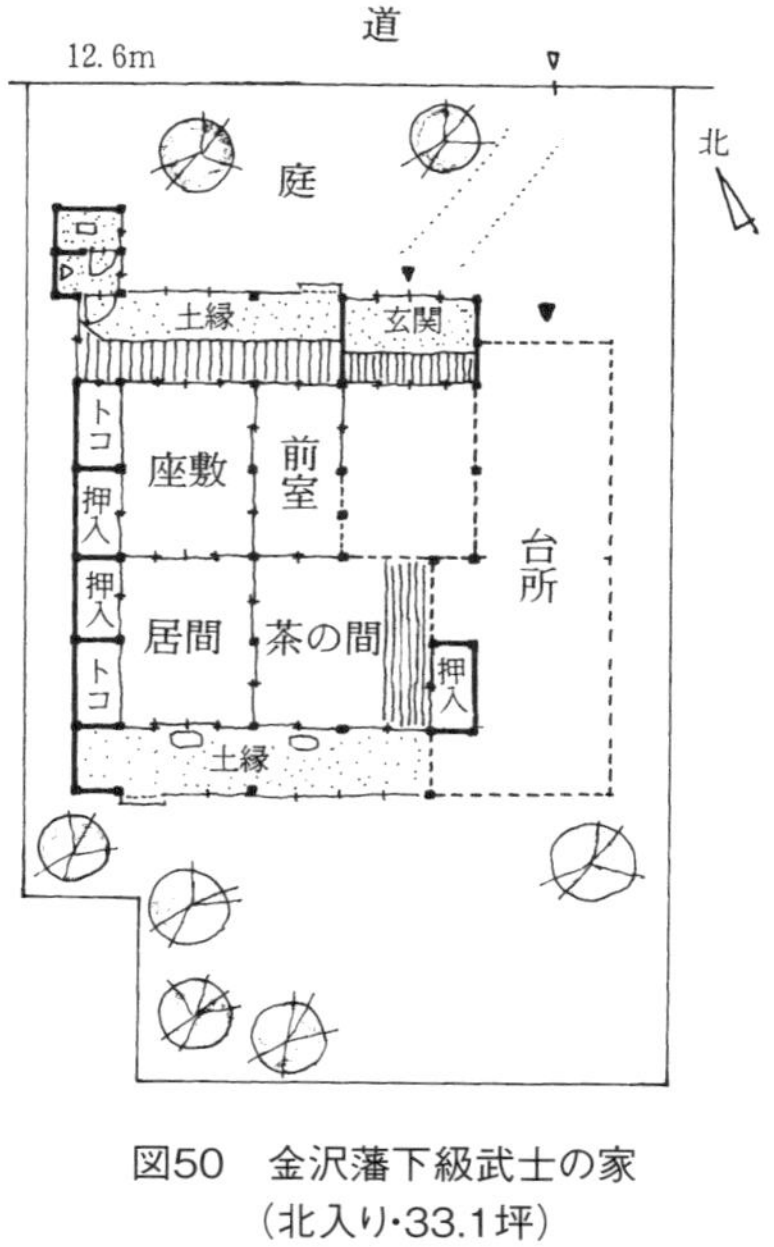

図50　金沢藩下級武士の家
（北入り・33.1坪）

図50は金沢藩足軽小頭《こがしら》の北入りの家である。宅地は狭いが、家の規模は三三坪もあり、中級武士の小さな家とあまり変わらない。下級武士の中でも上位の小頭の身分であり、足軽一般の家はこれより小さい。また土縁も座敷と茶の間の前にある。それに上がり段の付いた客用の土間玄関も設けている。座敷は道のある北に面し、その奥に家族の居間、茶の間がある。

図51は中津藩下級武士の北入りの家である。そこに住んだ武士の禄高は不明であるが、家は扶持取りの下級武士たちが居住した城下南端の上ノ丁《うえのちょう》に慶応三年（一八六七）に建ち、現存している。屋根は茅葺き、塀は土塀であった。客入口は家族も併用する広い土間玄関である。そこに備えた上がり段から玄関—次の間を通って座敷にいたる。座敷には床の間、違い棚、付書《つけしょ》院《いん》まで備えており、下級武士の家にしては座敷飾りが整っている。それらの接客空間はやはり

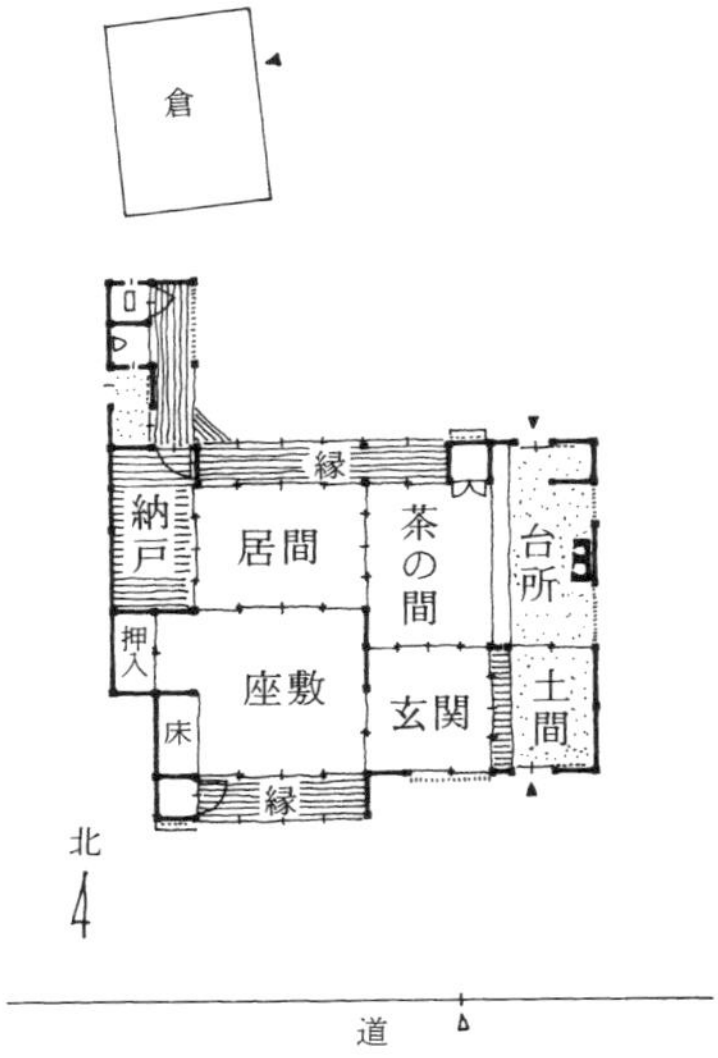

図52　中津藩下級武士の家
（南入り・28.6坪）

図53　図52の外観

道のある北に面していた。家族は土間玄関の右手から入り、南側の茶の間―居間―仏間へといたる。

　城下の北端の居留守《いるす》町に建つ南入りの家が図52である。享和《きょうわ》三年（一八〇三）に建ち、この家も現存する。そこに住んだのは十三石弐人扶持の福沢家であり、諭吉は十九歳までここで暮らした。この家の客入口も家族併用の土間玄関で、上がり段を上がって玄関から南側の座敷へといたる。その奥には茶の間―居間―納戸の家族の部屋が並んでいる。屋根は茅葺きであった。

4　在郷武士の家

　前にのべたように、多くの藩は江戸時代になって在郷（村）に居住していた武士（侍百姓）を城下に集住させたが、一部の藩では下級武士を中心に半農半士として在郷に住まわせ続けた。それを在郷武士または在郷給人というが、その多くは独自の集落を形成していた。軍事的警備と地方行政の末端を担いつつ、その一方で「在郷給人は極《きわめ》て小身故《しょうしんゆえ》、百姓の業《わざ》もなし、或《あるい》は人足《にんそく》にもなり、或は馬追《うまお》いにも成る時は、百姓同然下馬《げば》して、給人立てを致《いた》さず、結局百姓よりも律儀《りちぎ》に致すべき義《ぎ》、給人の心入《こころいり》たるべき事。（相馬藩武家法令）寛政四年（一七九二）」とあるように、農村にあって模範的農民としての任も負っていた。よくいわれる郷士《ごうし》とは、新開墾や献金などの功労から農民などから登用された給人格を持つ者で、これを新発地給人《しんぽちきゅうにん》、または登用《とうよう》郷士と称し、在郷武士とは異なる。

　まずその一つの米沢藩の家をみよう。藩主は越後から会津を経て米沢に入府したが、家臣数は約五千人にもおよび、城下にはとても収容できず、また彼らの生活維持のために城下周辺の

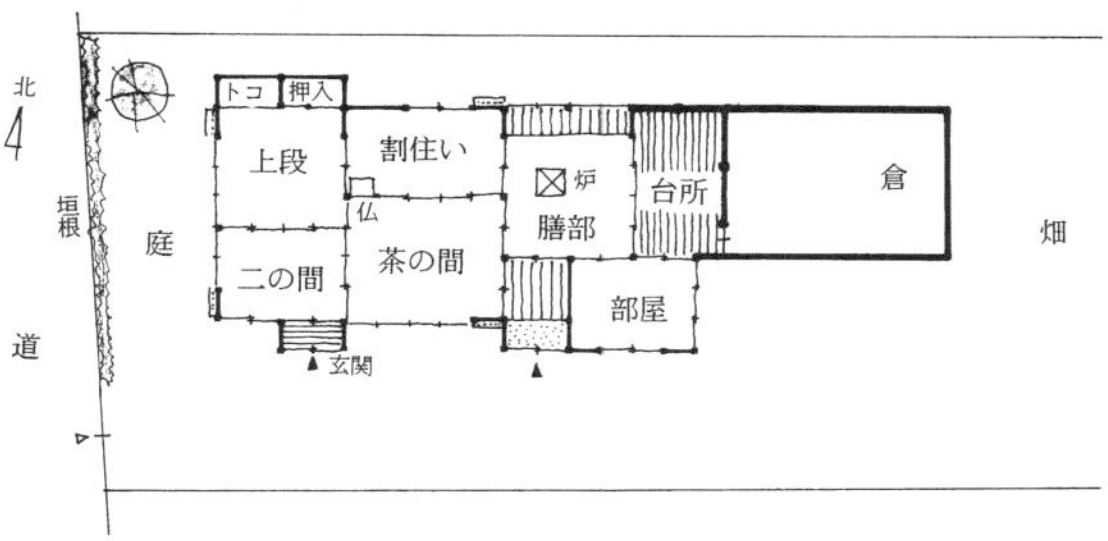

図54　米沢藩在郷武士の家（西入り・29.9坪）

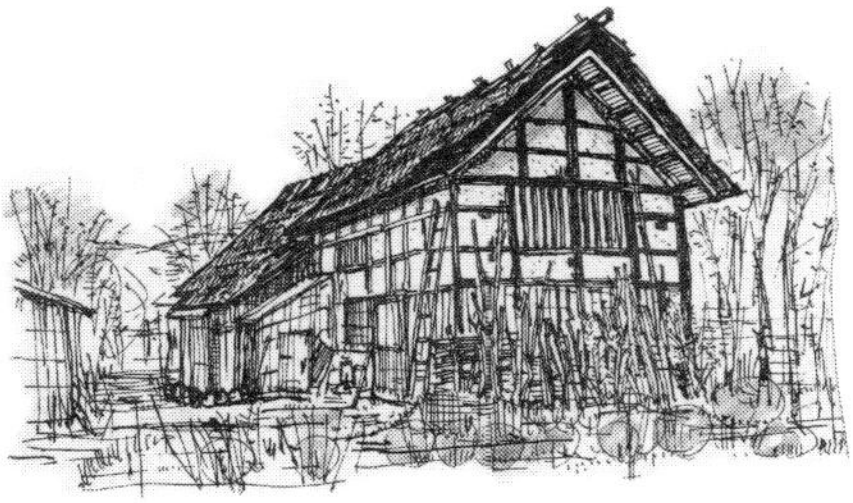

図55　図54の倉外観

数カ所に在郷集落をつくり、農業に従事させた。それを原方郷士《はらかたごうし》集落という。その戸数は、幕末時には直臣《じきしん》（領主の家来）と陪臣《ばいしん》（直臣の家来）を合わせて二二〇〇戸であった（長井政太郎『上杉藩の郷士集落の研究』）。

その一つに六十在家《ざいけ》（現米沢市芳泉町）という集落があったが、そこに一六七戸の在郷武士が居住していた。道巾が三間の南北道を軸として、両側に東入りと西入りの宅地が並び、その広さは間口六間、奥行き二五間の一五〇坪で統一されていた。調査は昭和五九年におこなったが、集落の形態はほぼ当時のままで、二一戸の家が残り、そこに子孫たちが住み続けていた。

図54と56はその家である。門はなく、低い垣根があり、屋根は茅葺きであった。間取りをみると、上段《じょうだん》または広間と称する座敷があって、それはともに道側に面する。その座敷前には小さな板敷の玄関があるが、外側には片引きの板戸を設け、雪や雨などが降りこまないようにしている。家族が出入りするのはその奥の土間であり、そこを上がると広い茶の間や膳部《ぜんぶ》と称する部屋にいたる。かなり以前まで、家族の食事や日常の集まりは膳部という部屋でおこない、

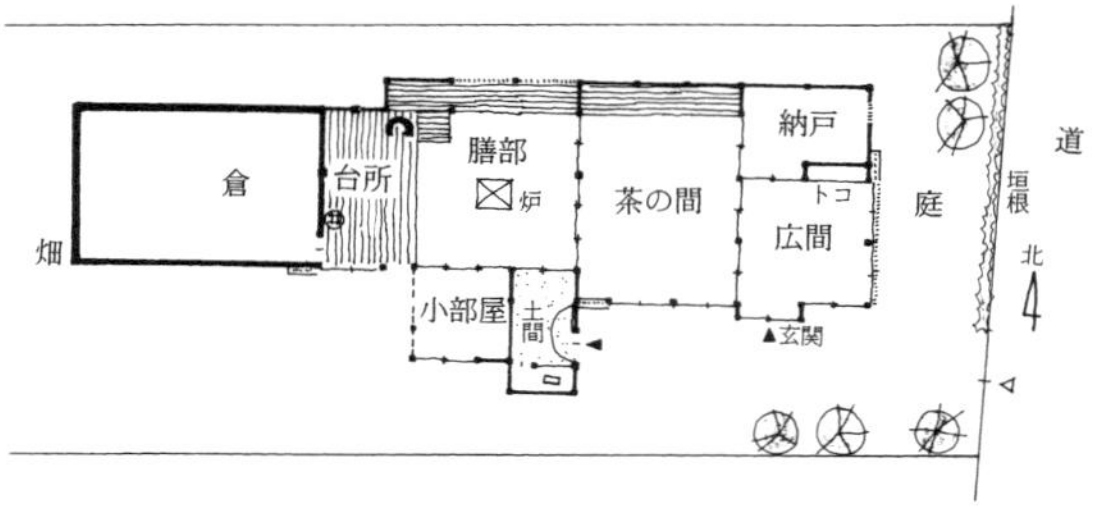

図56　米沢藩在郷武士の家（東入り・31.9坪）

図57　図56の外観

茶の間は客との応対場所として使っていたという。おそらく当時もそのような住み方であろう。また寝室は茶の間の奥の割住《わりず》まいと広間の奥の納戸である。母家の奥には大きな倉があって（図55）、板間の台所とつながっている。さらにその奥が広い自給菜園である。米沢城下町に建つ武士の家にもこのように大きな倉を母家につなげており、それは米沢藩の武士の家の特徴でもあった。

次に鹿児島藩の在郷武士の家をみよう。鹿児島藩は戦国時代から在郷武士制度によって多くの下級武士を在郷に居住させたが、江戸時代になってもそれを存続する。その集落を郷《ごう》または麓《ふもと》という。郷とは古くは外城《とじょう》を意味することから外城制度ともいった。藩内の一一三の郷（麓）に下級武士を置いたが、その戸数は明治四年の史料によれば、城下士（城下町に住む武士）五三三五戸に対して外城士（在郷に住む武士）は驚くことに三万七九九〇戸にもおよぶ。

図58は知覧《ちらん》郷に建っていた北入りの家である。その集落は主に東西道に面して北入りと南入りの家が建ち並ぶ。宅地は広く、間口二二・三間、奥行き二二間の五一二・六坪もある。それ

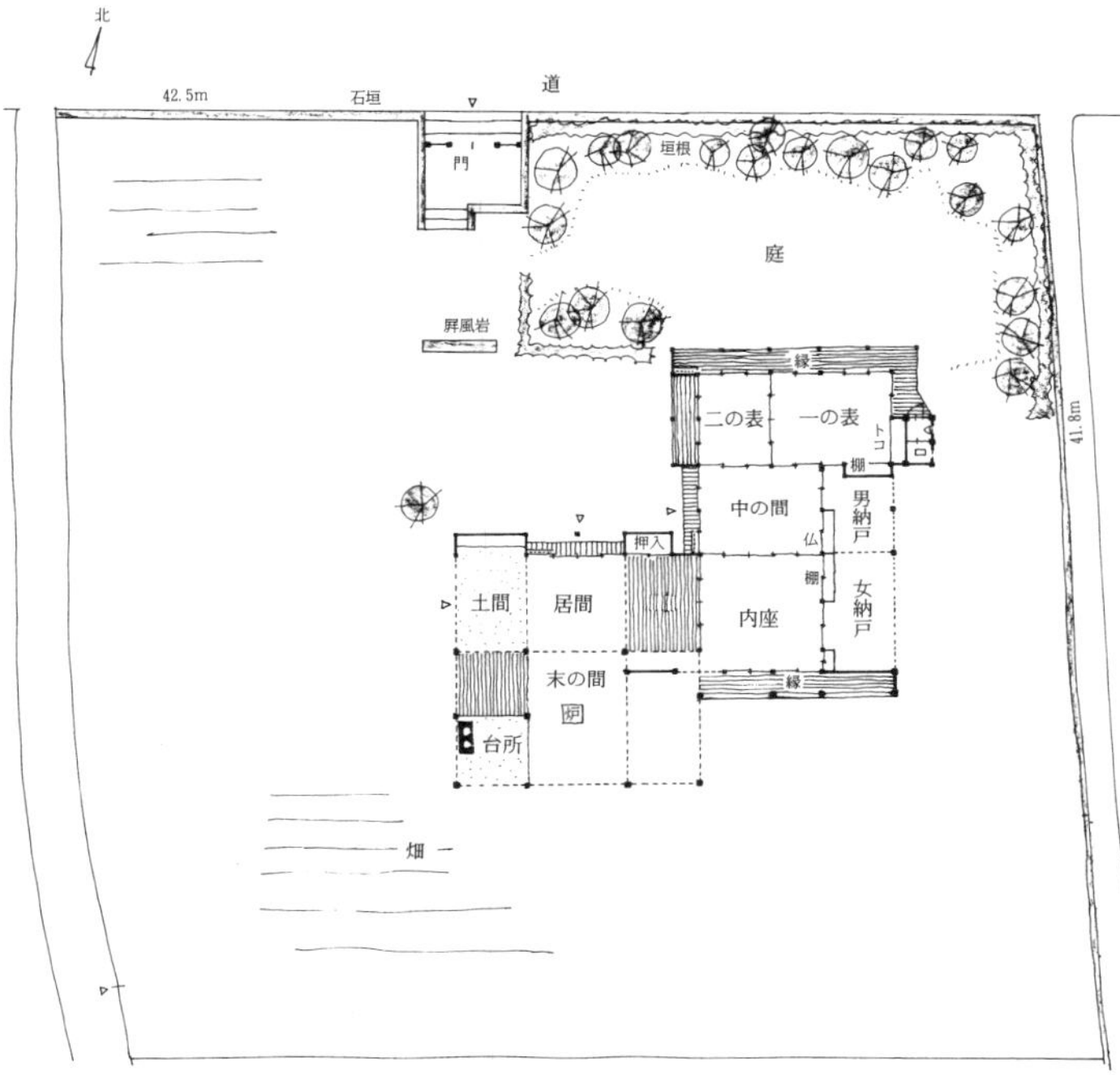

図58　鹿児島藩在郷武士の家
（北入り・41.8坪）31.9坪）

図59　図58の外観

は道より一・五メートルほど高くし、道との境界は石垣で、その上には低木が植えられていた（図59）。大雨の多い南九州ゆえの対策であろう。棟門《むなもん》から石段を上がって屋敷内に入ると、正面には屏風岩と称する高さ約一メートルほどの石塀がある。門の外から屋敷内を見通せないようにしているが、古くからの防御の備えであろう。

屋根は茅葺きであったが、明治に瓦葺きに替えている。座敷と次の間が道のある北に向いて

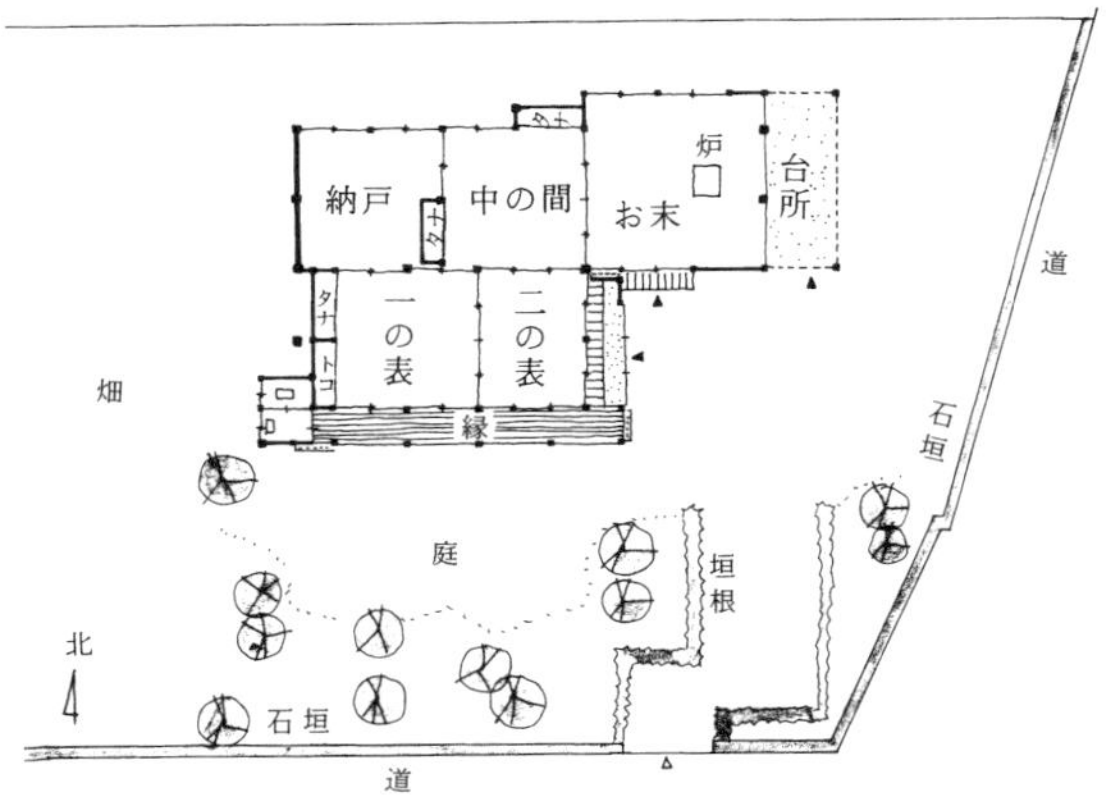

図60　明治の家（南入り・28.3坪）

いるが、その部屋名は一《いち》の表《おもて》、二《に》の表《おもて》という独特の呼称である。玄関はなく、中の間の小さな板縁から上がり、十畳の中の間を通ってその座敷へいたる。家族や身近な客は西の小さな板縁から上がり、居間と称する八畳の部屋に入る。中の間と居間は客との応対場所であった。

居間の奥には末《すえ》の間《ま》と称する十二畳の囲炉裏を備えた部屋があるが、そこは台所であり、家族の食事や集まり部屋であった。他の家でもこのような末の間という広い部屋を設けており、鹿児島藩在郷武士の家の一つの特徴である。東北庄内藩の家にも末とよばれる広い部屋があり、そこに家族が集まって食事をし、くつろいでいた。東北と九州南部の遠く離れた二つの藩に限ってなぜ同じ用途の部屋名が存在するかが不思議である。

次に、道を挟んでこの家の向い側には南入りの家が建ち並んでいたが、今に残るのは明治に建てられた家しかなかった。それが図60であり、在郷武士の家を率直に継承している。家のかたち、一の表、二の表と称する座敷と次の間、そして末と称する部屋などにみられる。その座敷は南側につくられ、集落全体でみれば、東西道に面した北入りと南入りの家はどちらも道側に座敷を向けていた。

四　武士の家の特質

これまで江戸時代の武士の家を京都と地方城下町を対象にみてきた。ここでは武士の家の特質とは何であったかを考えてみたい。

1　多様な空間

その一つは、現代の家につながるさまざまな空間がこの時代に新しく生まれ、普及していることである。その主なものは玄関、座敷と書院、茶の間と居間であった。

図61　村上藩中級武士の家にみる式台

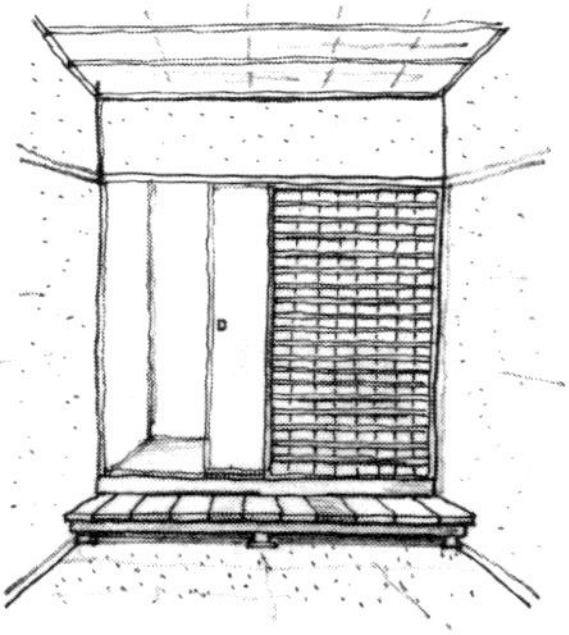

図62　中級武士の家にみる土間玄関

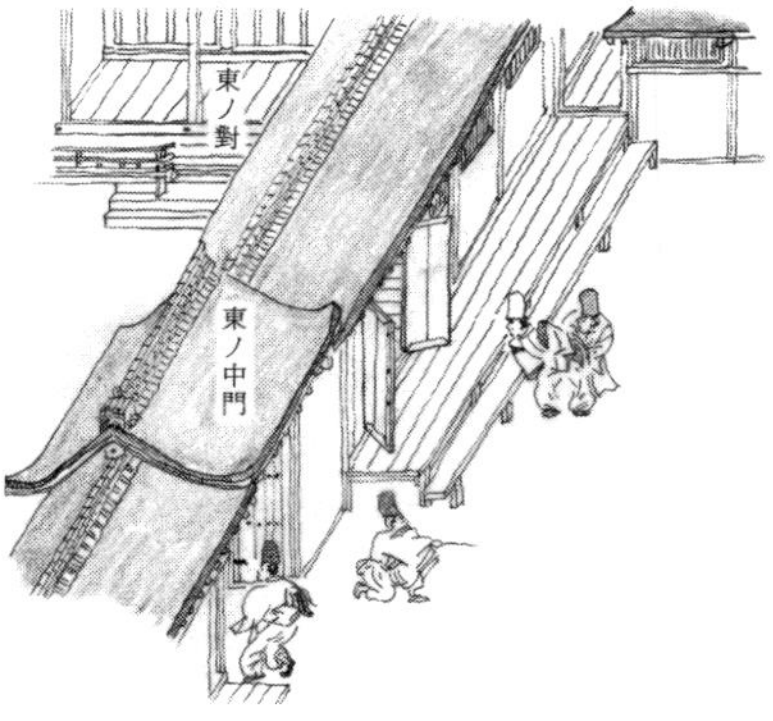

図63　寝殿造の中門廊
（年中行事絵巻より）

玄関

まず玄関については、江戸時代初めの京都における上級武士の家で客入口の式台と家臣入口の土間玄関がつくられた。式台とは間口一～二間、奥行き半間ほどの低い板間の玄関であり（図61）、土間玄関とは一間四方の土間に奥行き一尺ほどの上がり段を設けた玄関である（図62）。ともに室町時代末期までの家にはなかったから安土桃山から江戸時代になって成立したものといえる。それより前の客入口はどのようなものであったか。平安時代の寝殿造においては中《ちゅう》門廊《もんろう》の妻戸《つまど》（開きの板戸）から出入りした（図63）。妻戸の前には簀子《すのこ》と称する縁があり、その前には沓脱《くつぬぎ》台がある。室町時代になると、上級武士の一部の家でそのような中門廊を引き継いでいたが、多くの家は沓脱台から縁に上がって客間に直接入る方式であった（図64）。

では中級武士の家ではどうか。与力の家には式台はまだ普及していない。客入口は家の外に設けた簡単な上がり段（小さな小縁）か、あるいは土間玄関であった。七軒の与力屋敷のうち上がり段方式は五軒、土間玄関は二軒しかない。上がり段方式は室町末期までの縁から入る方式の流れであり、新しい土間玄関がすこしずつ普及しつつあった。もちろん下級武士の同心長屋にはその二つの玄関もなく、家族兼用の通り土間から入る方式である。

江戸時代中後期になると式台と土間玄関は全国に広く普及する。式台は上級武士だけでなく、中級武士の家まで設けられた。同じように土間玄関も普及するが、とくに東北、北陸、中部地方の家に多い。外に開放した式台では雪の時は使えないからであろう。武士の家といえば式台がイメージされるが、実際は土間玄関も多かったのである。この土間玄関は、明治以降の中流層の家に引き継がれ（図65）、さらに現代の家にもかたちを変えてつくられ続けている。このような玄関は世界の家に類をみない。たとえば隣の中国や韓国の家は開き戸を入るとそこは室内であり、またアメリカや西欧の家もドアを開けるとホールか室内である。玄関は日本独特の空間であった。

一方、下級武士の家では家族兼用の土間玄関や通り土間から座敷にいたる方式がほとんどで、一部の藩で小さな客用の玄関や上がり縁を設けていたにすぎない。

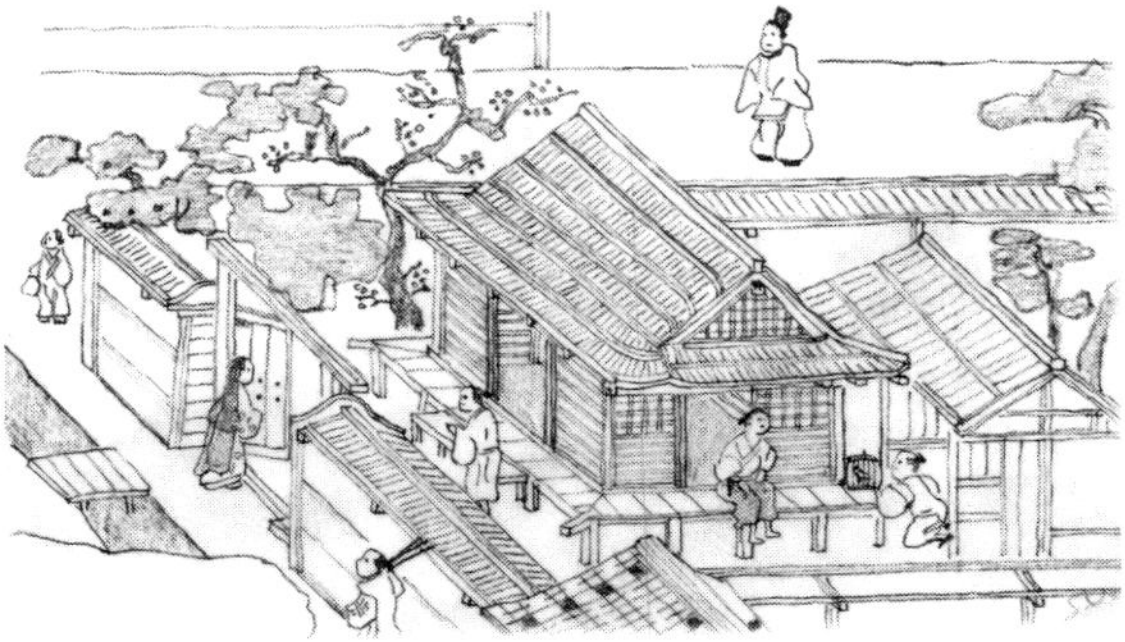

図64　花山院殿（洛中洛外図より）

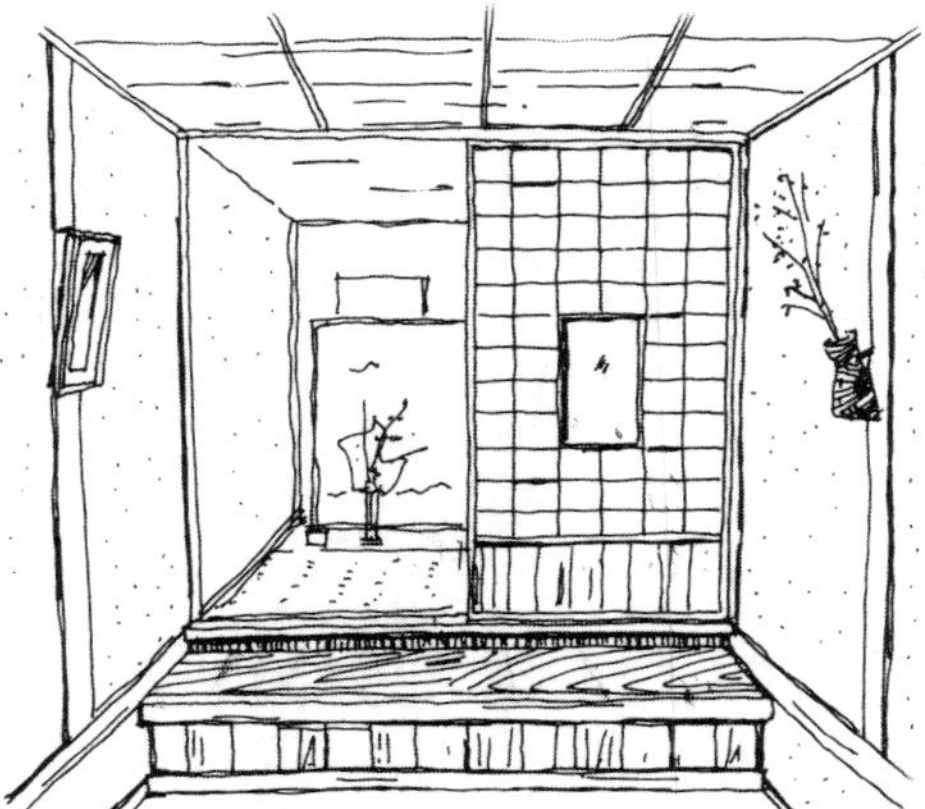

図65　戦前の中流住宅にみる土間玄関

座敷と書院

次に座敷と書院である。床の間、違い棚、付書院《つけしょいん》、納戸構《なんどがま》えを座敷飾りというが、それらを備えた客間を持つ家を書院造《しょいんづくり》という。

床の間は鎌倉から室町時代につくられた押板《おしいた》に源流がある。最初は低い文台《ふみだい》を壁際に置いてその上に詠草《えいそう》（和歌、俳句などの草稿）などを並べ、壁には三幅対《さんぷくつい》（三つで一組の掛軸）などをかけた（図66）。室町時代になると台は造り付けとなり、床面からの高さ一尺ほど、間口二～三間、奥行き一～二尺の壁に沿った押板となる（図67）。壁には掛軸《かけじく》をかけ、押板には花瓶《かびん》などを飾った。そして桃山時代になるとそれを床《とこ》と称するようになる。さらに江戸時代に入ると床の高さは柱の径（約四寸ほど）になり、奥行きは三尺ほどに拡大する。間口も一～一間半ほどに縮小され、そこに畳を敷いた畳床もつくられる。

また違い棚は日用品を入れる平安時代の厨子棚《ずしだな》に源流があるが、それも鎌倉時代には壁に造り付けの戸棚となる。室町時代になると足利義政が建てた慈照寺東求堂《じしょうじとうぐどう》にその違い棚がつくられた（図68、69）。

そして付書院は鎌倉時代の僧侶が用いた縁に張り出した造り付けの平机（出文机《だしふづくえ》）に源流がある。（図70）。

それらの座敷飾りはそれぞれ別の部屋につくられていたが、しだいに一つの部屋にまとめられて定型化する。その時期は桃山から江戸時代初めにかけてであった（図71、72）。そのような部屋を座敷または書院と称するようになった。

江戸時代初めの上級武士の家をみると、座敷と書院の二室があり、座敷は表側の式台の近くに、書院はその奥に設けている。座敷は客との応対場所であり、書院は古くは僧侶の書斎であったことから武士の書斎となり、私室でもあった。日常はそこで学問などですごし、座敷に迎えた客を私室の書院まで招きいれたのであろう。

規模の小さい中級武士の与力の家にはそのような書院はなく、座敷だけである。よって座敷

図66　文台と三幅対（慕帰絵詞より）

図67　押板と一幅（慕帰絵詞より）

図69　同仁斎の室内

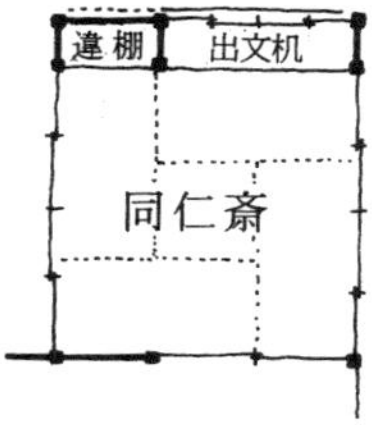

図68　慈照寺
東求堂同仁斎

は主人の書斎と客間を兼ねていた。その座敷も床の間だけの質素なものであった（図73）。さらに下級武士の同心の狭い長屋でも小さな床の間を設けた座敷がつくられていた。

このような接客空間は江戸時代中後期にかけて地方城下町の武士の家にも広く普及する。上級武士の家では、客との応対場所の座敷と書院を設けているが、応対場所を書院と称し、書斎的な私室を座敷と称する家もあった。中級武士の家では座敷だけであったから、客の応対と書斎を兼ねていた。そして戸建であった下級武士の家にも床の間を備えた座敷があった。

図70　付書院（法然上人絵伝より）

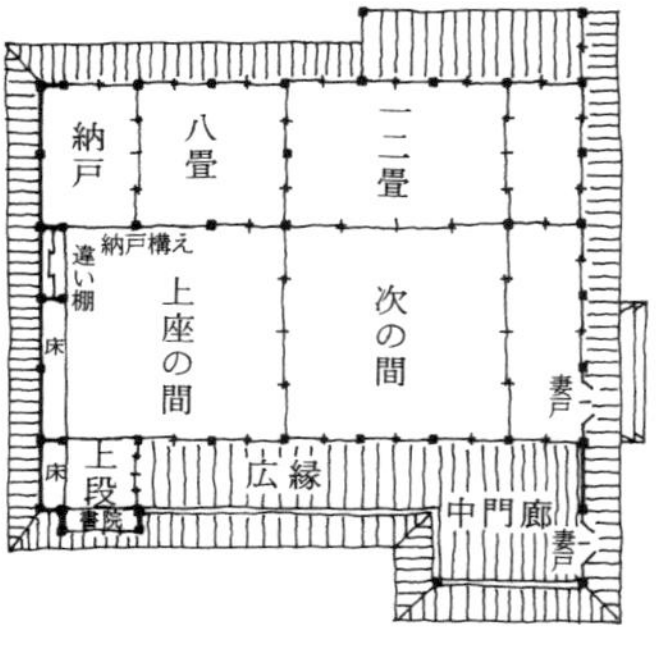

図71　円城寺光浄院客殿
（慶長6年）

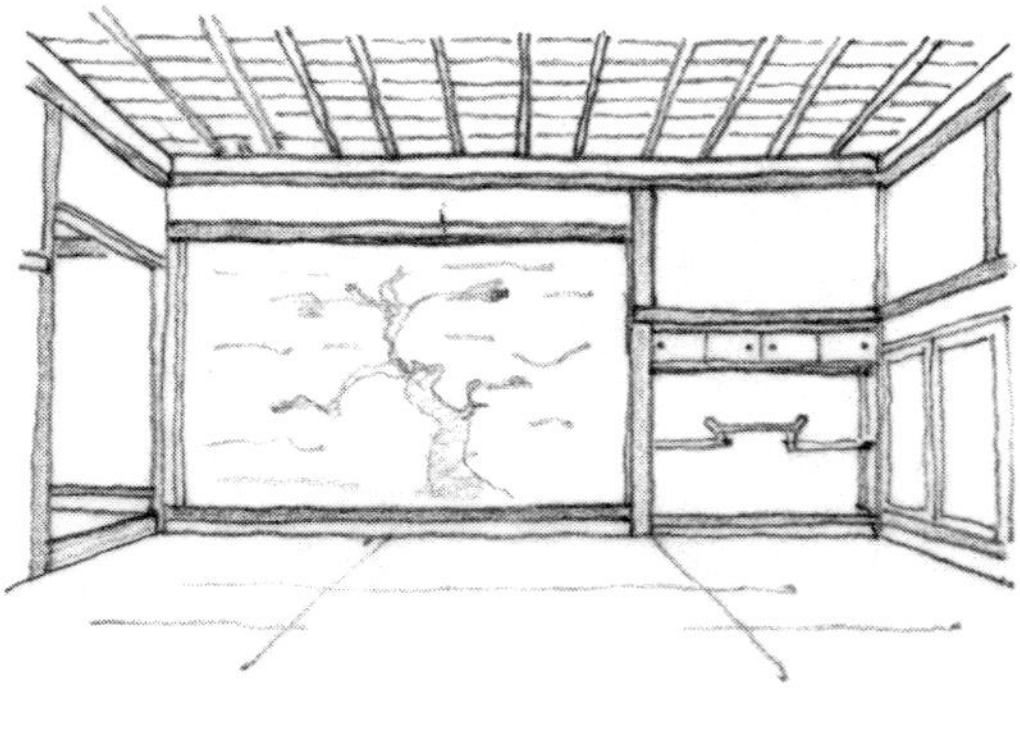

図72　円城寺光浄院客殿の上座の間

この座敷や書院にみる座敷飾りの各部材の寸法は木割《きわり》によって柱の径を基準に比例的に決められていたが、それは統一された美しい室内意匠をつくりだしている。このような接客空間もまた世界の家に類をみない。

図73　中級武士の家の座敷（石城日記より）

茶の間と居間

最後に茶の間と居間である。江戸時代初めの京都における中級武士の与力の家に茶の間と称する部屋が初めて現れる。その部屋は土間に面し、土間と茶の間との間には竈を据えている。その焚《た》き口は茶の間側にあり、坐って焚く方式である。すなわち茶の間の竈付近で調理配膳をし、その部屋で食事をおこなったものとみられる。茶の間は食事場であり、家族の集まり部屋であった。ただし与力屋敷七軒のうち、そのような部屋名の家は二軒しかなく、他の五軒は台所と称していた。

時代は下がって、江戸時代中後期における地方城下町の武士の家をみると、多くの家に茶の間という名の部屋が普及し、一般化している。中にはそのような部屋を常居《じょうい》（弘前藩）、応待台所（飯田藩）、勝手（松本藩）、台所（備中松山）、末（鹿児島藩）などとよぶ家もみられるが、概ね茶の間という名称が多い。

その茶の間は東日本の家で広く、西日本の家で狭い。庄内藩の上級武士の家ではそれが三五畳もあり、弘前藩の中級武士の家で十八畳、高遠藩の下級武士の家でも十畳もある。これに比べて西日本の家の茶の間はどの階層でも四・五〜六畳ほどであった。

なぜに二つの地域で茶の間の広さが違うのか。武士の家族人数は平均五、六人で東日本と西日本の地域差はあまりない。とすれば他に理由がある。

一つは煮炊きの生活文化の違いであろう。東日本の家の茶の間には大きな囲炉裏があるが、西日本の家の茶の間にはそれがない。囲炉裏では煮炊き、採暖、乾燥、湯沸かしなどをしたが、囲炉裏のない西日本の家での煮炊きは土間の竈でおこなった。この違いが茶の間の広さに影響を与えたのであろう。ただし関東地方の家では、囲炉裏はあるが、そこでは採暖と湯沸かし程度に使い、煮炊きは土間の竈でおこなっていた（石城日記）。このようにみると、煮炊きを囲炉裏でする東北、北陸、中部地方、囲炉裏と竈を併用する関東地方、囲炉裏はなく竈のみで煮炊きをする西日本の三つに分かれるようである。

もう一つは接客様式であろう。東日本の広い茶の間を持つ家では、身近な客も囲炉裏のある茶の間に迎え入れ、囲炉裏を取り囲んで家族と応対することが多い。その茶の間の位置も式台や土間玄関近く設けているのが多い。だが西日本の家では、茶の間は家の奥に設けられ、その部屋まで客を迎え入れることはあまりせず、玄関近くの部屋で対応することが多い。接客方式が東日本と西日本では異なっていたといえる。このことは、今なお武士の家に住み続ける子孫たちからの聞き取りでわかったことである。江戸時代に成立したこのような茶の間は、明治から戦前までの家に家族の集まり部屋として引き継がれていったのである。

次に居間である。この部屋も江戸時代初めの京都における上級と中級武士（与力）の家に初めて出現していた。その場所は茶の間の隣であったり、それに近いところにある。その居間には押入もあり、庭に面して縁もあった。主人は書院や座敷に居たから、居間は妻や子どもたちの日常的居場所であったのであろう。現在の家では居間とはリビングのことをいうが、それは明治以降に外来の洋間に建築家が当てはめた名称であって、本来の意味とは違っていた。

湯殿、風呂と便所

湯殿と風呂を屋内に設けることが一般化するのは江戸時代初めの武士の家からである。それまでは一部の上層の家にしかなかった。湯殿は上中級武士の家でつくられ、一〜二畳ほどの部屋の床を板間にしてかかり湯をしていた。それは沸かした湯を湯殿に持ちこんで身体にかけるという入浴である。信州飯田藩の家には湯殿の中に小さな竈があるが、寒い時にはその竈で湯を沸かしてかかり湯に使うとともに、竈の湯からの蒸気で湯殿を温めたのであろう。また信州高遠藩の湯殿には隅に桶風呂を据えてあり、かかり湯をするとともに、場合によっては湯舟にも浸かったものとみられる。湯殿といっても地域によって多様であった。ところが下級武士の家にはそのような湯殿はまったくない。彼らは土間の隅に桶風呂をおいて下から沸し、その湯に浸かる入浴であった（図74）。

図74　下級武士の桶風呂
（石城日記より）

一方便所もしだいに家の中の縁の端や湯殿近くに設けられる。ところが江戸時代初めのそれは大便所のみであった。小便所はすでに室町時代末期の三好《みよし》筑前守の邸宅において将軍の御成《おなり》の建物につくられていたが、中後期になると一般に広く普及し、大便所とセットになった便所が上中級武士の家で一般化していく。しかし下級武士の家の多くはまだ屋外であった。

江戸時代になって成立した空間は他にも多くある。それは玄関の間、料理の間、長屋、土縁など。それらを含めて江戸時代の武士の家はきわめて多様な空間が成立していたのである。

図75　縁の風景（石城日記より）

2　秩序性と連続性

武士の家は和室の部屋が多く並び、一見、無造作な部屋の集合体のようであるが、そこには明確な空間の秩序性と連続性があった。それらの部屋は二つの領域に分かれる。一つは座敷を中心とした接客空間の領域であり、二つは茶の間を中心とした家族空間の領域である。上級武士の大きな家では、それらが棟を形成し、接客空間棟、家族空間棟、または台所空間棟に分かれていた。中下級武士の家になると矩形《くけい》のかたちになり、台所は家族空間領域にまとめられる。

接客空間領域では式台または土間玄関から玄関の間―次の間を経て座敷にいたる。それは下位から上位の空間へと連続的に進む秩序である。迎えた客を家人は玄関の間の横に坐って挨拶

図76　酒宴と縁の風景（石城日記より）

をする。客は次の間に通され、そこに控えて待つ。主人が座敷に現れると、主人の誘いで座敷に赴く。客が主人より格上の場合は、主人は次の間で待ち、客を座敷の正座へと案内する。襖を開けても敷居がその境界を意味していた。そしてそこにいたるには家族空間の領域は通らない。

一方家族空間の領域では、土間から茶の間―居間を通って寝室の奥、納戸へといたる。まずは茶の間に集まり、そこから、日常的居場所の居間から周囲の各部屋へと行き来する。それは家族が集まる公的空間から私的空間へと連続的に進む秩序である。そこにいたるには接客空間の領域は通らない。私的空間が奥、納戸など二室以上ある場合には、縁を通ってそれぞれの部屋に行くことができ、たがいの私的空間は通らない。このように武士の家は襖や障子で仕切られていても、他の領域や部屋を侵すような通り抜けはなく、明確な空間の秩序性と連続性があった。

家の内と外との関係においても連続性があった。座敷や次の間の前には縁があって庭と連続し、また茶の間―居間の前にも縁があって庭と連続していた。縁は内でもなく、外でもないファジーな空間であった。それは部屋からみても、庭からみてもその延長空間となる。この内でもなく外でもないファジーな空間を挟んで、内と外との緩やかな空間の連続性があった。それは生活の外と内への両面の広がりを生む。そこはまた訪れる身近な客との気軽な話し合いの空間でもあった（図1、2、75、76）。土間玄関もそうである。それは家人と訪れる客とが交わる内と外との接点空間であった。土間の上がり段は、単に上がり降りをするだけではなく、客がそこに気軽に坐ることができて、家人とゆっくり話ができる絶妙な対話空間でもあった。このようなファジーな空間の存在と、その連続性も武士の家の特質である。

そのことに大きな役割を果していたのが日本古来の引き違いの建具である。それは明かり障子、襖、板戸などさまざまであるが、その開け閉めを自在にすることで、部屋の連続性を微妙に調整できた。このような引き違いの建具は平安時代後期における寝殿造の内部障子や僧坊、庶民住居の外部板戸として始めてつくられたが、これも隣の中国、朝鮮はもちろんのこと、世界の建具に類をみない。それらは開きの戸であった。敷居と鴨居に細い溝を掘り、簡単に取り外しができる建具は細かい技を得意とした日本人独特の豊かな創造であった。

3　地域性

江戸時代の武士の家は地域と藩によって異なっていた。前にのべた東日本、とくに東北北陸と中部地方の武士の家で茶の間が広いということも地域性の一つである。さらに屋根にも地域性があった。大きくは茅葺き、板葺き、瓦葺きに分かれるが、茅葺き屋根が全国的な中で、板葺き屋根は東日本に多い。瓦葺きは少数であるが、西日本でみられた。それは積雪地と温暖地の違いであろう。積雪地には割れやすい瓦は適さないし、板葺きにすることで、屋根の重みを緩和した。この板葺き屋根も妻側から家に入る方式の妻入りと桁行《けたゆ》き側（屋根が下る側）から入る方式の平入りに分かれる。妻入りは中部地方と東北の日本海側、そして北陸地方に多い。それは妻入りの方が出入り口付近に屋根の雪が落ちにくいからであろう。その妻入り屋根は、妻側の壁を横梁で強調した美しい意匠であり、その地域の独特の屋根形式をつくりだしていた。そのような屋根構えはすでに室町時代末期の京都における公家と武士の家にみられた。

次に塀にも地域性があった。武士の家といえばすぐに土塀がイメージされるが、そうではない。東北地方の藩では低い垣根か板塀であり、垣根の樹木は食用と薬用にもなる椹《さわら》、五加《うこぎ》や家の造作材にもなる櫟《いちい》や杉である。そのような垣根の家では外との関係に開放的なつながりがあった。また土塀は京都を中心とした土塀文化圏を形成しており、中部地方から九州まで広く普及している。しかしその高さはさほど高いものではなかった。そして南九州では石垣が多いが、風が強く、雨の多い地域ゆえの対策であろう。たとえば、島原藩の家では、高さ一・五メートルほどの石垣塀をつくり、出入りする門には洪水の水止め板をはめるようになっていた。

図77　土縁の風景

縁にも地域性があった。板張りの縁が全国的な中で、特徴的な土縁《どえん》が東北の日本海側と北陸地方の藩でつくられていた。とくに多いのは金沢藩の家である。それは半間巾の板縁と半間巾の内土間で構成され、土間と外とのあいだは板戸で仕切られていた。普段は板戸を開け放すので、内と外との関係は土間面からの開放的なつながりとなる（図77）。積雪時には板戸を閉めるが、板縁の前に内土間があるので部屋の中にゆとりの空間ができる。地域独特の縁であるが、それも江戸時代初めの京都の武士の家にあったから、その流れであろう。

４　北入りの成立

江戸時代の武士の家は南入り、北入り、西入り、東入りのさまざまな入り方の家があった。しかしその歴史をさかのぼると南入りか東西入りであり、北入りの家はなかった。北入りの家は室町末期から江戸時代初めにかけて成立し、普及したのである。

　武士の家の源流は奈良平安時代の貴族の家であった。その奈良平城京に建っていた家の遺跡の一つが図78である。方一町の宅地に建つ大きな邸宅で、整然とした左右対象の建物配置になっている。中央の奥の建物が正殿《せいでん》とみられ、それは南向きである。その前方の東西には脇殿《わきどの》が左右対称に建ち、正殿の前には二棟の前殿《まえどの》が並んでいる。そして南前方には中門《ちゅうもん》とみられる建物跡もあり、さらに南には正門があったとされる。瓦も発掘されていることから屋根は瓦葺きであったとみなされている。この南向きと南入り、そして左右対称は中国古来からの王侯貴族の宮殿や家の建て方であり、その考えが伝来したといえる。

　中国では陰陽《いんよう》五行《ごぎょう》思想にもとづいた儒教の考えで家がつくられ、南を陽、北を陰の方位とし、「君子南面を擁《よう》す」として南向きと南入りを原則とした。また建物の配置は厳格な左右対称であった。それも右（東）を上位、左（西）を下位とする儒教の儀礼祭祀にもとづく。都城《とじょう》をつくるにあたって王宮の東に宗廟《そうびょう》（祖先を祀る建物）を建て、西に社稷《しゃしょく》（土地と五穀の神を祀る建物）を建てるべしとした（儒教の古代教書・周礼《しゅらい》）。正殿の中での祭祀の時は、東の部屋に主人が居り、西の部屋に夫人が居るべしとされる（儒教の古代教書・礼記《らいき》）。また喪礼《もれい》の時は尸牀《ししょう》（死者の床）を中央にして、その東に主人が坐り、その後ろに父方の祖父、叔父たちが坐る。夫人と子どもは西に坐り、その後ろに父方の祖母、叔母たちが坐る（宋代の朱子家《か》礼《れい》）。このように儀礼祭祀における建物や人の位置関係が左右対称を前提としている。日常生活においても、東の部屋に目上の人が住み、西の部屋に目下の人が住んだ。ただし空間が先にあって生活があるのではない。生活が空間のかたちを決めるのである。よって左右の建物または部屋のうち、どちらかが欠けるとその儀礼祭祀はなりたたないから左右対称になるのは必然

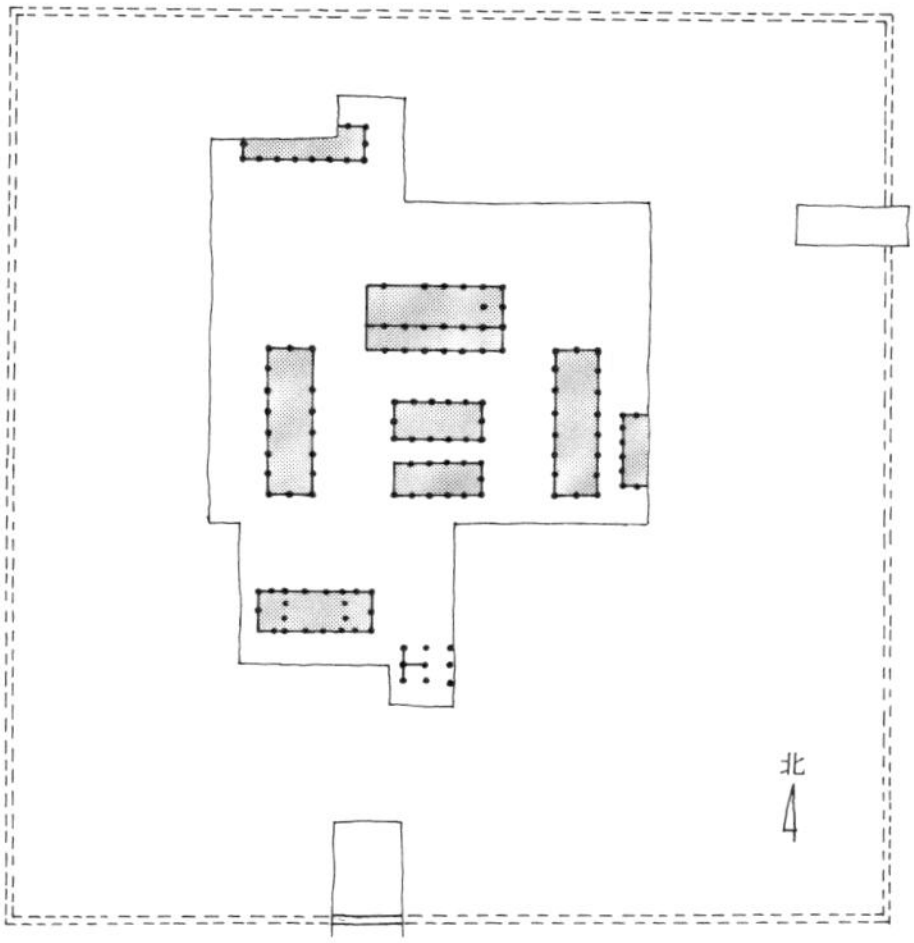

図78　平城京左京五条二坊十四坪の遺跡
（奈良時代後半）

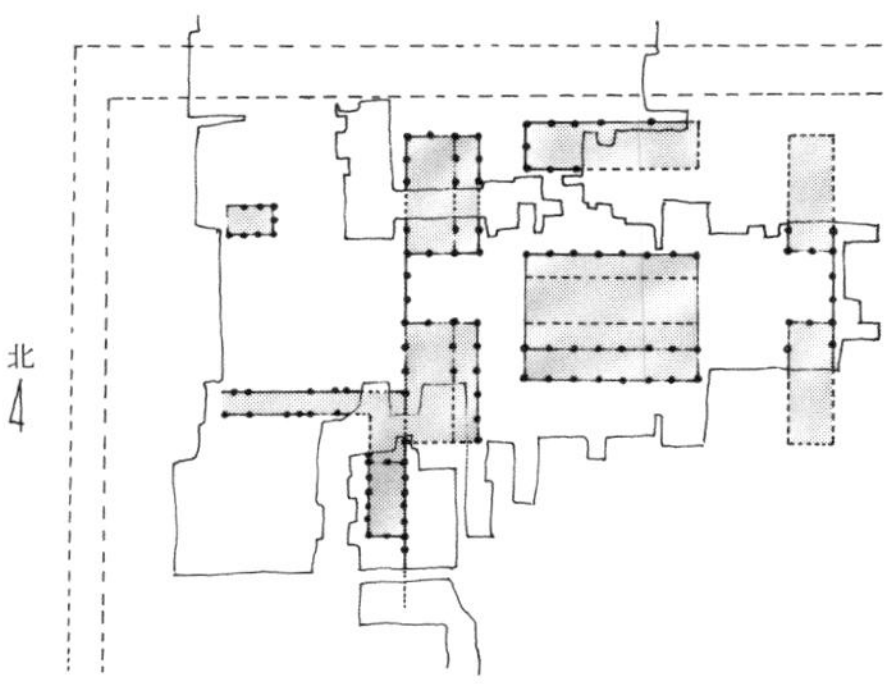

図79　平安京右京一条三坊九町の遺跡
（平安京時代前期）

であった。またその逆に、一旦空間のかたちが成立すると生活を規定し続ける。
平城京のかたちや街区形式も中国の唐代長安の都城を真似た。ただし長安は周囲を高い城壁で囲んでいたが、それを見倣った日本は、うっとうしい閉鎖的な城壁はつくらなかった。家においても、建て方の考えは真似るが、中国の家にみる五〇センチほど地面を上げて基壇《きだん》をつくり、その上に石を置いて柱を立てる方式や土間住まいは取り入れず、日本古来の掘立て柱で（地面の穴に直接柱を立てる方式）床の板間を高く上げる高床《たかゆか》方式にした。その理由は蒸し暑い日本における床下の風通しであろう。つまりかたちは真似ても日本の風土に適応した家につくり変えたのである。

このような南向きで南入りと左右対称の建て方は平安時代になっても続き、図79にみるような家が平安時代初めの平安京に建てられている。ところが中頃になると、南池のある中国の草堂や中島のある池の風景に倣って南庭に大きな池が設けられるようになり、正門は東または西に移動する。この頃の家の遺跡や実物は残っていないので、日記、絵巻物などの史料から読み解く以外に方法はない。その一つが図80にみる家である。これは醍醐《だいご》天皇の第十六皇子《おうじ》の兼《かね》明《あきら》親王《しんのう》が唐代詩人の白居易《はくきょい》の詩文にみる住風景を模範にして天徳《てんとく》三年（九五九）に建てた池《ち》亭《てい》であり、その風景を記した彼の『池亭記《ちていき》』から復元した。池亭の場所は平安宮のすぐ南、天皇別荘であった神泉苑《しんせんえん》とは大宮大路を挟んだ東隣である。宅地の広さは二町《ふたまち》分もあった。南池は曲がりくねった曲池《きょくち》である。池の中には島があり、そこに松が植えられ、橋もかかる。池の周囲は竹林で広く覆われ、池の縁には散策道もつくられていた。そして池の北東に小山をつくり、その麓からは泉が湧き出し、池に流れこんでいた。正門は東に小山があるから西にあっ

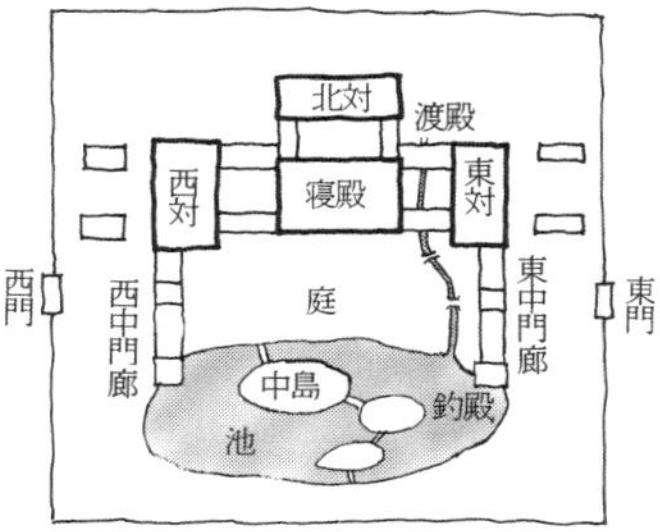

図81　左右対称の寝殿造

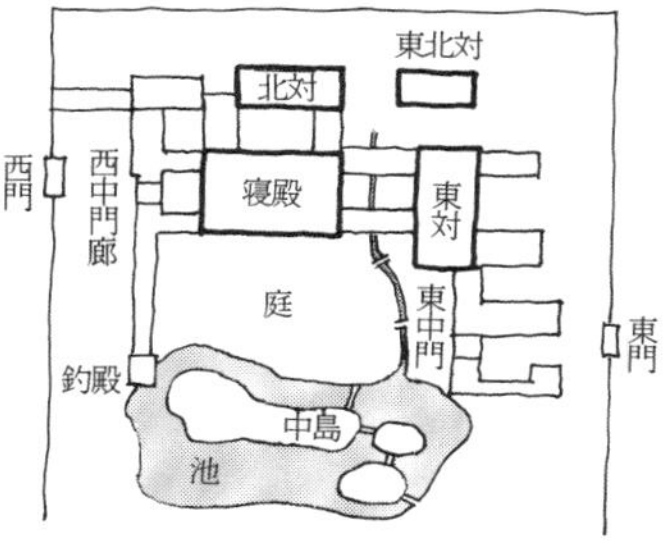

図82　左右対称が崩れた寝殿造

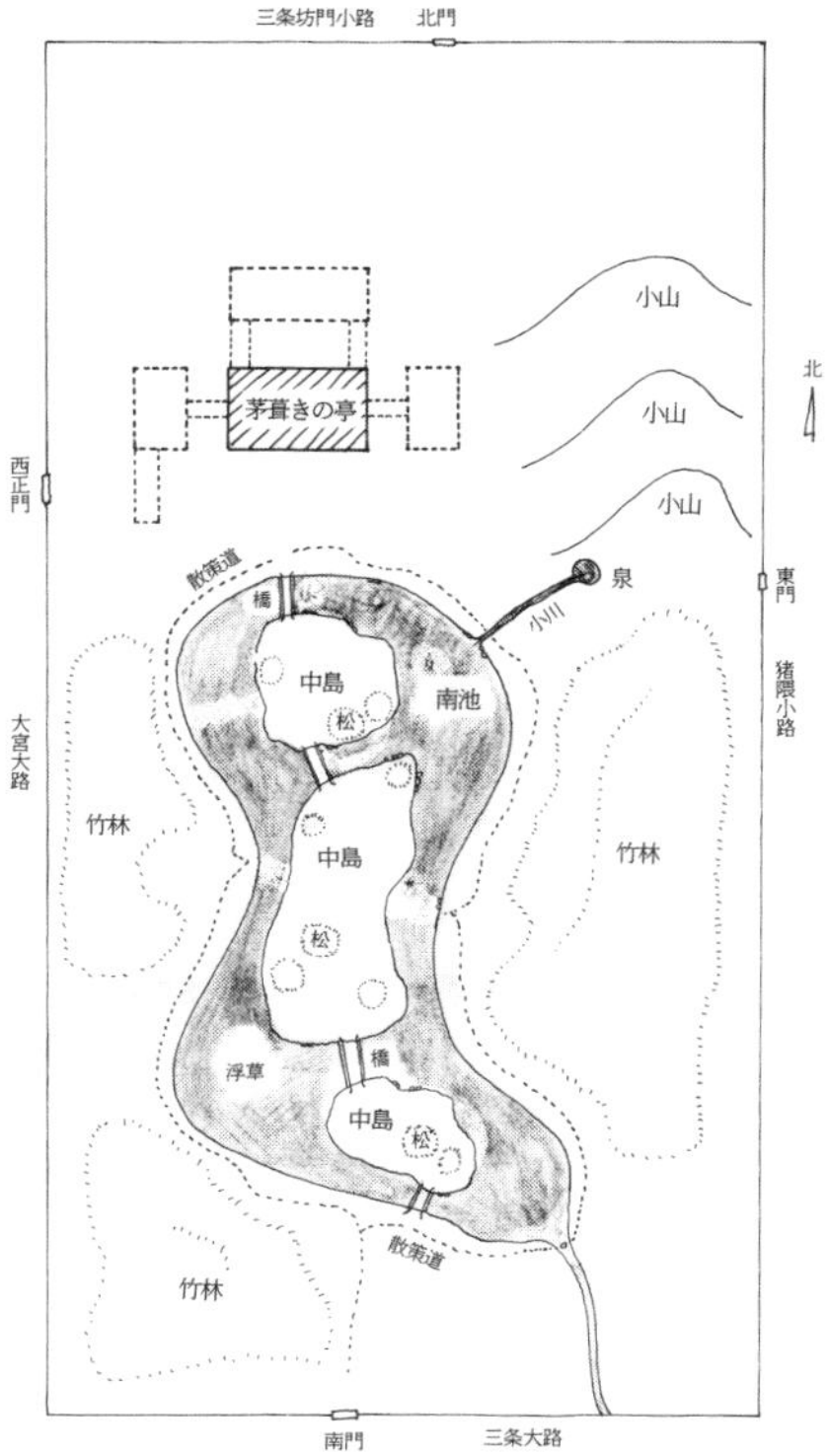

図80　兼明親王の池亭（復元図）

図83　寝殿造の鳥瞰（図説日本住宅史より）

たようである。池の北には亭（簡素な家）があり、屋根は茅葺きであった。この時代は貴族たちが争って豪華な邸宅を建てたが、それは節《せつ》（屋根の軒を支える斗栱《ときょう》という組物）に彫刻をしたり、梲《えつ》（うだち、梁の上の短い柱）に模様を描くぜいたくな意匠であったという（慶滋《よししげの》保胤《やすたね》の『池亭記《ちていき》』（天元五年・九八二））。それらは中国宮殿にみる意匠の特徴であるから、屋根は瓦葺き、柱は朱塗りの中国風の家であろう。そのような状況で日本古来の茅葺きの池亭は新鮮であったに違いない。おそらく柱も白木のままの自然風であろう。

そして後期にかけては図81、82にみるような寝殿造が成立する。前者は初期の寝殿造であり、中央の建物が寝殿、その左右と北に対屋《たいのや》がある。建物全体は左右対称であり、寝殿と対屋は渡《わた》殿《どの》（渡り廊下）でつながっている。寝殿の屋根は檜皮《ひわだ》葺きか茅葺きで、柱は白木の丸柱であった。

寝殿には主人が住み、妻や子どもは対屋に住んだ。寝殿内部の南側は儀式や接客の空間で、北側が私的な空間であった。寝殿の南庭には曲池がつくられ、中島もあって、そこに橋も架けられていた。儀式や接客のときには池に舟を浮かべ回遊して楽しんだ。その後しだいに左右対称が崩れ、後者の寝殿造に変化していく。この左右対称の崩れの理由は、寝殿造における儀礼祭祀や日常の生活が前にのべた中国のような左右対称ではなかったから、かたちを真似てもしだいに変化するのは当然のことであった。

このような建て方は家の規模が縮小化する室町時代まで続くが、末期になって北入りの家が初めて出現する。

室町末期の京都の町の風景を描いたものに洛中洛外図がある。そこには公家や武士の家も多く描かれており、それらの家の門の位置をまとめたものが図84である。それをみると、多くは南門や東または西門であるが、北門だけの家も多い。それらの門は一つしかないから、それが正門であった。その一つの小笠原殿を図85にみると、西を西洞院《にしのとういん》通り、北を一条通りに面し、正門は北に開いている。棟は二つあり、ともに屋根は板葺きの入母屋（切妻屋根の妻側に庇屋根をつけた屋根形式、図85を参照）であり、妻側を正門の方に向けている。つまり妻入りであっ

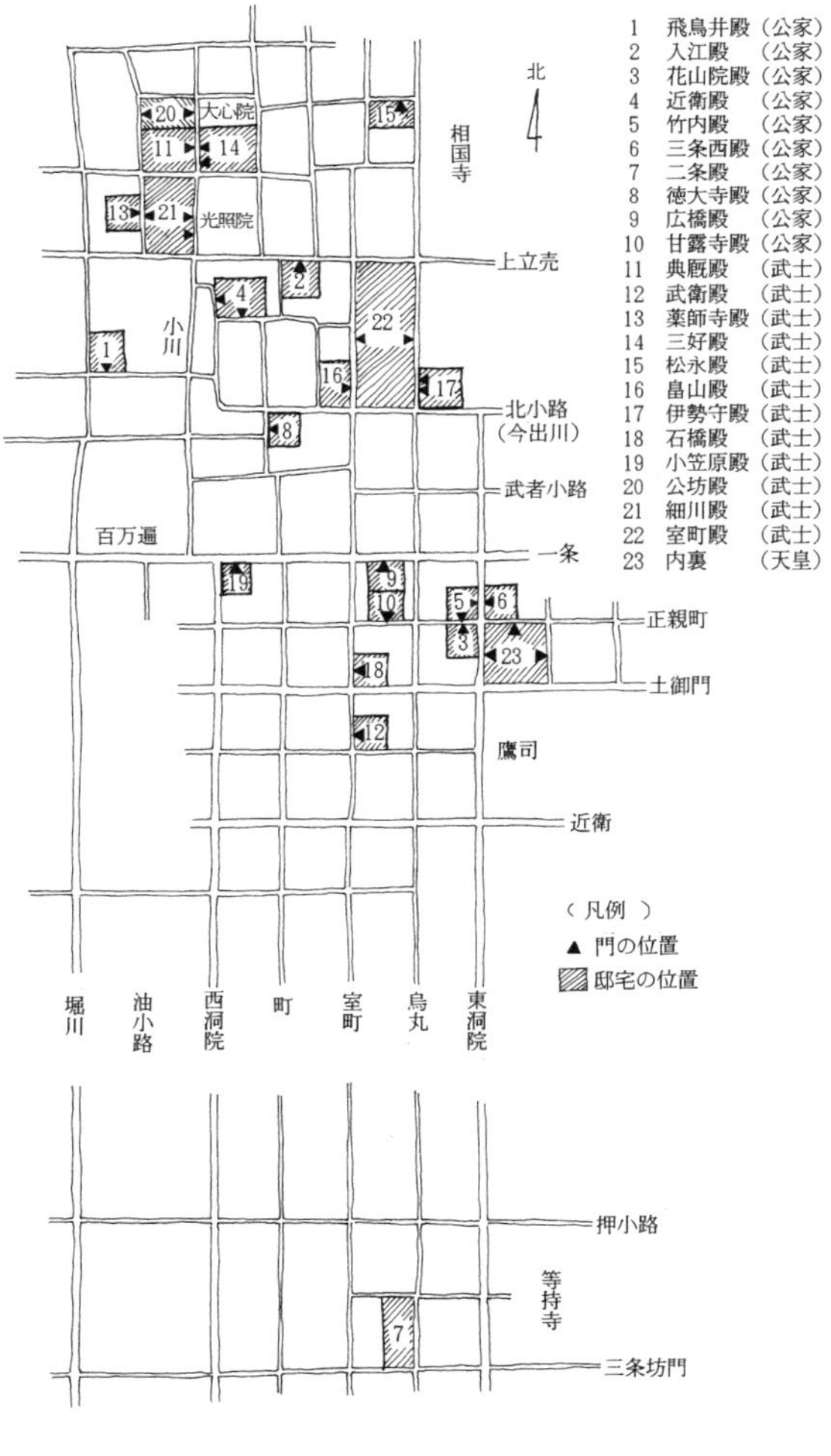

図84　室町末期邸宅の門の位置

図85　小笠原殿（洛中洛外図・東博模本より）

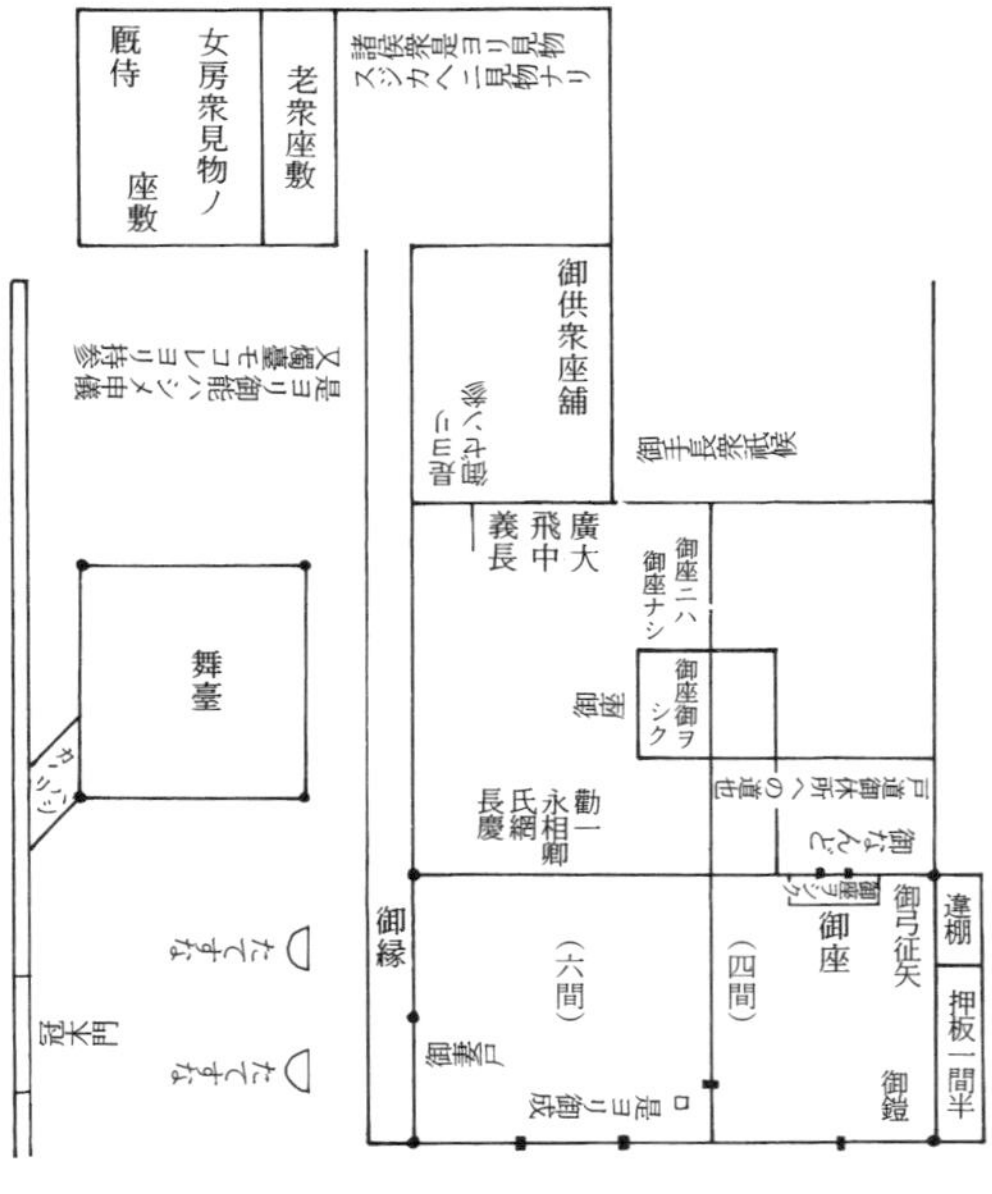

図86　三好殿の御成り図

た。正殿とみられる西棟の北には内塀で区画された庭がある。それまでは南庭ばかりであったからこの北庭の成立も大きな変化である。以上にみるように、それまでの家には北正門はなかったので、室町末期に北入りの家が初めて成立したことになる。その理由は宅地の小規模化で止むなく北入りにしたとも考えられるが、しかし太田静六氏が復元した鎌倉時代の藤原定家《ふじわらのていか》の小規模な家は、四分の一《ひと》

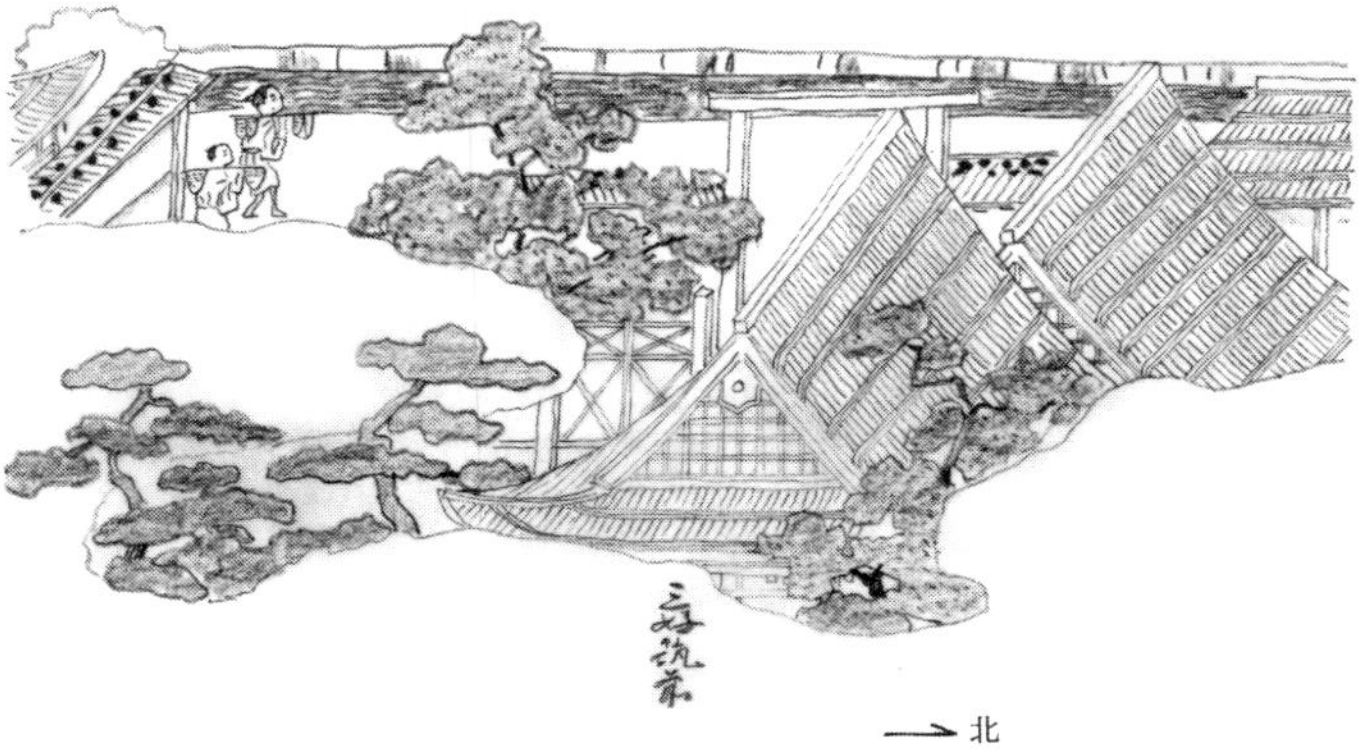

図87　三好殿（洛中洛外図・上杉本より）

町《まち》ほどの宅地で北と西に大通りがあったが、あえて南に袋小路《ふくろこうじ》（行き止まりの小路）をつくって南入りにしていたから、それだけともいいきれない。やはり背景には、これまで北を陰の方位として忌み嫌ってきた方位観の変化があろう。そのことについては後で詳しくのべるが、ともかくも北入りの成立は日本の家の新しいつくり方への変化であった。

問題は、これまで南向きであった正殿が北向きになっていたかどうかである。もしそうであれば、これまでの南入りおよび東西入りにおいての南向きの正殿が始めて北向きとなり、このことも家のつくり方の大きな変化を意味する。それをみるには間取りがわからねばならないが、洛中洛外図からはわからない。だが北入りではないが、西入りの家の御成《おな》り図が残されているのでそれをみよう。

図86は永禄《えいろく》四年（一五六一）に書かれた武士の三好殿《みよしどの》の指図である。その家の外観も洛中洛外図に描かれている（図87）。それは西洞院通りに面し、宅地は二分の一町ほどであった。西に冠木門《かぶきもん》（門柱の上に梁を架けただけの門）と棟門の二つが描かれている。建物は板葺きの入母屋が二棟あり、それぞれ妻側を西門に向けている。

御成り図をみると、冠木門が正門であったことがわかる。その門を入ったところに立砂《たてすな》（目印のために砂を盛る）があって、そこが将軍の乗った輿《こし》（屋形の中に人を乗せ、その下に取りつけた二本の長柄《ながえ》をかつぐ乗り物）を置く場所であった。その家の正面には御縁《おえん》がある。そこを上がり、御妻戸（開きの戸）の入口から対面所の六間《むま》（十二畳）の部屋に入る。そこで接見した後に奥の四間《よま》（八畳）の部屋にいたるが、そこが御成りの間であった。その部屋には押板と違い棚がある。御成りの間の奥は書いていないが、おそらく私的な部屋があったのであろう。このことから接客空間は南向きではなく、正門のある西に向いていたことがわかる。室町末期には北入りの家が成立するとともに、家の向きもしだいに門のある道の方向に向けつつあった。

先に江戸時代初めの京都公家町に建つ武士の家をみてきたが、その頃には北入りの家では北に接客空間を面し、家の正面も北に向けていたのである。

5　表と裏

江戸時代の武士の家では、そのつくり方において共通の考えがあった。それは、北入り、南入り、東入り、西入りのいずれの家においても、座敷などの接客空間は門のある道側に面し、茶の間などの家族空間はその反対側に設けていた。つまり南入りの家では道のある南に座敷を面し、北に茶の間や居間を設けていたが、北入りの家ではその反対に、道のある北に座敷を面し、南に茶の間や居間を設けていた。同じように、東入りの家では道のある東に座敷を面し、西入りの家では道のある西に座敷を面し、茶の間や居間はその反対側に設けていた。そして道の方へ家の正面を向け、それに広く開口し、道と家との関係は、中下級武士の家においては多少の塀や垣根があっても開放的であった。方位よりも道を重視していたのである。

そして宅地の道側を表、その反対側を裏としていた。たとえば、前にみた江戸時代初めの北入りの岡部邸では北に正門があっても、そこを表門と記していた。また江戸時代中頃の弘前藩の武士の家では、方位に関係なく道側を表口《おもてぐち》、その反対側を裏口《うらぐち》と記していた。このことは秋田、備中松山、福岡藩などの家にもみられた。この表―裏の考え方にもとづいて家がつくられ、どのような方位の宅地入口であっても、道側に座敷を面していたのである。このような建て方は、まず江戸時代初めの京都における武士の家で始まり、中後期にかけて地方城下町に普及していった。この道に広く開かれた家には、外からやってくる人々を大切に迎えるという住思想がある。もちろん藩によってはこれとは異なる家もみられるが、全国的にみればそのような家のつくり方が主流であった。

ではなぜに室町末期から江戸時代初めにかけて北入りの家が生まれ、また方位に関係なく、道に向けて家を構えるようになったのであろうか。その背景には日本人の方位観があげられる。それを次に考えよう。

6　日本人の方位観

中国古代の儒教は飛鳥《あすか》以前にすでに日本に伝来していた。儒教はそれまでの呪的《じゅてき》儀礼や喪《も》祭《さい》などを司《つかさど》っていた原儒《げんじゅ》を元に孔子《こうし》によって成立したとされ、その本質は祖先祭祀《そせんさいし》にあった。しかし儒教式の冠昏喪祭《かんこんもさい》は日本には根づかず、平安時代の初めまでは、一部権力者の古墳を除いて貴族と庶民は墓を持たず、死体は山野や河原などに遺棄するのが普通であった。『続《しょく》日本後紀《こうき》』の承和《じょうわ》九年（八四二）には「令焼歛嶋田及鴨河等髑髏、惣五千五百余頭

（鴨河等《かもがわなど》の髑髏《どくろ》すべて五千五百余頭を焼いて埋めさせた）」とあり、鴨川には膨大な数の死体が捨てられており、そこが庶民の葬送の場所であった。また貴族においては宇治の木幡山《こはたやま》が埋骨の地であったが、『栄華《えいが》物語』のうたがひの条には、「真実の御身を歛《おさ》められ給《たま》へるこの山には、たゞ標《しるし》ばかりの石の卒塔婆《そとば》一本ばかり立てれば、又参り寄る人もなし」とあり、木幡山にはいたるところ勝手に埋葬され、そこは参る人もない寒々とした光景であったという（田中久夫《たなかひさお》『祖先祭祀の研究』）。この背景には死穢《しえ》（けがれ）を忌むという当時の風潮があり、「山送り」とよばれた荼毘《だび》所への葬送の列には加わらず、また貴族たちは自分の肉親、親の墓に参るということをあまりしなかったし、その場所もはっきりと知らないというのが一般的であった（高《たか》取正男《とりまさお》『神道の成立』）。その後、平安時代後期にかけて仏教が葬儀や祖先祭祀をおこなうようになり、この時期に遺骨の一部を高野山に納めることが流行し、以後の日本人の遺骨信仰へと展開していく。

　また儒教とともに伝来した陰陽五行《いんようごぎょう》思想は加持祈禱《かじきとう》や方位などを占う陰陽道《おんみょうどう》として平安時代に流行《はや》ったが、それは南を陽、北を陰の方位とし、北東の方位を鬼門《きもん》とした。そして平安京にとって北東の比叡山延暦寺《ひえいざんえんりゃくじ》は守護神とされた。しかし鬼門とする北東の方位は、元は中国における黄河《こうが》流域の中原《ちゅうげん》に栄えた洛邑《らくゆう》、洛陽、咸陽《かんよう》、長安などの都からみて絶えず侵入され、脅かされてきた北方騎馬民族や匈奴《きょうど》たちの方向を指し、紀元前四世紀の戦国時代から漢代にかけてその方面を重点に万里《ばんり》の長城《ちょうじょう》が築かれた。鬼門はそれと結びついたものであり、日本に導入してもその意味と根拠はまったくなく、単なる迷信にすぎない。

西方位観の成立

日本古来の方位観としては素朴な西方《さいほう》信仰があったとされる。古神道《こしんとう》においては死者の魂はあの世に行くと考えられていたが、山の稜線の向こうに沈む夕日の荘厳な風景にまさにあの世を連想したのであろう。

そのような中で浄土教による西方信仰が起こる。浄土教は平安時代中期以降に源信《げんしん》、空也《くうや》によって貴族庶民のあいだに急速に広まり、死者の魂は阿弥陀如来《あみだにょらい》のいる浄土に赴くものと信じられた。そのためには念仏をし、阿弥陀を観想《かんそう》（阿弥陀絵の前で念仏に集中して阿弥陀を思い浮かべる）することが必要とされ、寝殿造の宅地の中にも、そのための阿弥陀堂、御堂《みどう》または念誦堂《ねんじゅどう》がつくられる。その浄土とは西方十万億土の遥か彼方にあるとされ、西を向いて念仏し観想した。宗教学者の山折哲雄《やまおりてつお》氏によれば、浄土教の西方信仰はこれまでの素朴な西方信仰と結びついて広く浸透したという。それは、太陽が没する水平線の彼方が西方であることからすれば、日没時の荘厳な光景を賛美し、日輪《にちりん》の永遠のめぐりと蘇《よみがえ》りを祈願するものの心に西方のイメージがこの世のものならぬ世界に映ったとしても不思議ではないとのべているが（山折哲雄『聖地と方位』）、これは日本の山々を霊山として信仰してきた古来からの山岳宗教にもつながる。

死者は北枕で西向きに寝かせるようになるが、それは死後の西方浄土への旅立ちを願ったのであろう。藤原頼通《よりみち》が建てた宇治の平等院は極楽浄土を表したとされるが、それは東向きであり、その前には池がある。阿弥陀仏は西壁を背面にして東を向き、拝む人は西を見ることになる。その風景はまさに西方浄土を連想させるものであった。

鴨《かものちょうめい》長明は、鎌倉時代の初めに日野山《ひのやま》（現在の京都市伏見区の東の山）の奥に方丈《ほうじょう》（約三・一メートル四方）の草庵を建て、その暮らしの様子を『方丈記』に書いている。「紫雲《しうん》のごとくして西方に匂《にお》う」とあり、山の西は開けて見晴らしがよく、阿弥陀が紫雲に乗って迎えにくるがごとくといい、草庵の西壁に阿弥陀の絵をかけ、西を向いて念仏をしていた。

このように西を聖地とする方位観は浄土教によって広く普及された。それまでの陰陽五行思想にみる西は陰の方位であったから、それを払拭する方位観であった。

全方位観への変化

以上にみた西方位観は鎌倉時代にしだいに変化していく。それは日本仏教の自然化を背景にしていた。

平安時代中期以降の貴族庶民に大きな影響を与えた浄土教は、法然《ほうねん》と親鸞《しんらん》によってさらに庶民の中へ浸透していく。延暦寺に学んだ法然は民衆のもとに下りて専修《せんじゅ》念仏を広め、長くて難解なお経を読んで観想しなくても、南無阿弥陀仏の簡単な念仏を唱えるだけで浄土へ行けると諭した。この大胆な教えに、阿弥陀堂や仏絵を持たない貧しい庶民はそれに強くひかれ共鳴した。また女性を排除してきたこれまでの仏教を見直し、女性も仏の前では平等であるとし、その対象はさらに悪人にまでおよぶ。親鸞は法然の思想をさらに進化させ、有名な「善人なをもて往生《おうじょう》をとぐ、いはんや悪人をや（歎異抄《たんにしょう》）」の言葉を示し、善人でさえ往生できるのに、悪人こそ当然のこと往生できるとする逆説的な考え、すなわち煩悩深い悪人こそ救済すべきとする悪人正機《しょうき》の考えを徹底した。

これは男女、善人悪人ともに分け隔てなく往生できるとする平等思想であり、社会から切り捨てられた人びとへの深遠な救済思想であった。そして親鸞はさらに、これまでの仏教戒律《かいりつ》で禁止されていた肉食妻帯《にくじきさいたい》を自ら率先して実行し、戒律の意味なきを示し、庶民の中へあるがままの己《おのれ》をさらけだしたのである。すなわち阿弥陀のもとで庶民とともに自然に生きるという自然法爾《じねんほうに》への生き方であった。

一方、曹洞禅《そうとうぜん》の道元《どうげん》は、当初は臨済禅《りんざいぜん》の栄西《えいさい》に学ぶが、まもなくそこを去り、中国に渡って天童寺《てんどうじ》に入門する。帰国後、浄土教の他力本願の考えを批判し、ただひたすら徹底的に坐ることで悟りを開くという只管打坐《しかんたざ》を唱え、やがて彼の思想を『正法眼蔵《しょうぼうげんぞう》』としてまとめたが、それは貴族と武士たちに広く受け入れられた。その思想的中心は身心脱落《しんじんだつらく》であり、すべての執着を洗い落とせという。その現成公案《げんじょうこうあん》の条には、

「仏道を習うということは自己を習うことである。自己を習うということは、自己を忘れるということである。（玉置康四郎《たまきこうしろう》『道元』）」とあり、無私こそ悟りの一歩であると説く。そして即心是仏《そくしんぜぶつ》の条では、

「心とは山河大地《さんがだいち》なり、日月星辰《にちげつせいしん》なり。しかあれども、この道取《どうしゅ》するところ、すすめば不足あり、しりぞくければあまりある」とのべる。つまり心とは自然そのものであり、それ以上でもなければ、それ以下でもないとする。ここにあるがままの自然（すなわち心）と身が一体化した思想が読みとれる。

仏陀《ぶっだ》の最後の説教として知られる『涅槃経《ねはんぎょう》』には、「一切衆生《いっさいしゅじょう》、悉有仏性《しつうぶっしょう》」という言葉がある。素直に読めば、すべての人は仏になれると説いたのであるが、道元は仏性の条で独特の解釈を

する。それは次のごとくである。

「心がみな衆生である。衆生はみな有仏性である。草木国土《そうもくこくど》はみな心である。心であるから衆生である。衆生であるから有仏性である。さらに進んで仏性を説いてみるに、……牆《しょう》、壁、瓦、礫《れき》ことごとく仏性である。仏性ならざるものは一物もない」

さらに、

「草木や叢林《そうりん》の無常なるがままが、すなわち仏性であり、人間の心身の無常なるがままが、これまた仏性である」

仏性は自然にも、また人間がつくった牆《しょう》（塀）、壁、瓦、はては礫《れき》（石ころ）までのすべてに存在するとし、それは常に変化し、やがて消滅していくものであるが、そのあるがままこそ仏性であると説き、自然と構造物と人間を心身一体の中で平等にとらえている。このような思想は最澄《さいちょう》後の天台本覚論《てんだいほんがくろん》によっても「草木国土悉皆成仏《そうもくこくどしっかいじょうぶつ》」と説かれ、山や川、草木一本にいたるまでの生きとし生けるものすべてに仏性ありと、先にのべた仏陀の言葉を進化させている。それらはまさしく、自然と人間との関係を真摯に対等平等にみた思想であり、自然は人間のために存在するという西欧の思想とは明らかに異なっている。

仏教の全経典には必ず「四方仏性《しほうぶっしょう》」という言葉がある。これはあらゆる方位に仏性、すなわち仏がおわしますという意味である。これについても道元は摩訶般若波羅密《まかはんにゃはらみつ》の条で、

「仏祖のからだ全体が般若《はんにゃ》（超越的な知慧）であり、東西南北いずれの方角もことごとく般若にほかならない」とのべ、ここでは四方を具体的に東西南北といい、いずれの方角も仏であるとみなしている。

図88　山越阿弥陀図
（十三世紀前半・禅林寺所蔵）

このように、鎌倉時代以降の日本仏教にみる思想は、男女、善人悪人にかかわらず人間を平等にとらえ、そして自然や構造物までも平等にとらえ、さらに東西南北の方位も平等にとらえている。そこには、前にみた陰陽五行思想やそれにもとづいた儒教にみる特定方位観を超越した新しい平等的方位観を見出すのである。

ところで浄土教による西方位観はどうなったか。それは山を霊山とみる日本古来の山岳信仰と融合し、身近な山に浄土があるという山中浄土観に変質する（山折哲雄『日本人と浄土』）。つまり阿弥陀は西方の遥か遠いところから紫雲に乗って来迎《らいごう》するのではなく、近くの霊山からやってくるのである。鎌倉時代になると、阿弥陀如来が山の上からこちらに降りてこようとする山越えの阿弥陀来迎絵がつくられる（図88）。それは室町時代の終わり頃まで続き、大坂（江戸時代は大阪を大坂と称した）の当麻《たいま》寺に祀る恵心僧都《えしんそうず》の『山こしの阿弥陀』にわざわざ京都から拝みに行ったことが、貴族の山科言経《ときつね》の日記『言経卿記《きょうき》』に書かれている。来迎絵は貴族だけではなく、庶民にも広く拝観されていた。

霊山とよばれる山は全国に存在し、北は恐山《おそれざん》、出羽三山《でわさんざん》から南は英彦山《ひこさん》、阿蘇山《あそざん》まで九〇の山が数えられる（長野覺《ただし》『方位と風土』）。そして京都の近くには比叡山、愛宕山《あたごやま》、熊野三山がある。このように霊山は身近なところにあったし、その山の方位は住むところからみれば、北であったり、南であったりさまざまである。そこには西を聖地とみる方位観はすでに消滅している。

京都の夏の伝統行事として有名な五山《ござん》の送り火がある。その山は、東の大文字山《だいもんじやま》（大文字）、北東の西山と東山（妙法）、北西の船山《ふなやま》（舟形）と左大文字山（左大文字）、そして西の曼陀羅《まんだら》山《やま》（鳥居形）に火が灯され、人びとはそれらの山の向こうに亡き近親者や祖先のいるあの世を想った。この行事は盂蘭盆会《うらぼんえ》の祭事として室町時代の終わり頃から盛んにおこなわれるようになったとされる。ここにも特定の方位観はなく、周囲の山々を一様に崇《あが》めている。

また江戸時代初めの京都の公家たちの日記をみると、「拝天地四方諸神」と記され、毎年元日の朝にはかならず自邸にて東西南北の四方と天地の神に向かって拝んでいた（通誠公記《みちともこうき》、廣橋兼胤公武御用日記《ひろはしかねたねこうぶごようにっき》）。そこでもあらゆる方位を崇《あが》めている。

以上にのべたように、平安時代の中頃に浄土教によってもたらされた西方位観は、鎌倉時代以降の日本仏教の自然化、平等化のなかで、すべての方位を平等にとらえる全方位観に変化した。このことがそれまでの北など特定方位への抵抗感を無くさせ、室町末期から江戸時代初めにかけて北入りの家が生まれ、あらゆる方位の道に面して家を構えるようになった思想的背景であったと思う。つまりあらゆる方位を尊重するという考えである。そして同時に、座敷などの接客空間を創造するにいたるが、それを明確に道側に面して構えるようになった。やがて正門のある道側を表と称し、家の内と外をつなぐ大切な接点空間としての位置づけがはっきりしてくる。そのような家のつくり方の背景には、やはり外のあらゆる自然や人びとに仏性の存在を平等にみた日本仏教の自然化と平等化があろう。ともあれ、ここに武士の家における表—裏の空間秩序の成立とその意味がある。

江戸時代になって葬儀などの祖先祭祀は仏教によって本格的におこなわれるようになり、平行してそれまでなかった仏壇、墓などが一般化する。そして平等思想と全方位観の仏教は寺檀《じだん》制度（家の全員は寺の檀家となる）のもとでさらに全国に普及する。各城下町には多くの宗派の異なる寺が建てられ共存し、檀家の祖先祭祀を武士町民の身分、および男女の区別なく受け持ち、また貧富の区別なくすべての家が寺檀関係を結んだ。さらに家族の内でも成員によっては宗派の異なる寺と寺檀関係を結ぶ場合もみられた。

その目的がキリシタン禁制のためであったとはいえ、江戸時代の寺はきわめて平等主義であり、鎌倉時代以降の仏教思想を忠実に継承していた。またそれらの寺の僧侶と武士町人たちは日頃からたがいの家を訪問し合って密接な付き合いがおこなわれており、寺は町の人々の心の拠り所であった（拙著『幕末下級武士の絵日記』）。江戸時代の後期になっても、あらゆる方位の道に面して家を構えるというつくり方が主流であったが、それはこのような思想と方位観が幕末まで持続していたからであろうと思う。

第二章　農民の家

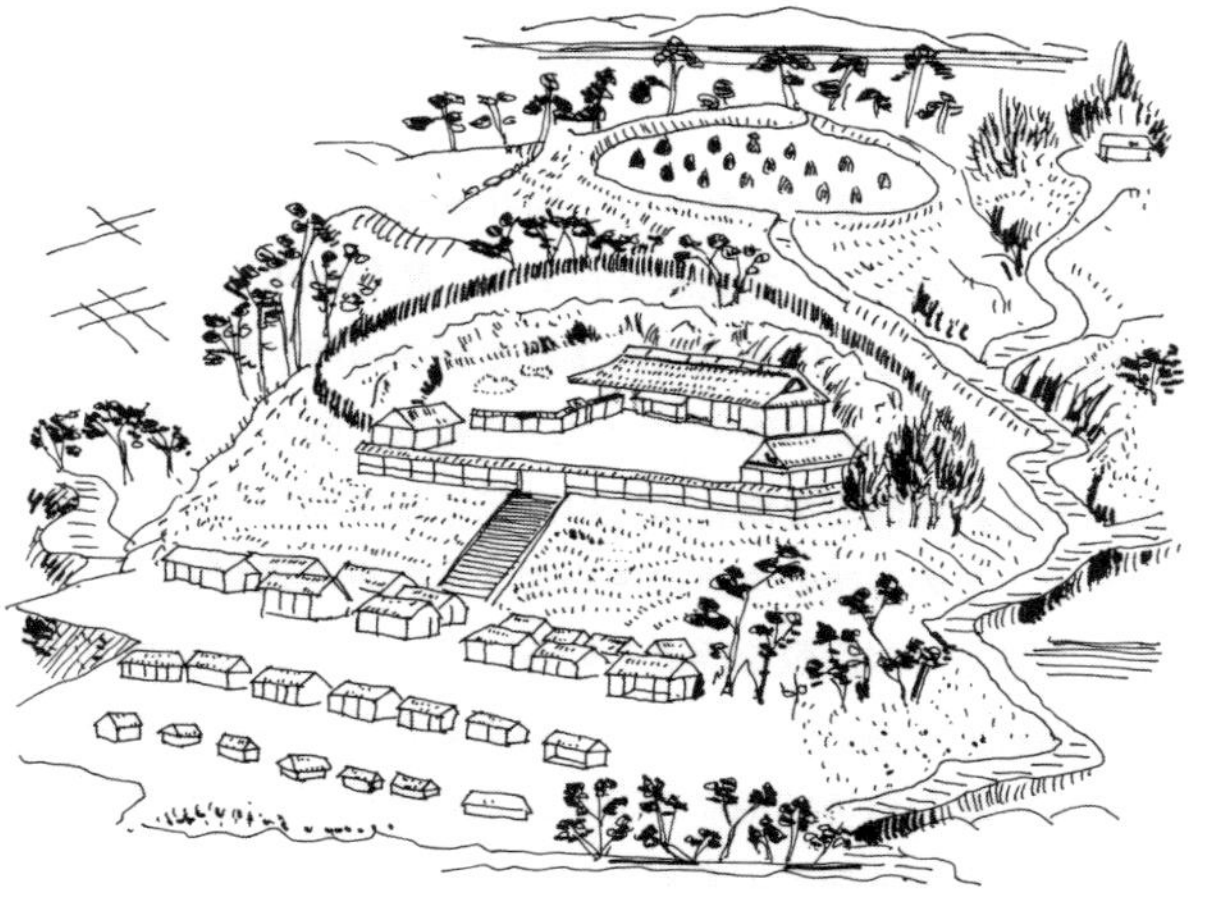

図89　豪農集落（新編相模国風土記稿より）

一　中世農民の家

古代の農民の家をうかがう史料は見つかっていないので、ここでは中世の農民の家について考える。弥生時代の稲作は低地の湿田《しつでん》でおこなわれ、集落もその周辺の台地につくられた。その後、湿田は生産性が低いので乾田《かんでん》が稲作の中心になっていく。中世の集落の多くはそのような乾田が集積する山合いの谷津田《やちだ》の周辺に立地している。乾田の場合、常に水の供給とその調節ができることが条件であり、そのために山合いから湧き出る水が求められた。山合いの谷津田は日照時間も少なく、しかも低温であるため収穫量が少ないが、水の安定供給を得るには当時の治水力ではそれしかなかったのである。いわゆる山麓集落であった。

そのような中世の山麓集落では、少数の名主《みょうしゅ》、御館《おやかた》とよばれる土地を独占する豪農と、土地を持たず、彼らに支配される圧倒的多数の門屋《かどや》、名子《なご》とよばれる隷属農民とに分かれていた。その一例が図89である。この絵は江戸時代中頃の相模国の郷士屋敷の風景であるが、かつては多くの門屋を抱え

図90　室町末期の豪農集落(洛中洛外図・町田本より)

ており、中世の面影を残しているとされる(伊藤鄭爾《ていじ》『中世住居史』)。小高い台地の上に豪農の家があり、それは間口七間、奥行き三間ほどの当時としては大きい家である。その前が広い庭であり、塀に囲まれている。その屋敷の下には隷属農民の小さな家が多く建ち並んでいた。

図90は室町末期に描かれた洛中洛外図にみる農民の家である。京都盆地の山麓に建っていたとみられるが、それは豪農の屋敷内にある。土塀に囲まれ、門の近くに建ち並ぶのが隷属農民の家であろう。豪農の家はその奥にあったとみられるが、絵には描かれていない。その家は間口二間半、奥行き二間ほどの小さな建物である。巾一間の入口には筵《むしろ》をかけ、その奥は土間のようである。土間部分は巾一間半の広さであり、ほかの巾一間は筵を敷いた床上のように見える。農民の家が土間から床上になるのは全国的にみれば江戸時代の中頃以降であるから、京都では床上への発展が早く進んでいた。屋根は粗末な藁葺きで、家の前には筵を敷いて何かの収穫物を日干しにしている様子がうかがえる。

このように中世農民の集落は、豪農の屋敷の周辺に形成された集落と豪農の屋敷内に形成された集落に分かれる。いず

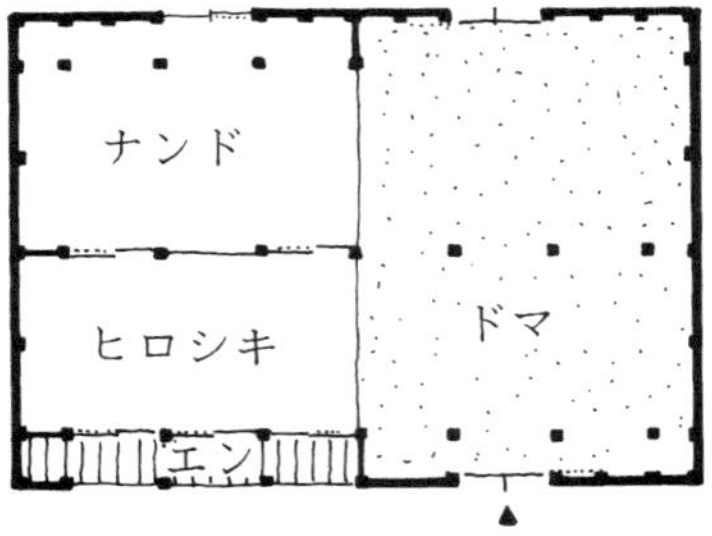

図91　古井家（室町末期・35坪）

れも山麓集落である。さらに利根川などの河川流域の新田開発による平野集落、奈良盆地にみる環濠《かんごう》集落もあった（木村礎《もとい》『村の語る日本の歴史』）。多かったのはやはり山麓集落であろう。

　ではその間取りはどのようなものであったか。室町時代後期までさかのぼれる名主《みょうしゅ》の家が今に残るが、それは兵庫県の古井家である（図91）。その家もやはり山麓に建つ。間口七間、奥行き五間であり、その規模は図89の豪農の家より少し大きい。間口の右半分が土間で、左半分が床上の板間になっている。この板間は土間より四〇センチほどの高さであり、元は土間であったものを床上にしたとみられる。床の高い高床の建物の流れとは異なる。床上部分は前と奥に分かれている。前がヒロシキで、奥が寝室のナンドである。では家族の食事はどこでしていたか。奥のナンドですることはあり得ないから、おそらく前のヒロシキであろう。ヒロシキは茶の間であり、また客間でもあった。このように名主の家といっても、わずか二室しかなかった。

二　江戸時代初めの農民の家

1　農民階層

前にのべたように中世の農民は、ごく一部の名主《みょうしゅ》、御館《おやかた》とよばれる土地持ち豪農と土地を持たない圧倒的多数の門屋《かどや》、名子《なご》とよばれる隷属《れいぞく》農民とに分かれていた。

江戸時代になると、幕府は石高制（米を中心とする諸制度）を進めた。藩は、そのために安定した年貢の確保を目的として土地の開墾を奨励し隷属農民を土地持ちに自立させ、多くの小農本百姓《ほんびゃくしょう》を育成する。それによって中世の名子たちも本百姓になっていく。この本百姓とは、上層農民とともに検地帳に登録をし、年貢や夫役《ぶやく》を負担し、宮座と村の運営株を持ち、また共有林利用の権利を有する中核農民であった。このようにして村は、上層の村方三役《むらかたさんやく》（庄屋、組頭《くみがしら》、百姓代）と中核農民の本百姓、下層の水呑《みずの》み百姓の三つに分化される。これらの階層の比率は藩と村によって異なるが、概ね本百姓は村の全戸数の六〜九割を占める。とくに本百姓への移行が早く進んだのは畿内であり、それらの村の本百姓の比率は八割以上であった。これに比べて東北信州や九州では遅れ、江戸時代の中頃までは中世の階層構成が部分的に残っていた。

また村方三役といってもその身分は固定したものでなく、村によっては選挙で定期的に選ばれていた。そして最下層の水呑み百姓は本百姓の次三男に多いが、まずは本家の土地を借りながら自らも開墾し耕地を所有して本百姓になる農民もいた。村の本百姓の戸数は全体の耕地規模に応じて定員株が決められていたから、本百姓の中には、「小原庄助さん」のように酒で身代を潰して土地を手放し水呑み百姓に転落する人もいれば、一方、水呑み百姓から真面目に土地を開墾し本百姓株を買ってそれに仲間入りする人もいた。その意味で、江戸時代の村は自立した平等社会であり、能力社会であった。

明治になると、地租《ちそ》改正による土地の私有化と年貢の金納化で農民は重税に苦しめられ、少数の寄生《きせい》地主、一部の自作農と自小作農、そして土地を持たない多数の小作人に分化し、階層的矛盾は激しくなる。それは明治政府の富国強兵政策のもとに農民を犠牲にして自立できない小作農民を多くつくり、工場労働者や兵隊にすることに目的があったからである。

江戸時代の初めにかけては、農民集落も中世から変化し、これまでの山麓集落に加えて、河川流域の沖積地《ちゅうせきち》に集落が多くつくられる。それは藩の石高（収穫量）を上げるために河川治水と灌漑《かんがい》工事が大名権力によって進められ、大規模な河川流域の新田開発をおこなったからである。そして中世までの隷属農民も「しんがい（新開）」「ほまち（外持）」などの土地の開墾を進めた。したがってそれらの集落は、前にみた中世の豪農集落ではなく、一戸一戸が独立して屋敷と耕地を構えるかたちに変化している。

2　肥後、信濃、河内の家

江戸時代初めの村は、中世からの隷属農民がまだ残り、新しい本百姓体制への過渡期でもあった。また家にしても小規模の状況が続いていた。それを次にみよう。

肥後の家

寛永十年（一六三三）に書かれた肥後国《ひごのくに》（現熊本県）合志郡《ごうしぐん》の『人畜改帳《じんちくあらためちょう》』が残っている。それは村ごとに、階層、家族人数、家族構成、建物の規模と軒数、牛馬の頭数を調べたものである。その一つの原口村をみると、全戸数二五戸の内訳は、庄屋二戸、肝煎《きもいり》一戸、百姓二一戸、寺の坊主一戸であった。最も多い二一戸の百姓とは本百姓のことであり、すべてが高持ち（土地所有）である。そして庄屋と肝煎は村方三役である。このように、かなり本百姓体制に移行していたことがわかる。ところが、百姓のうちの十六戸は隷属農民の名子をまだ抱えていた。その人数は、最も多いのが四人、多くは一人か二人であり、合計して二九人もいた。ただしそれは名子家族の主人を示し、その他に名子の女房、親、子どもたちがいた。その名子の家も高持ち農民の屋敷内にある。これは前にみた屋敷内集落の名残《なごり》であろう。その他に下人《げにん》、作子《さくこ》とよばれる人たちがいたが、彼らは召使であった。

名子、下人を含めた原口村の家族人数は平均して八・六人である。多い家で十八人もおり、少ない家で三人である。だが戸主家族に限定してみると、その平均は三・八人で意外に少ない。最も多いので六人であり、夫婦と子ども一人の三人家族または夫婦だけの二人

高四拾石八斗三升
一　男女合拾人内
壹人ハ庄や理右衛門
壹人ハおや
二人ハむすこ
二人ハ母・女房
二人ハなこ太郎左衛門
与介
二人は女房
一　牛馬數三疋内
貳疋　牛
壹疋　馬
一　家數拾軒内
貳間と三間本や
貳間と四間かまや
九尺と三間馬や
九尺と貳間はいや
貳間と三間くら
貳間と五間おやノ家
九尺と三間なこノ家
九尺と貳間同

図92　庄屋の家族と家

家族は九戸もある。これは新しい土地を開墾をして名子から本百姓になった若い農民家族が多かったことを示している。名子から本百姓になっても新しい名子を抱えていたが、この名子たちも江戸時代の中頃にかけてしだいに本百姓になっていく。

それらのことを庄屋と本百姓の家に具体的にみよう。

図92は、高四〇石八斗三升の収穫量の土地を持つ庄屋家族の記載である。家族構成は、戸主夫婦、二人の息子、戸主の両親、二軒の名子夫婦四人の計十人であった。家は二間×三間の本屋と二間×四間の釜屋がある。本屋とは床上の建物を示し、そこに部屋があったとみられる。釜屋とは竈を据えた土間の建物のことであろう。この二つの建物が別棟なのか、または一棟かはわからない。またその間取りもそこからうかがえない。だが、この地域の江戸時代後期に建てられた家が残っているのでそれを参考にする（図93）。

その家は間口五間、奥行き五・五間である。間取りは、巾が二間半の床上部分と二間半の土間部分とに分かれているが、それが本屋と釜屋のことであろう。床上の部屋は、前が客間のザシキ、真ん中が茶の間のオマエ、奥が寝室のヘヤである。庄屋の家は奥行き三間しかないから、おそらく中世の家でみたように茶の間と寝室の二室しかなかったものと思われる。

ところで図93の家は間取りでみれば一棟だが、屋根は床上と土間の二つの棟に分かれている。このような家を分棟型《ぶんとう》という。この地域を含めて九州南部には分棟型が多い。そして南西諸島では本屋と釜屋が完全に分離した分棟型が建つが（図94）、それは竈のある釜屋を本屋から分離することで火災の被害をすこしでも防ぐためであった。

家に限らず文化は先進地域に新しいかたちが生まれ、それが地方に伝播《でんぱ》するのが歴史法則である。貴族の家では室町時代に私的な部屋の常御所《じょうごしょ》や接客会合施設の会所《かいしょ》が新しくつくられた。初めはそれを正殿とは別々に設けていたが、その後は一つの建物に統合する（川上貢《みつぐ》『中世住宅の研究』）。便所にしても、初めは母家《おもや》と別に設けていたが、それもしだいに母家内につくられる。このように考えると、九州中南部において完全別棟であった釜屋が江戸時代後期にかけて本屋に統合したとみるのが自然である。屋根が別棟であるのはその名残であろう。

次に、名子の家は九尺×三間と九尺×二間の二軒である。本屋と釜屋の区分もなく、間口の狭さからしておそらく土間ばかりの土坐住まいであったとみられる。

興味深いのは両親の家が二間×五間と戸主の本屋より大きいことである。隠居家とみられる

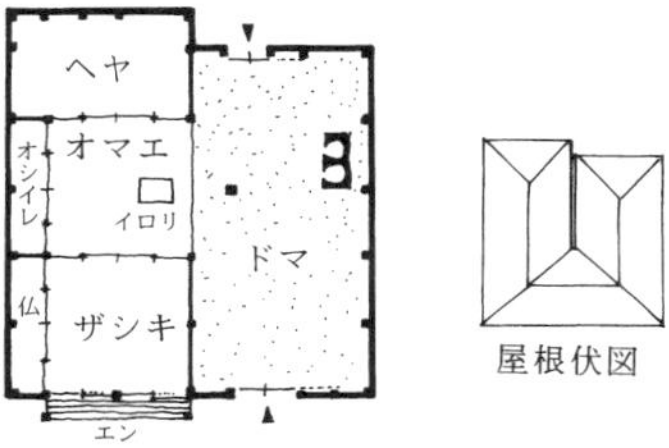

図93　熊本の分棟型（26.3坪）
（熊本県玉東町）

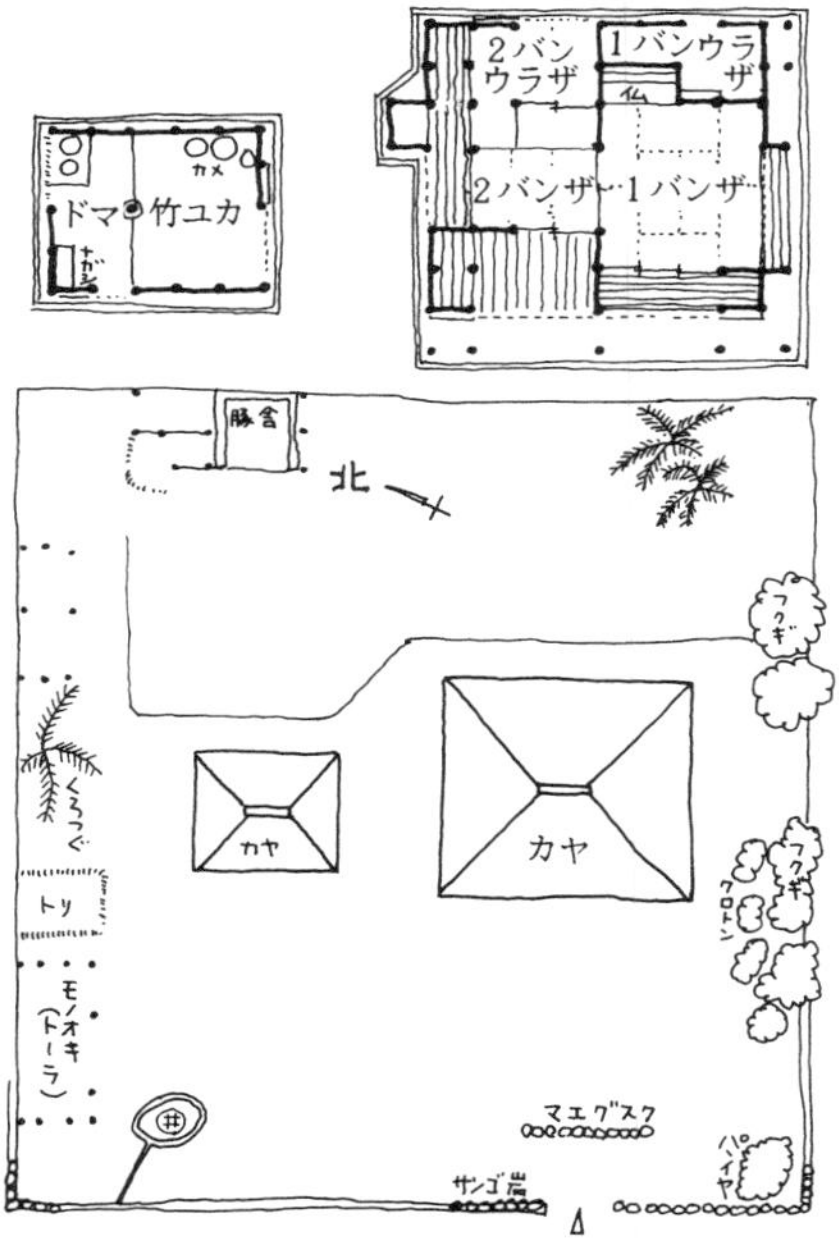

図94　西表島の分棟型（明治42年）
（野村孝文氏による）

高六拾壹石四斗六升三合
一　男女合拾四人内　壹人ハ百性五右衛門
壹人ハ女房
壹人ハむすこ
四人ハなこ二郎左衛門
七左衛門
助十郎
孫市
壹人ハ母
四人ハ女房
貳人ハむすこ
一　牛馬數三疋内　壹疋　牛
貳疋　馬
一　家數拾貳軒内　貳間と四間本や
九尺と三間かまや
九尺と貳間馬や
貳間と四間なこノ家
貳間と四間同
九尺と三間五軒、同
九尺と貳間貳軒、同

図95　本百姓の家族と家

高拾四石貳斗九升七合
一　男女合三人内　壹人ハ百性四郎左衛門
壹人ハ女房
壹人ハむすめ
一　馬壹疋
一　家數三軒内　貳間と三間本や
九尺と三間かまや
九尺と三間蔵

図96
名子のいない本百姓の家族と家

が、両親を大切にしていた様子がうかがえる。その他に蔵と馬屋があった。

以上にのべたのは庄屋の家であるが、本百姓の中には庄屋より石高、名子人数を上回るのが二戸みられる。それは、庄屋が中世の名主のような土地独占と権力はなく、輪番制の村長的役割に変化したこと、能力ある本百姓が数多く台頭してきたことを示す。図95はその一例である。石高は六一石四斗六升三合であり、庄屋の石高より高い。その家族構成は、戸主夫婦と一人息子、四軒の名子夫婦八人、そして名子の母一人と息子二人の計十四人である。つまり戸主の家族はたった三人で、他の十一人は名子の家族であった。屋敷内の家数も全部で十二軒あるうち、九軒は名子の家である。

戸主の家は二間×四間の本屋と九尺×三間の釜屋であり、庄屋の家とあまり変わらない。名子の家も本屋、釜屋の区分はないが、戸主

		戸数	～4坪	5～坪	10～坪	15～坪	20～坪	30～坪	40～坪	不明	史料名と年代
下波多村	本屋	39	1	10	7	3	8	8	2	・	屋帳付覚
	門屋	15	2	6	4	2	1	・	・	・	正保2年（1645）
千石村	本屋	55	・	2	7	20	14	7	5	・	家帳
	門屋	18	・	8	1	2	・	・	・	7	慶安3年（1650）
松崎村	本屋	12	・	2	2	4	3	・	1	・	家帳
	門屋	2	・	2	・	・	・	・	・	・	慶安3年（1650）

表1　信濃の農民階層と家

の本屋とさほど変わらない。このように、屋敷内にはほぼ同じ規模の家が数多く建てられていた。

最後に名子を持たない本百姓の家をみよう。図96はその一例であり、石高は十四石二斗九升七合であった。家族は戸主夫婦と娘一人だけで、家も二間×三間の本屋と九尺×三間の釜屋、そして蔵だけである。馬は一疋《ひき》いるが、馬屋はない。釜屋の隅で飼育していたのであろう。子どもは一人であり、分家して本百姓になったばかりのまだ若い戸主であった。

信濃の家

次に信濃《しなの》（現長野県）の家をみる。肥後人畜改帳が書かれたほぼ同じ時代の史料が表1である。肥後と同じく、まだ隷属農民は多く存在していた。本屋《ほんや》とは本百姓のことで、門屋《かどや》とは隷属農民のことである。下波多《しもはた》村は五四戸のうち本屋三九戸、門屋は十五戸である。千国村、松崎村は門屋の割合がそれより少し下がる。全体でみて肥後よりも本百姓化が進んでいた。家の規模も本屋の平均規模が二〇坪弱、門屋のそれが八坪前後であり、これも肥後よりはすこし大きい。ただしこれは平均であって、四〇坪前後の大きい家も少数ながら存在する。

		戸数	～4坪	5～坪	10～坪	15～坪	20～坪	30～坪	40～坪	史料名と年代
更池村	高持	35	4	3	12	8	3	4	1	人数帳
	無高	9	3	5	1	・	・	・	・	寛永21年(1644)
富田林村	高持	47	17	18	6	4	2	・	・	家数人数万改帳
	無高	1	・	1	・	・	・	・	・	寛永21年(1644)

表2　畿内河内の農民階層と家

河内の家

では農業先進地域であった畿内はどうか（表2）。まず河内の更池《さらいけ》村は四四戸であったが、本百姓の高持《たかも》ちは三五戸で、隷属農民の無高《むだか》は九戸しかない。また富田《とんだ》林《ばやし》村は全戸数四八戸のうち無高はわずか一戸で、他はすべて高持ちである。肥後、信濃よりも本百姓化がかなり進んでいた。

家の規模は、更池村の場合、高持ちの本百姓で平均十六・二坪であり、四間×四間ほどであった。これは前にみた肥後原口村の本百姓の本屋と釜屋を合わせた規模とほぼ同じである。しかし富田林村の高持は平均六・八坪しかなく、約二間×三間ほどしかない。おそらく土間と床上が一室だけの小さな家であった。

以上にみたように畿内の農業先進地域で本百姓化がかなり進み、九州、信濃の農業後進地域でそれが遅れていた。家の規模については、先進、後進地域ともに多くは床上一～二室と土間で構成された小規模なものであった。しかし中後期にかけてはそれが急速に拡大していく。その背景には、自立した本百姓へのさらなる進展や、それにともなう農業生産性の向上、そして商品作物、商品経済の農村への浸透があり、それによる農民生活の向上がある。そしてこの時代に地域独特の家が生まれていくが、次にそれを具体的にみていこう。

三　江戸時代中後期の農民の家

江戸時代の農民の家を全国にみると、地域によってさまざまな家がつくられていた。ここでは、東北地方、中部地方、北陸地方、九州地方の特徴的な家を取り上げ、それを藩という地域的枠組みからみていく。

なお農民の階層については、村方三役は伝承や史料から判明するが、本百姓か水呑み百姓かはわからない。また建築年については特記なき場合は江戸時代後期の家を示す。

一章で武士の家を藩ごとにみてきたが、そこにも間取りに全国共通の要素がみられる中で、藩独特の家がつくられていた。それは藩お抱えの御用大工頭の手によって家の間取りが作成されたからであり、その後の増改築において武士の生活要求が反映された結果でもあった。農民の家においても、それをつくるのは村内の大工たちであり、そこに住む農民たちであった。

江戸時代の藩は自立した経済圏と文化圏を形成していた。藩外との経済や人の交流も活発におこなわれており、決して閉鎖的ではなかった。江戸の田舎歌舞伎が地方の城下で催されていたし、武士や寺の僧侶たちも江戸に行ったり、また全国を旅している。そして江戸には地方から多くの人たちが集まっていた。ただし農民には厳しかったようである。耕作地を捨てて藩外に出る農民を逃散者《ちょうさんしゃ》、欠落者《かけおちしゃ》として取り締まっていた。経済が商品化したといっても米本位制であったから、農民が耕作地を離れることは藩にとって非常に困るわけである。そのことがないように農民を管理したり、農民の相談を受けるのも村方三役の役目でもあった。しかし一方で、潰《つぶ》れ百姓が出るとその年貢を村全体で立て替えていたし、父親が早死にした家には、子どもが成長するまで村で田植や稲刈りを手伝ったりしている。そのようなことは村の庄屋日記に散見される。

このように農民生活は村内に縛られていたが、その反面強い共同体の絆で結ばれていた。ただし地域によっては異なる藩の農民との交流もおこなわれていた。藩の境界は山の尾根、谷と川が多いが、丘陵や平地にもある。後者の境界付近では、たがいの藩の村が近接していたから、境界を越えて村人が行き来していた。建前は厳しくとも、実際にはそれらの交流を藩は容認していたのである。

1　東北地方の家

仙台藩の家

仙台藩の領内には図98の家が建てられていた。客間のザシキを家の前側に設けていることから、これを前座敷型という。また土間に面してカッテと称する二〇畳の広い部屋があり、そこからザシキや寝室のナンドにも行けるようになっている。これを広間型という。カッテとは勝手のことで台所を意味する。一章でみた江戸時代初めの京都の武士の家にもあったが、その流れであろう。農民の家の部屋名は武士の家のそれを真似た例が実に多い。

広間のカッテと土間とのあいだには敷居や建具はなく開放である。当初の広間は土間であったが、しだいに床上になったことを示している。ザシキの前の開口部は一間巾の板戸しかない。

雨戸がないのでそれを兼ねていた。ザシキは客間としては滅多に使わず、普段は敷物を取り外してそこに収穫物を保管していたから、外の明かりが入らない板戸でもよかった。しかしカッテは家族が食事など日常的に居る部屋なので、外の明かりを必要とすることからイロリ戸とよぶ板戸をはめこんでいる。イロリ戸とは珍しい建具名であるが、腰（約一メートルの高さ）ま

図97　盛岡—仙台藩の領域

図99　図98の外観

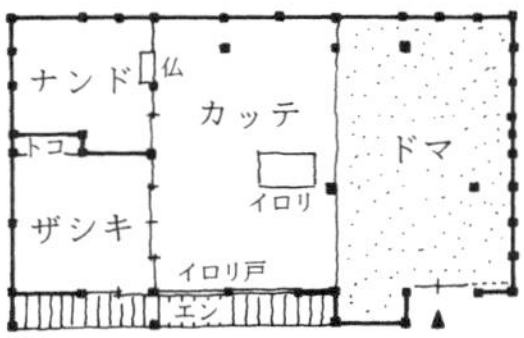

図98　仙台藩農民の家（30.8坪）（宮城県白石町）

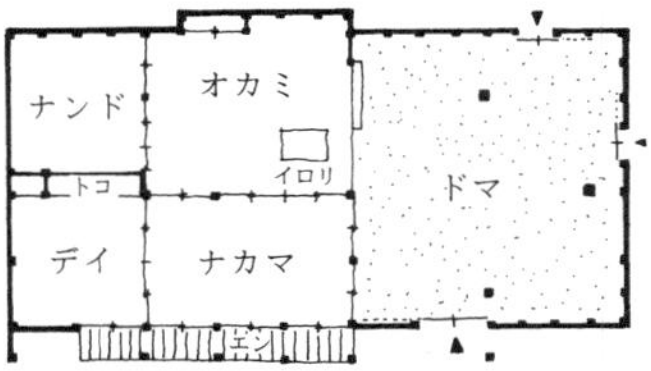

図100　仙台藩農民の家（41.5坪）（宮城県名取市・宮城の古民家より）

でを板張りにして、その上部を明かり障子にした腰高障子である。仙台藩に限らず、農民の家に対して藩は雨戸や建具を規制していたし、また建具は当時としては高価で貴重であったから、古い家ほど開口部は少ない。しかし江戸時代後期になると、その規制も有名無実になり、また商品経済の農村への浸透によって農民の生活も向上し、雨戸を付け、開口部を広く設けた家が多くなる。

　図100の家は、床上の部屋が四室の田の字になっていることから、田の字型という。これまで、東北地方は広間型の地域とみなされていたが、実際には多くの田の字型の家も建てられていた。家族の集

まり部屋は前の家とは異なっている。つまりオカミと称する囲炉裏のある部屋を奥に設け、その前はナカマと称する部屋になっている。ナカマは客間の次の間であり、また気軽な客との応対場所であった。前の家では、家族の集まりと接客は広間でしていたが、ちょうどそれを分離したかたちである。すなわち接客と家族生活の分離という生活法則ともいえる。

この家では客間をデイと称している。デイとは出居座《でいざ》のことで、その由来は鎌倉時代初めの寝殿造までさかのぼる。それは寝殿の東北または西北に建て増した庇の間や二棟廊《ふたむねろう》の一部に設けられ、客の応接、家の行事、また主人の居間としても使われた。遙か遠い昔の京都における部屋名がこの地に伝わっていた。農民の家にこのような座敷が設けられるようになるのは、全国的にみて、武士の家より遅れて江戸時代中頃の一部上層の家に始まり、それが一般農民にまで普及するのは後期になってからである。

盛岡藩の家

仙台藩を出て盛岡藩に入ると、そこに建つ農民の家は異なっていた（図101）。その家の特徴は三つある。一つは家のかたちがL字形の曲り家《まがや》となっている。長方形の直家《すごや》もあるが、藩域全体でみた場合、曲り家の方が多い。その割合は約三分の二ほどであった。一方、仙台藩には曲り家は一軒もない。二つはマヤとよぶ厩舎《きゅうしゃ》が家の中にある。その場所は土間に続く曲り家部分の先端に設けている。これを内厩舎というが、調査した家のほとんどにみられた。しかしこれも仙台藩の家にはなく、すべての家が外に設けた外厩舎である。三つは客間のザシキが奥と前に二室あり、ジョウイと称する広間からみて鍵の手になっていることから、これを鍵座敷という。このような鍵座敷の家は仙台藩にはあまりない。
まず、なぜ曲り家になったかである。内厩舎を設けて長方形の直家にすれば家の間口がかなり長くなり、敷地によっては建てられず、そのことも理由の一つであろう。また家の中から内厩舎の馬を日常的に管理するには曲り家の方がしやすいこともある。

ではなぜ内厩舎にしたかである。とくに盛岡藩と仙台藩を含む東北地方は寒冷気候ゆえに馬の役畜《えきちく》による農業が古くから発展した。とくに盛岡藩では領内に山野が多く、馬産飼育に適していたこともあって、古来から優良馬の蓄殖育成と役畜のための牧場経営が藩の重要な産業として官民一体で進められた。とくに、九戸郡《くのへぐん》の野田、岩手郡の雫石《しずくいし》と遠野は飼育頭数が多い馬産地《ばさんち》であった。この牧畜馬は冬季の飼育管理が重要であり、そのことが内厩舎にする理由とみられる。そしてこの馬産地域に建つ家はやはり曲り家が多い。

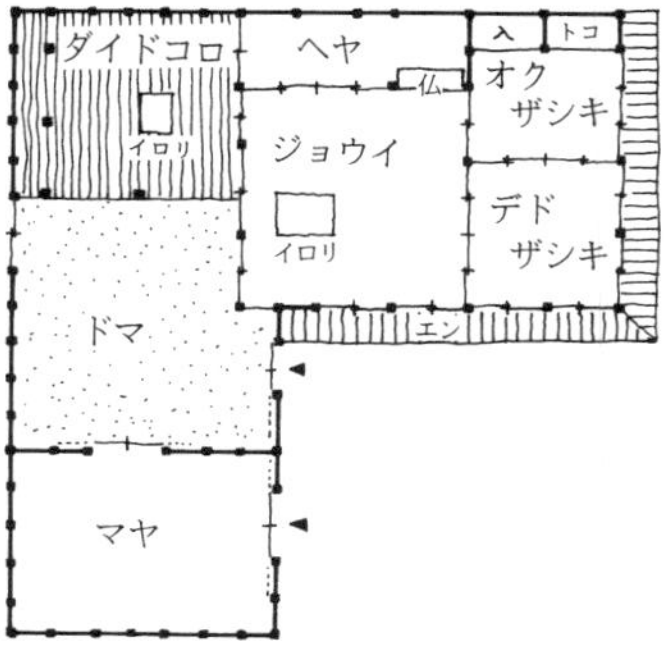

図101　盛岡藩農民の家(52.3坪)
(岩手県釜石市)

一方、仙台藩は馬産飼育よりも稲作に力を注いだ。また家は三棟(居家、馬屋、雪隠)一竈を原則とし、厩舎と雪隠は田畑の肥料供給源として重視された(森嘉兵衛《かへえ》『近世奥羽農業経営組織論』)。外厩舎にしたのもそのことによるのであろう。

図101をみれば土間に面して十八畳のジョウイと称する広間がある。ジョウイとは常居のことで、まさしく日常的な居場所を意味するが、その部屋名は東北北部の家に多い。そこから周囲の部屋に行けるようになっており、このような間取りを座敷の特徴と併せて鍵座敷広間型という。ドマの奥にも囲炉裏を備えた板間があり、そこが家族の食事

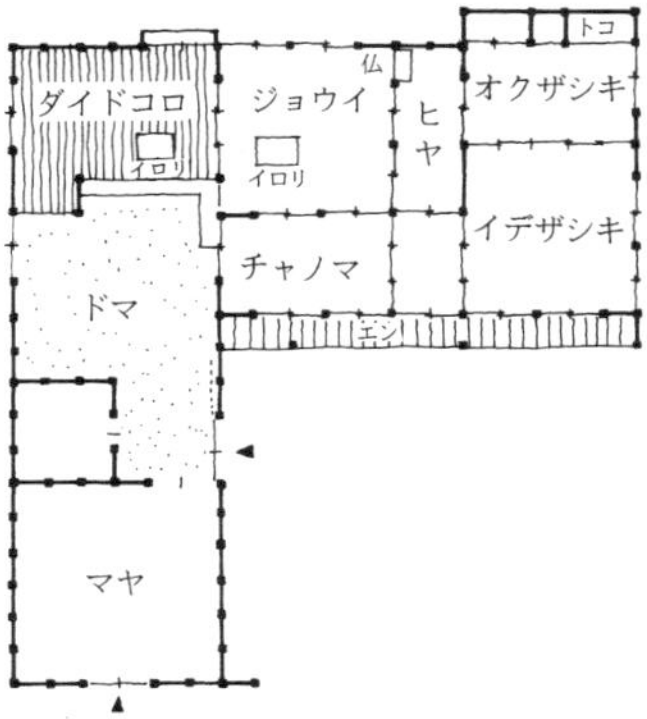

図102　盛岡藩農民の家（56.8坪）
（岩手県遠野市）

図103　図102の外観

の場となっている。元は土間であったが、広間でしていた食事をそこへ移すために板間にしている。これも広間での接客と家族生活の法則的な分離といえる。このように土間を床上の板間にした家は東北全域でみられるが、その時期は江戸時代の終わり頃から明治にかけてであった。

　ジョウイの奥はヘヤとよばれ、戸主夫婦の寝室である。その部屋には窓もなく、土壁に囲まれた閉鎖的な空間である。開口部を多く取り始めた江戸時代後期になっても、ヘヤまたはヒヤとナンドだけはどの藩でもこのような部屋であった。

　図102はジョウイを奥に設けた家である。ドマの入口近くにチャノマと称する部屋があるが、そこで気軽な接客をおこない、ジョウイでの家族生活と分離した間取りになっている。このような家は仙台藩との境界付近に多くみられ、前にみた仙台藩の奥に茶の間のオカミを設けた家の影響であろう。

米沢藩の家

　前座敷の家が建つ仙台藩から西隣の米沢藩に入ると、そこに建つ家は異なっていた。それは図105にみる家である。盛岡藩の家にみた鍵座敷広間型に似ているが、部屋名や曲り家などは米沢藩独特である。鍵座敷は手前の部屋をニノマとよび、奥の部屋をジョウダンとよぶ。ジョウダンとは上段のことで、それは書院造の客間（広間）の奥側の床を一段上げ、そこに付書院、床の間、違い棚、納戸構えの座敷飾りを備えた最も格式の高い空間のことをいう。そしてニノマ即ち二《に》の間《ま》とは客間に続く部屋をいう。その代表例は二条城の二の丸書院にみられる。このような京都における部屋名が米沢藩の武士の家を通して農民の家にも伝播したといえる。ニノマの前には小さな土間玄関もあり、これも武士の家からの影響である。

ドマに面して囲炉裏を備えた広いチャノマがあるが、そこは土坐《どざ》である。地面に籾殻《もみがら》を十センチほどの厚みに敷き詰め、その上に藁を五センチほどの厚さに敷いた床のことである。土坐の床は弾力性があって冬暖かい。しかし夏になると通風が悪く蒸し暑くなり、またダニが発生するので、しだいに床を上げて板敷にしていく。前に米沢藩の江戸時代初めの武士の家の状況を記した史料を紹介した。そこでは享保期《きょうほう》（江戸時代になって約一二〇年経った頃）までの家は座敷だけを板敷にして、その他の部屋は土間であったと記していた。その史料には農民の家についてもふれられており、「百姓では正徳《しょうとく》享保の頃まで板敷なし」とある。農民の家で、土坐から板敷に変わり始めるのは江戸時代の中頃以降であったことがうかがわれる。この家はその時代の土坐を今に残した貴重な事例である。寝室は

図104　米沢―会津―上山藩の領域

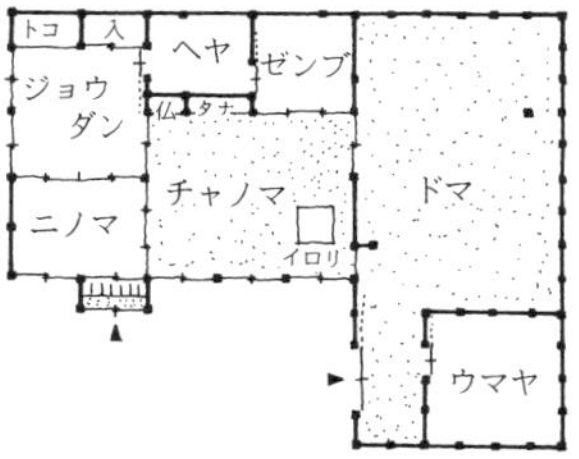

図105　米沢藩農民の家（42.5坪）（山形県米沢市）

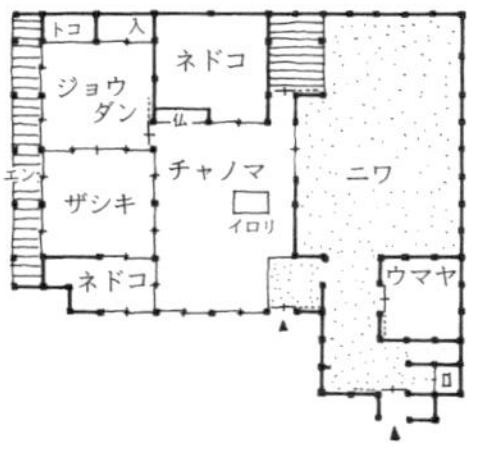

図106　米沢藩農民の家
（47.2坪）（山形県小国町）

図107　図106の外観

チャノマの奥のヘヤであるが、やはり土壁で囲まれた閉鎖的空間であった。

図106の家では、ドマの手前は突き出て曲り家のようになっている。その先端にウマヤと便所があり、そこに入口と通路を設けている。このような家を中門造《ちゅうもんづくり》というが、それは寝殿造の中門廊（図63参照）に似ていることから名付けられた。中門は積雪時に便利な入口であった。その屋根の先端は切妻（図107参照）であり、屋根の雪が入口のところに落下しにくいからである。このような中門造の曲り家は米沢藩の全域にみられた。間取りは違うが、中門のある家は越後、会津地方などにも多い。またザシキの前にはネドコと称する小さな部屋があるが、これは隠居部屋であった。南向きの最もよい場所にとられている。

以上にみた家は江戸時代後期に建てられたが、その時代に農民の家は急速に発展した。それをうかがうものに次の史料がある。

「農家の奢《しゃ》次第に増長し家作をいわば総板敷、附書縁《つけしょえん》（附書院《つけしょいん》）、違棚《ちがいだな》、天井、承塵《しょうじん》（屋根裏からのちりを防ぐ天井）、金舗欄間《きんほらんま》、韓紙障子《からかみしょうじ》、まはら障子、繁戸《しげと》、玄関、槻《き》の板縁、畳は六枚八枚双目（以下略）……（せあぶり、米沢藩諸事八ケ条の記録）天保三年（一八三二）」

これは江戸時代末期の天保三年に書かれたが、それによれば、この時代に農民の家は急速に拡大して贅沢になったと記されている。禁止されていた天井を張り、土坐から板敷にし、玄関や縁まで設け、その上、豪華な欄間や障子までを取り付けていたこと、座敷には付書院や違い棚まで設けた家があることなどが記されている。この発展の背景には何があったか。

当初の米沢藩は藩の石高数に比べて武士の数がかなり多く、また農業生産も沈滞し、藩の財政は深刻であった。宝暦《ほうれき》十年（一七六〇）に九州高鍋藩から養子入りした上杉鷹山《うえすぎようざん》は、七年後に藩主となり、藩の財政建て直しのためにさまざまな産業育成を計ったが、その一つが養蚕《ようさん》の奨励であった。当時の養蚕は温度と湿度を管理する温暖育であり、そのため家の中でおこなわれたが、農民の家に対して次のような緩和処置がとられている。

「天井板、板敷の儀先條御制禁ニ候処、養蚕之ため格別の訳を以願出候ニおいては可能免候事。（米沢藩五代式目）文政九年（一八二六）」

本来禁止であった天井や板敷は、養蚕のためならつくってもよいとする。養蚕には冬の暖房と夏の通風は絶対条件であった。天井を張り、床を板敷にすることによって囲炉裏で温めた熱が家の外に逃げるのを防いだ。また欄間を設け、広く開口して障子を多く使うことで開放的な部屋にし、通風をよくした。床を板敷にすることもそれにつながる。養蚕は寝室以外のすべての部屋でおこなわれた。とくに座敷は「お蚕《かいこ》さまの部屋」とよぶ家もあった。それらの部屋の天井は、蚕棚を高く積み上げ、換気よくするためにかなり高くしている。このように農民の家の急速な拡大発展は養蚕振興と密接につながっていた。

上山藩と会津藩の家

米沢藩は周囲を山に囲まれた盆地を形成している。その北東には上山《かみのやま》藩が接していたが、そこに建つ農民の家は図108にみるように米沢藩の家とは異なっていた。ナカマと称する座敷は

図109　図108の外観

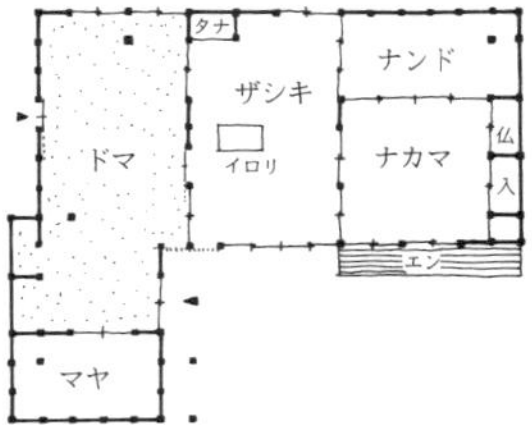

図108　上山藩農民の家
(39.7坪)(山形県上山市)

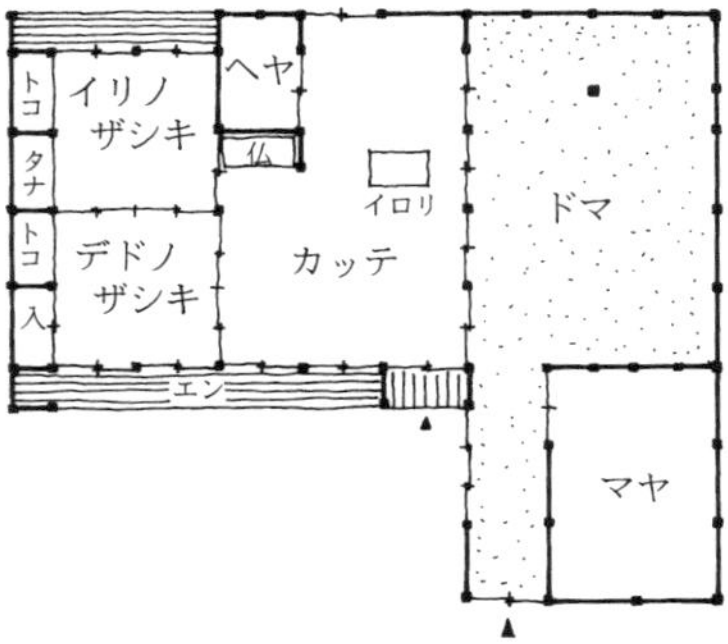

図111　会津藩農民の家(51.5坪)
(福島県熱塩加納村)

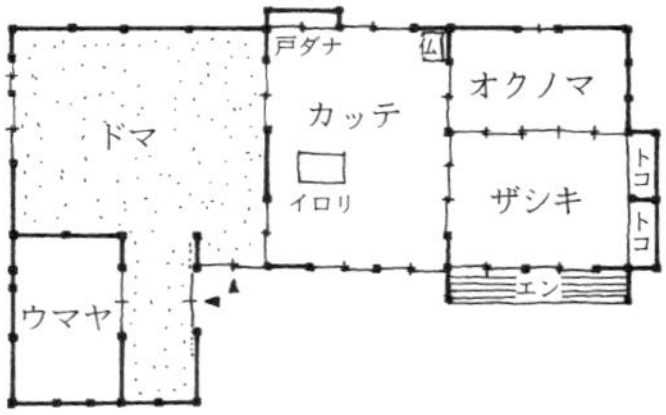

図110　会津藩農民の家(36坪)
(福島県磐梯町)

前側に一室しかなく、また内厩舎のある曲り家ではあるが、米沢藩のような中門ではない。座敷には床の間はなく、押入れだけがある。古い型の家にみる座敷は、このような床の間のない部屋から出発した。そしてその後に押入れを床の間に改造する。上山藩の領内にはこの広間型の家しかなく、田の字型になるのは明治になってからである。

一方、米沢藩の南には会津《あいづ》藩が接しているが、そこに建つ家はやはり米沢藩の家とは異なる。会津藩の農民の家が図110と111である。前者の家は前に座敷があり、カッテと称する広間を設けた前座敷広間型である。上山藩の家とよく似ているが、曲り家部分が中門に近い。後者の家はそれから拡大した家であり、イリノザシキとデドノザシキと称する二つの座敷がある。それは南北に広く開口する。前者の家の寝室のオクノマを拡大して座敷にし、寝室を広間側に寄せてヘヤと称する小さな部屋にしている。

会津藩も江戸時代の終わりにかけて養蚕が盛んになり、東北地方の特産地になっている。そのために蚕室を拡大し、通風のよい部屋にしたのである。単なる蚕室の拡大であれば床の間や棚は必要はないが、それに併せて座敷飾りもつくるところに農民たちの強い上昇志向をみる。ところが寝室のヘヤは三畳しかない。それを押さえてまで蚕室の拡大を計ったのであろう。この家も中門造であった。

2 中部地方の家

諏訪藩北部の家

図112　諏訪―松本藩の領域

松本平野の南の地域には特徴的な間取りと外観の家が多く建っていた。その一例が図113である。間取りは横に二室、奥に三室の六室構成である。真ん中の囲炉裏を備えたシモオエが食事などの家族の集まり部屋であり、その左手のカミオエもそれに続く家族の部屋となっている。これらの部屋の奥はコザシキ、ナンドと称する部屋があり、寝室や居間などに使われている。そして前側には、床の間と違い棚を設けたカミザシキと称する座敷とシモザシキと称する玄関の間があり、その前には間口二間の立派な式台がある。さらにカミザシキの前には便所と学問所も設けている。学問所とは書斎のことで、中世の武士や公家の家に設けられていたが、その源流は寝殿造までさかのぼる。このように前側の各部屋の内容やその構え方はきわめて武士の家に近い。正面外観も図114にみるように、屋根は緩やかな勾配の板葺きの切妻で、妻側を正面に向けている。そして式台を家の正面に強調した意匠となっている。

このような家を本棟造《ほんむねづくり》といい、松本平野の南の地域に建つ特徴的な家とみなされてきた。しかし藩の枠組みでそれをみると、本棟造は諏訪藩内の北部（図112のA）に集中して分布しており、江戸時代後期にその地域の上層農民の家で成立したとみられる。

では本棟造はどのようにして成立したか。その原型とみられる家が図115であり、江戸時代の中頃に建てられた豪農の名主《みょうしゅ》の家であった。ドマの右に囲炉裏を備えたドザと称する土坐住まいの広い部屋があるが、そこは家族の食事の部屋であろう。その前の二室は式台を設けたシモザシキと称する玄関の間であり、右に客間のカミザシキが続く。ドザの右手のカミオエと称する部屋は寝室である。この家は寛政七年（一七九五）に諏訪藩主がその地域を巡見したときの重臣の宿泊所となっている。式台は農民の家には許されていなかったが、名主に限って藩重臣の御成りがあることを理由に特別に許可されたのであろう。このようなことは他の藩でもよくある。屋根は茅葺きの平入りであり、前にみた本棟造の屋根とは違うが、間取りは本棟造の前側四室とほぼ同じである。そのような家に後期にかけて奥に寝室を付け加え、さらに板葺きの妻入り屋根を取り入れて前にみた本棟造が成立したとみられる。

そこで次に、本棟造は武士の家にみる接客空間や屋根の構え方に特徴があるが、その具体的な模範は何であったか。図116は諏訪藩城下町に建っていた百石取りの中級武士の家である。そ

図114　図113の外観

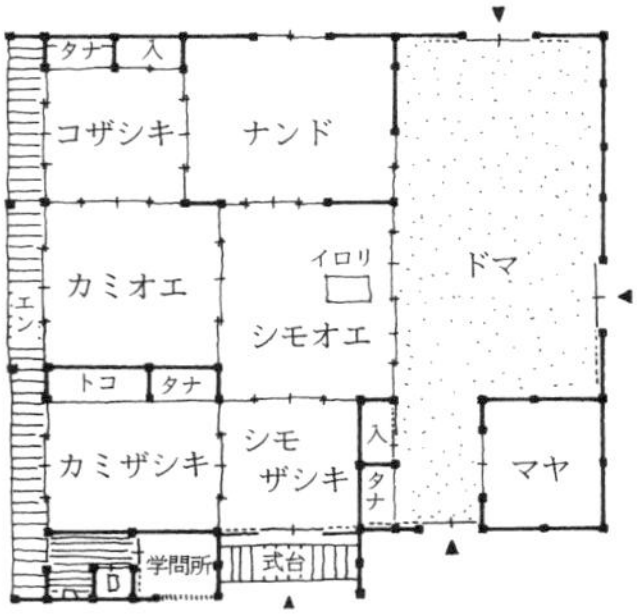

図113　諏訪藩北部農民の家
（妻入り・71.4坪）（長野県松本市）

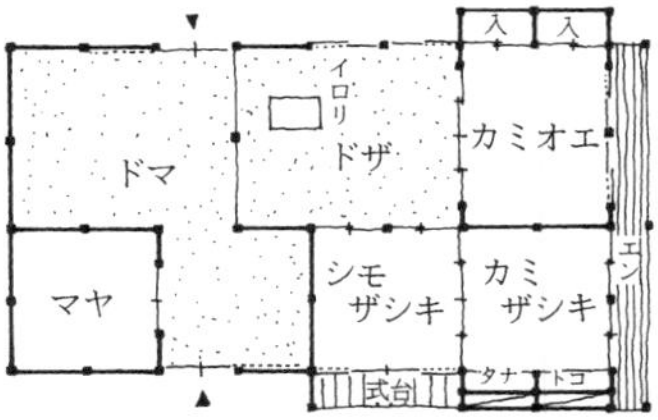

図115　諏訪藩北部農民の家
（名主・41.5坪）（長野県塩尻市）

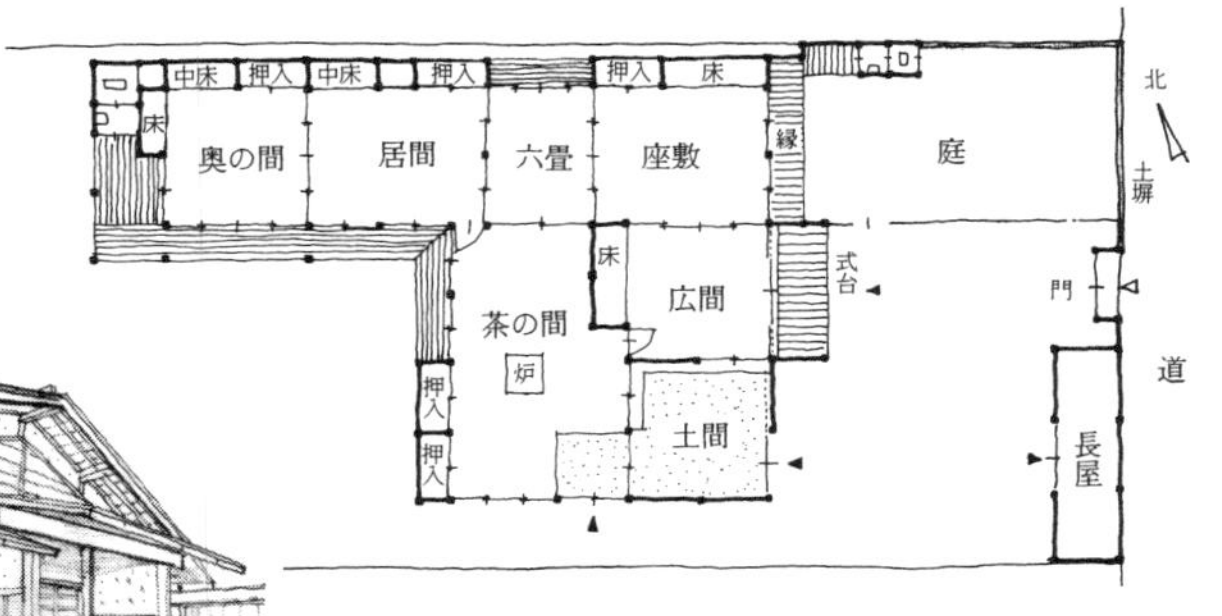

図116　諏訪藩中級武士の家（東入り・52.3坪）

図117　図116の外観

の間取りをみると、前側の座敷―広間の部屋構成や式台構えが本棟造とよく似ている。さらに外観正面をみても緩やかな勾配の板葺き屋根や妻側正面もそっくりである（図117）。他の武士の家もこのような間取りと外観であった。とすれば名主の家はこのような武士の家を真似たとみられ、その後に建てられた上層農民の家の屋根形式についてもそれを取り入れたことは充分に考えられる。つまり本棟造の模範は諏訪藩城下町に建つ中級武士の家にあったと思われる。

この諏訪藩の北部は東五千石とよばれ、元和《げんな》三年（一六一七）に、領主の諏訪氏が大坂の役《えき》に従軍した功績によって加増された地域である。諏訪城からは山を越えた飛地のようなところにあったので、当初から代官を通じての支配であった。その代官の家は、身分が同程度の城下町の中級武士の家と同じであったとみられ、その地域の豪農や上層農民からはすぐ近くに見ることもできたであろう。ちなみにそこからは松本藩の城下町にも近いが、そこに建つ武士の家の間取りは本棟造とは異っており、屋根も板葺の平入りであり、本棟造との関係はまったくみられない。

それではなぜに諏訪藩北部に限って大きな本棟造の家が成立し普及したのか。諏訪藩の中でも、本棟造が多く建つ北部とそこから山を越えた城下のある中南部とでは農民の階層構成に違いがあった。北部では少数の御館、名主と称した豪農と門屋と称した圧倒的多数の隷属農民との関係が江戸時代の中頃まで続いたが、中南部では早くから小農本百姓体制に移行しており、農民階層は平準化していた。よって北部には財力を持つ上層農民が遅くまでいたが、本棟造は彼らの手によって建てられている。加えて農業生産力も、山麓と丘陵の畑地が多い中南部よりも松本平野の一角にある北部の方が高い。また北部と中南部との農民の交流は、その間に急峻

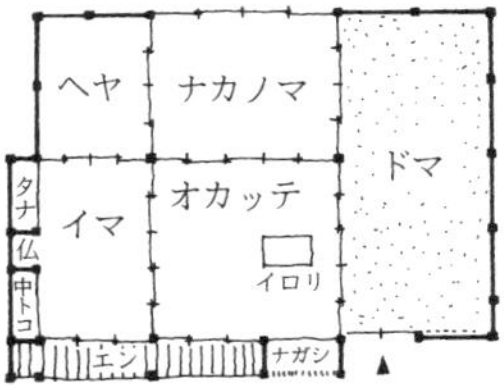

図118　諏訪藩中南部農民の家(30坪)
(長野県茅野市)

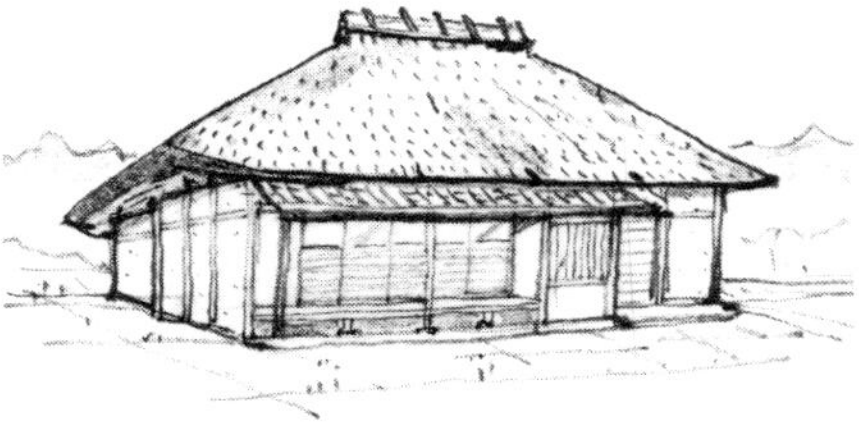

図119　図118の外観

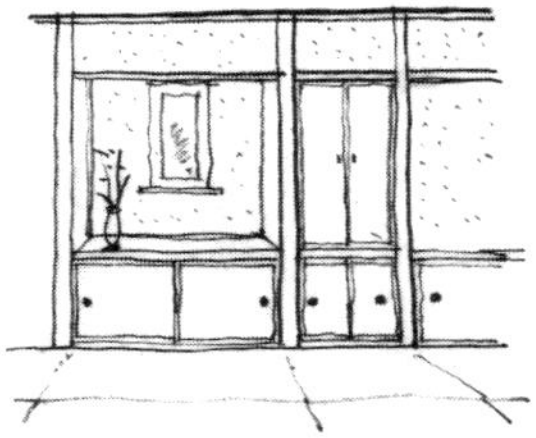

図120　中トコ

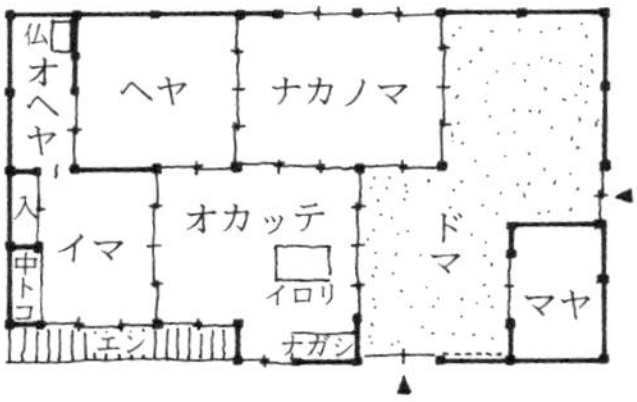

図121　諏訪藩中南部農民の家
(39.9坪)(長野県諏訪市)

な山があるのでほとんどなかった。それらのことが北部に限って本棟造が成立し、普及した理由であったと思われる。

諏訪藩中南部の家

同じ諏訪藩でも、中南部に建つ農民の家は北部に建つ本棟造の家に比べて小規模であった。またその間取りも異なる。図118はその一例である。床上四室の田の字型であるが、前側の二室はこれまでにみてきた田の字型とは異なる。まず前側の左の部屋はイマと称して座敷的な使われ方はしているが、六畳と小さく、床の間は中《ちゅう》トコである。それは図120にみるように、二尺ほどの高さの天板の下が地袋になった簡易な床の間である。奥行きも二尺ほどしかない。この地域の家の座敷にはどこもそのような中トコを設けていた。そして右の部屋がオカッテと称して家族が食事などで集まる部屋である。これまでにみた田の字型の家では、そこは次の間的な部屋であり、奥に家族の集まり部屋があったから、このこと

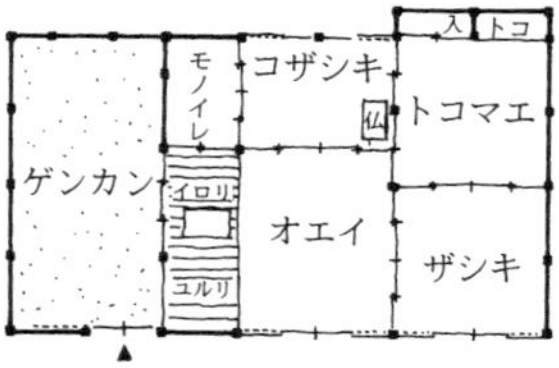

図122　松本藩農民の家（29.2坪）（長野県松本市）

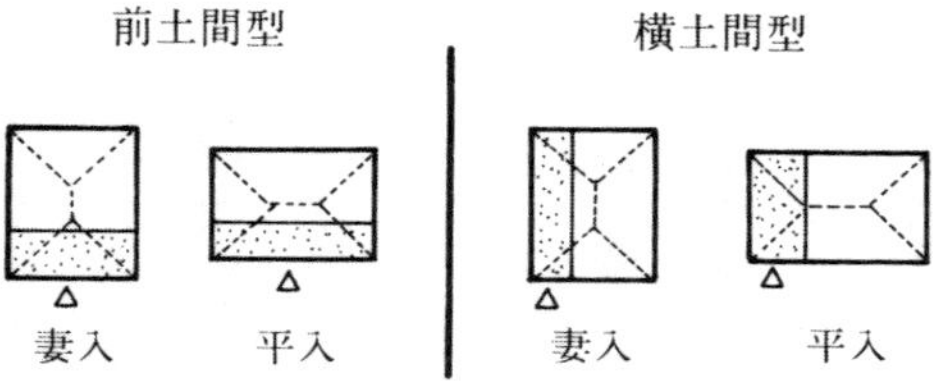

図123　前土間型と横土間型

も異なる。そして奥側二室がヘヤ、ナカノマと称する寝室である。すこし家が大きくなり、室数が増えると図121にみるような間取りの家もある。食い違いの間仕切であるが、前の家と部屋の位置関係は同じである。そこでもイマの部屋は六畳と狭い。

このように中南部に建つ家は、接客構えの強い北部の本棟造に比べるとかなり小規模で質素であり、またその屋根も茅葺きであった。

松本藩の家

諏訪藩北部の北隣に接する松本藩の家も本棟造とは異なっていた。それは図122にみるように、座敷は奥のトコマエと前のザシキの鍵座敷であり、土間に面してオエイと称する広間がある。このような部屋名はこの藩独特であり、オエイはオエともいう。広間の奥にコザシキと称する寝室があるが、その隅の広間側には仏壇が置かれていた。

3　北陸地方の家

これまでみてきた農民の家は、土間が左右のどちらかにあって、その一方に床上の部屋を設けていた。このような家を横土間型という。ところが土間が入口のある前側にあり、その奥に床上の部屋を設けた家が北陸の若狭、福井地方にみられる。それは図123の左にみる家であり、座敷も入口とは反対側の最も奥に設けていた。このような家を前土間型という。

前土間型の源流

全国的にみて横土間型の家が多い中で、なぜにこの地方に限って前土間型の家であったのか。それは竪穴住居からの強い系譜であろう。

竪穴住居は屋根の妻側から入る形式が多いが、その真ん中に炉があって、人はその廻りですごしたものと思われる。竪穴の平面は時代が下がるにつれて円形から方形に変化する。古墳時代になるとほとんどの竪穴住居が方形になる。それは竪穴の奥に寝るようになり、奥行きの長い住居を求めたからであろう。その痕跡が長野県で発掘された平安時代の竪穴住居跡から発見され、藤島亥治郎《がいじろう》氏は図124の復元図を示している。その竪穴住居は長方形であり、入口は間口の狭い妻側にある。入り口からみて最も奥の左手に板敷の痕跡があり、氏はそれを寝室と推測している。家における最初の空間分化は寝室であったから、この考えには納得がいく。このよ

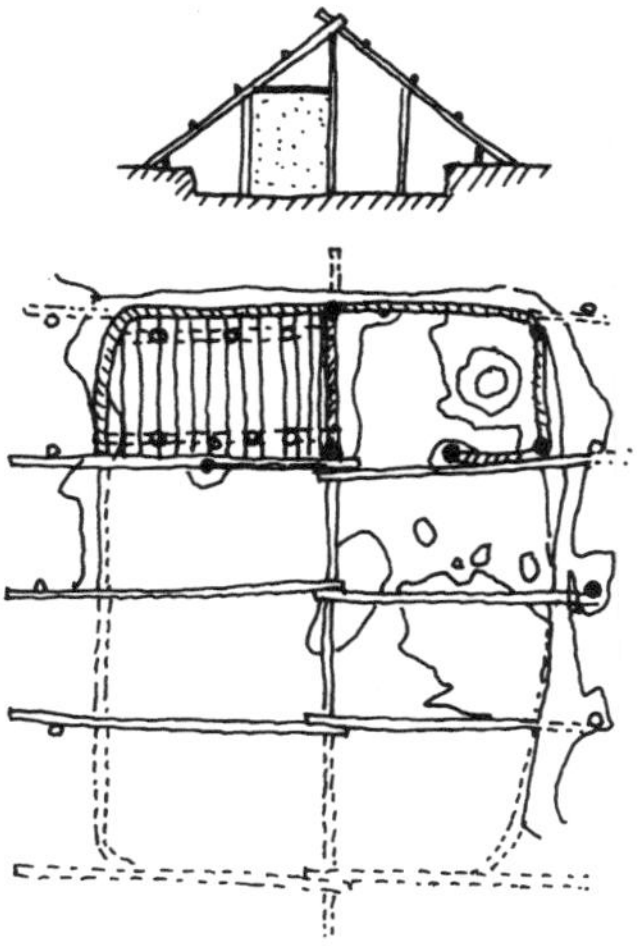

図124　寝室（板間）のある竪穴住居（平安時代）（長野県平出22号住居址）

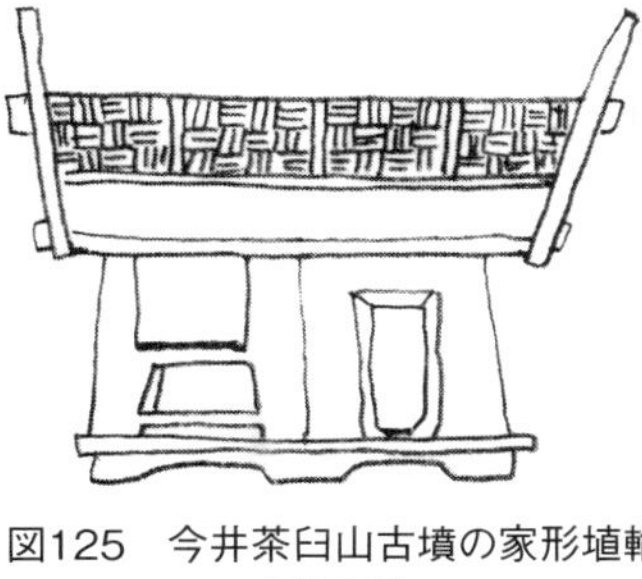

図125　今井茶臼山古墳の家形埴輪（群馬県）

うな竪穴住居が前土間型の原型とみられる。

古墳時代の上層農民の家らしき家形埴輪《いえがたはにわ》をみると（図125）、平地住居の入口は右側にあり、左は窓のようである。つまり横土間型であり、窓のところは寝室とみられる。鎌倉時代の絵巻に描かれた農民の家を図126にみても、それは平入りの横土間型であった。とすれば、農民の家で竪穴住居から平地住居の横土間型に変わり始めるのは古墳時代であったとみられる。若狭、福井地方の前土間型の家は何らかの理由で横土間型に転換せずに、そのまま江戸時代まで続いてきたのであろう。

そのような前土間型の家は、間取りや入り方（妻入りと平入り）にさまざまに異なる家があるが、それを藩の枠組みでみていこう。

図126　鎌倉時代の農民の家（粉河寺縁起より）

小浜藩の家

小浜《おばま》藩の西部地域（現高浜町、大飯《おおい》町、名田庄《なたしょう》村、小浜市西部）には図128の家が多く建っていた。それは妻入りの前土間型で、入口を入ったニワの右にはマヤと称する小さな内厩舎がある。またニワの奥には囲炉裏を備えたオマと称する十一畳の広い部屋があるが、そこは食事などの家族の集まり部屋である。オマとはオマエの略で、越後、秋田地方の家にもみられ、家族の食事部屋のことを意味している。そこから右手のザシキと奥のナンドに行き来する。ザシキの前にはシモンデと称する部屋がある。そこは板間であり、その前の小さな土間と併せて馬の飼育作業場であった。そこへ入るには右手の桁行《けたゆき》側に設けた潜《くぐ》り戸から入る。それをカドグチとよんでいた。
　図130は家の正面に入口を二つ設けて、左の入口をニワグチ、右の入り口をカドグチとよんでいる。左は家族の日常的入口であり、右は接客用と馬の飼育を含めた農作業用を兼ねた入口であった。図131はそれよりも拡大した家で、ニワグチが桁行き側につくられているが、家の正面は妻側である。

　ところが小浜藩の東部地域には、西部地域とは異なる家が建っていた。それが図132である。同じ前土間型であるが、間取りと入り方

図127　小浜—田辺—福井藩の領域

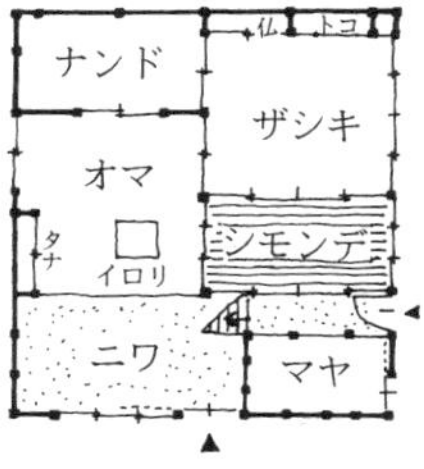

図128　小浜藩西部農民の家（妻入り・22.5坪）
（福井県小浜市）

図129　図128の外観

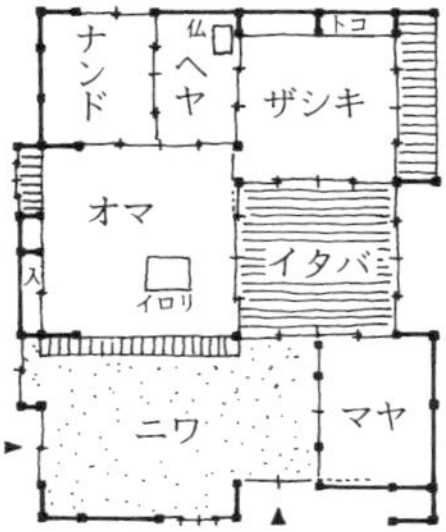

図131　小浜藩西部農民の家
（妻入り・32.6坪）（福井県高浜町）

図130　小浜藩西部農民の家
（妻入り・20.5坪）（福井県大飯町）

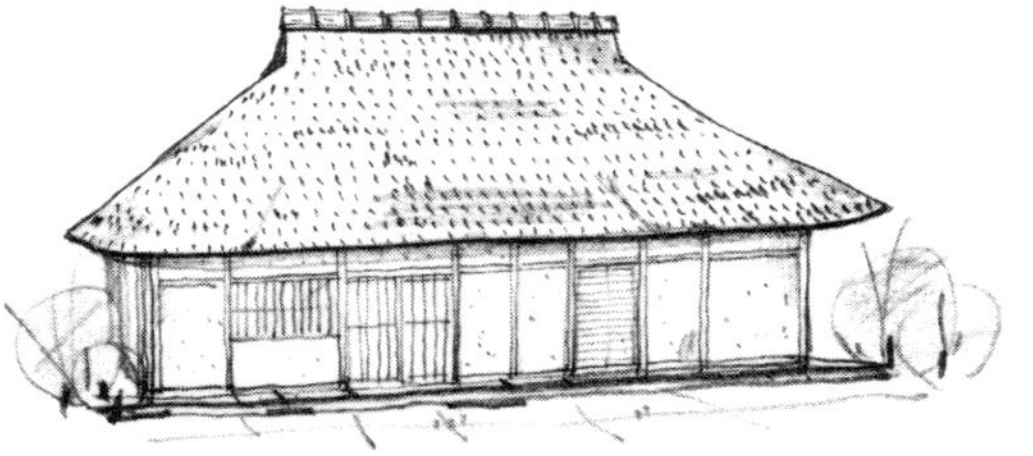

図133　図132の外観

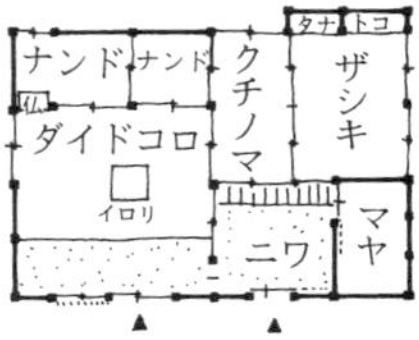

図132　小浜藩東部農民の家
（平入り・18.1坪）（福井県小浜市）

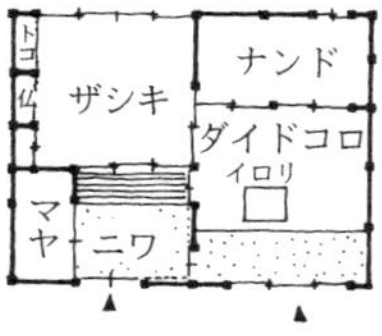

図135　小浜藩農民の家
（15.7坪）（福井県小浜市）

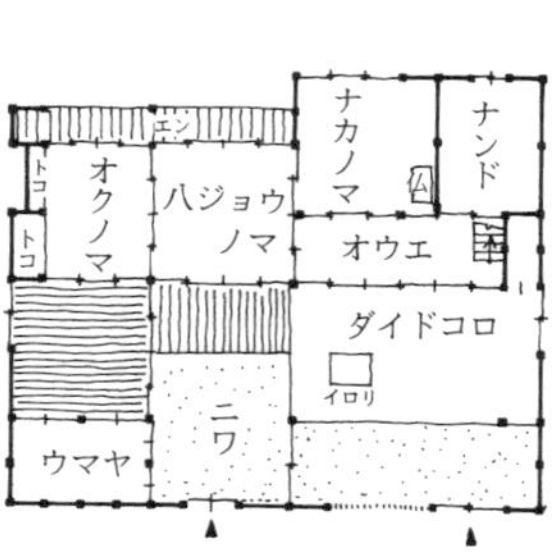

図134　小浜藩東部農民の家
（平入り・44.5坪）（福井県敦賀市）

が異なる。入口は二つあって、ニワグチと称する左の入口からは土間を経て囲炉裏を備えたダイドコロと称する広い部屋にいたる。その間に間仕切りはない。その奥がナンドの寝室である。一方、カドグチと称する右の入口からはニワを経てザシキとクチノマと称する次の間にいたる。ニワは客の通路であり、またマヤの作業場でもあった。この家も家族用と接客兼農作業用の入口に分かれる。屋根は横方向に棟が通り、入り方は平入りである。さらに大きい家になると、図134にみるようにナカノマ、ナンドと称する寝室や次の間が拡大し、ダイドコロの奥にオウエという部屋ができる。この部屋の床《ゆか》はダイドコロより十五センチほど高く、寝室や座敷の前室的な意味を持っている。

このように一つの藩の中でも西部と東部の地域で家は異なっていた。これらは江戸時代後期に建てられた家であるが、その間に原型的な図135の家を入れて考えると両者の関係がわかってくる。その家は古い型でダイドコロとナンドとザシキの三室である。この家からザシキの前に板間のシモンデという部屋を増室して妻入りの図128の家となり、一方、ザシキの横にクチノマという次の間ができて平入りの図132の家となる。すなわち小浜藩は古くは図135のような家であったが、江戸時代後期にかけて、二つの地域で異なる増室をした結果、先にみた地域独特の家が成立したと考えられる。

では二つの地域の違いとは何であったか。一つは支配経過である。西部地域の中心は高浜町と大飯町で構成された大飯郡である。その地域は小浜藩の中にあって、中世から幕末まで独自の支配が続いていた。二つは大工の仕事圏域である。西部地域の大飯郡には三つの大工組があったが、仕事は藩の大工仲間の取り決めによってその郡内に限られていた。しかしそこでの仕事は少なく、周辺の地域に仕事が拡大していた。その仕事の範囲が西部地域の範囲と一致する。これらのことが、同じ藩でも地域によって異なる家が成立した理由と思われる。

田辺藩の家

前土間型の特異な家が建っていた小浜藩から西に尾根の藩境を越えると田辺《たなべ》藩である（図127）。そこに建つ農民の家は小浜藩の家とは異なっていた。その一例を図136に示す。家は横土間型の前座敷広間型である。ニワに面して囲炉裏を備えた十六畳のオマと称する広間があり、この地域では古い型の家であった。田辺藩の領域に建つ江戸時代後期の家はほとんどがこのような広間型であった。一部の家に広間を前と奥に分割して図138にみる田の字型の家がつくられているが、一般化するのは明治になってからである。

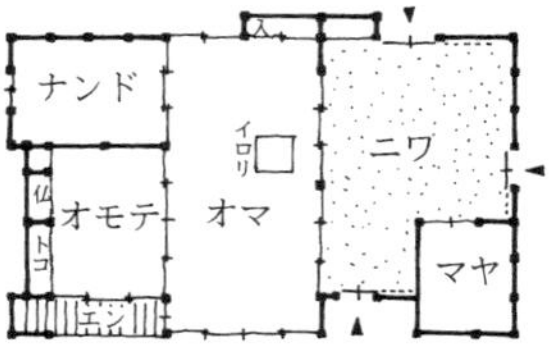

図136　田辺藩農民の家（26.5坪）
（京都府舞鶴市）

図137　図136の外観

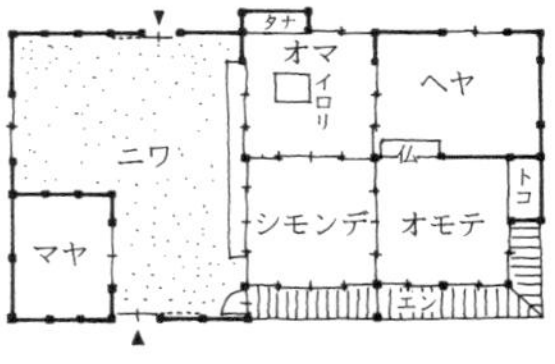

図138　田辺藩農民の家（36坪）
（京都府舞鶴市）

福井藩の家

小浜藩の東隣は福井藩である（図127）。小浜藩内の東端の敦賀から急峻な山の藩境を越えて福井藩の今庄《いまじょう》町に入ると、そこに建つ家は異なっていた。それは図139にみるように、前土間型であるが、間取りは違う。入り方も小浜藩の東部地域に建つ家は平入りであるが、ここでは妻入りに変わる。ニワと称する前土間の奥にはダイドコロと称する十八畳の囲炉裏を備えた広い部屋がある。そこが家族の集まり部屋であった。その右手には部屋が縦に三室並び、それらの部屋の床はダイドコロより二五センチも高い。その敷居は見付（厚み）二五センチ以上の一本材である。なぜそのような高い段差にするのか。それは書院造における納戸構《なんどがま》えを模したのであろう。納戸構えとは帳台構《ちょうだいがま》えともいって、床の間のある上段の横に納戸または帳台と称

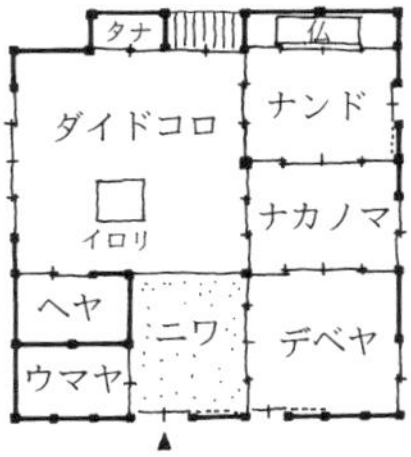

図139　福井藩農民の家
（妻入り・27坪）（福井県今庄町）

図140　図139の外観

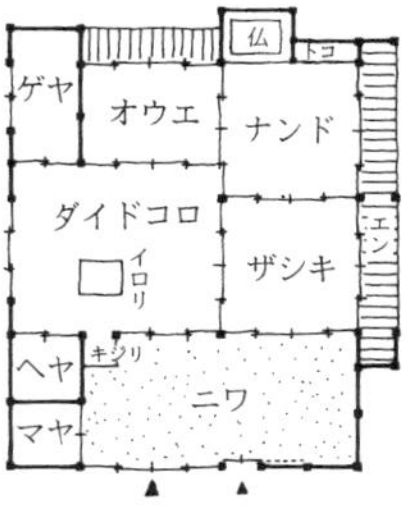

図141　福井藩南部農民の家
（妻入り・34.9坪）（福井県今庄町）

する小部屋を設け、その間の襖の敷居を一段上げるという座敷飾りの一つであった。ダイドコロとそれらの部屋の仕切りは板戸であったが、敷居を高くし、一本材を用いることで家の格を強調したのかもしれない。この辺《あた》りを含めて福井地方にはそのような家が多い。

また右側の最も奥の部屋には大きな仏壇が置かれ、仏間的な使われ方をしているが、そこをナンドとよんでいる。この部屋が元は寝室であった名残であろう。その前のナカノマが寝室であり、デベヤは農用空間であった。

図141は幕末から維新のあいだに建てた家である。ナンドの中の仏壇を置く場所はさらに拡大され、また床の間を設けているが、家人はその部屋をやはりナンドとよび、仏間的な部屋であっ

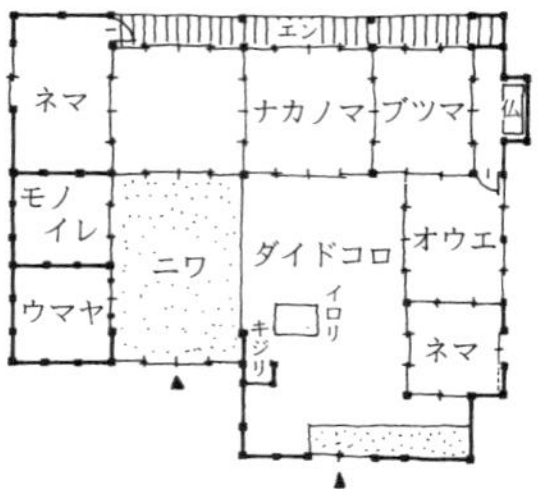

図142　福井藩南部農民の家
（46.8坪）（福井県武生市）

図143　図142の外観

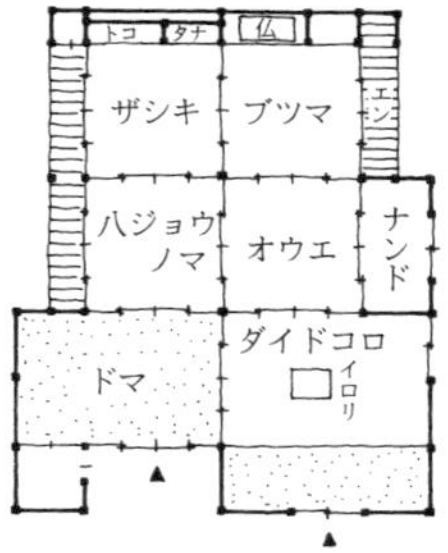

図144　福井藩中部農民の家
（妻入り・39.5坪）（福井県越前町）

た。寝室はゲヤとニワの左のヘヤである。家族が多いときはナンドの前のザシキを兼用するという。ダイドコロの奥にはオウエという部屋を設けているが、そこは戸主の居間であった。戸主が持てなす客もこの部屋で対応した。また祭礼時には家族の食事場所にも使ったりしている。オウエは福井地方の大きな家には必ず設けていた特徴的な部屋である。

右にみた家が多く分布する今庄町から北の武生《たけふ》市付近に行くと、前の家を九〇度横に振って平入りにしたような家が一部に現れる（図142）。しかし前土間型であることには変わりない。仏壇を置く部屋はさらに拡大され、仏壇の前室も設けている。そしてダイドコロも前側に拡張し、屋根は曲り家のようになっている。このような家を角家《つのや》といい、大きな家の象徴であった。ところが床の間を備えた座敷を設けていない。それよりも仏壇を大きくし、そこを仏間にしていた。これはこの地域に江戸時代から盛んであった浄土真宗の影響である。もちろんこの家もダイドコロ廻りの各部屋の床はダイドコロより二〇センチほど高くしている。

そしてさらに北の方の越前町へ行くと、図144にみる妻入りの家が多く建つ。床上が田の字の間取りになっている。左奥の部屋が床の間と違い棚を設けたザシキであり、右奥の部屋がブツマである。ちょうど左手片側が接客空間で、右手片側が家族空間とにはっきり分かれている。入口も二つあり、左が客用兼農作業用、右が家族用である。さらに北の福井市周辺に行くと、ダイドコロが家の間口全体か、それ以上に拡大した家が建っていた。

このように福井藩南部に建つ家は今庄町、武生市の地域とその北の地域で分かれるが、前者の地域は今庄領代官が統治した地域であった。

前土間型で妻入りの家は福井藩と小浜藩の南隣の地域にも建っていた。そこは琵琶湖の北部であり、図145はその一例である。ニワの奥にはダイドコロと称する広間があって、その奥にネマと称する寝室とザシキと称する仏間が並ぶ三室構成である。湖北地域にはこのような間取りの小さな家が多い。おそらく古い型はダイドコロが土坐で床上は奥の部屋だけであろう。この家を前土間型の原型とみれば、福井藩と小浜藩に建つ家はそれから発展したものと考えることもできる。

4　九州地方の家

高千穂と椎葉の家

この地域は深山幽谷《しんざんゆうこく》の急峻な地形ゆえに農業は林業と焼畑《やきばた》が中心であった。そこに建つ農民の家は併列《へいれつ》型である。併列型とは土間と床上の各部屋が横に何室か並ぶ家である。それはこの地域だけではなく、四国の祖谷《いや》、大和吉野などにもみられるが、この地域の併列型はそれよりも規模が大きく、室数も多い。

まず高千穂《たかちほ》地域とは延岡《のべおか》藩の中にあって、現在の高千穂町、五ヶ瀬《ごかせ》町、日の影町、諸塚《もろづか》村の範囲をいうが（図146）、その中の高千穂町に建っていた農民の家が図147である。奥行きは四間で、間口は十間もある。ドマに面したゴゼンと称する囲炉裏を備えた部屋が家族の集まり部屋であり、そこで気軽な接客もおこなう。ゴゼンとは御膳《ごぜん》のことで、食事の部屋の意味であろう。

ドマからみて最も奥にツボネと称する部屋がある。床の間があり、そこが座敷のようになっている。元は壁で囲まれた塗籠《ぬりごめ》のような寝室であったと家人は伝え聞いている。ツボネとは

図146　高千穂—椎葉—人吉—鹿児島—熊本藩の領域

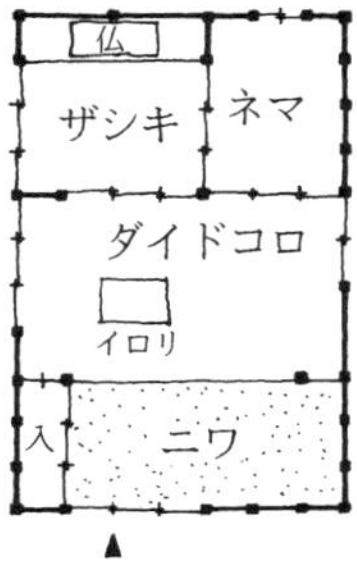

図145　湖北地方農民の家
（妻入り・19.3坪）（滋賀県余呉町）

図148　図147の外観

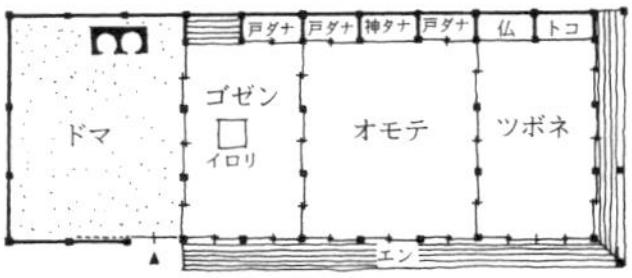

図147　高千穂地域農民の家
（47.8坪）（宮崎県高千穂町）

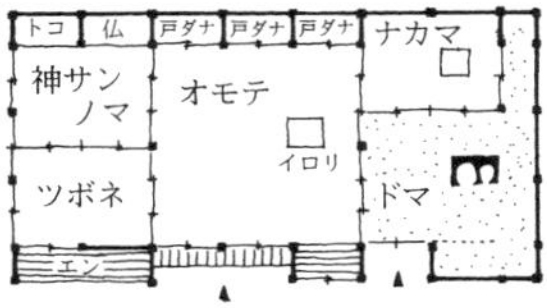

図150　高千穂地域農民の家
（29坪）（宮崎県五ヶ瀬町）

図149　夜神楽の風景

局《つぼね》のことで、古くは宮中における女官の私室を意味していた。また隠居部屋をそのようによぶ地域もある。この高千穂でも老夫婦の隠居部屋に使っていた。

そして真ん中の部屋はオモテと称し、その広さは二一畳もあり、背面には戸棚と神棚がある。オモテとは家の中で最も格の高い部屋を意味する。

なぜこの部屋が一番広いのか。それは数年に一度回ってくる夜神楽《よかぐら》に使うためである。高千穂地域は隣の椎葉《しいば》とともに夜神楽が古くから盛んであった。とくにその中心地である高千穂町では十一月から十二月にかけて集落ごとに家の持ち回りでおこなわれる。当番の家ではオモテの部屋に二間四方の神座を示す内注連《しめなわ》を張り、そこで夕方から夜明けまで集落の壮青年たちが面を付けた白装束《しろしょうぞく》で三三番の舞を代わる代わる踊る（図149）。時には厳粛に、時には面白可笑しく舞う。集まった集落の人たちは内注連を取り囲むように両隣の部屋や前の縁に坐り、振る舞われた酒と肴を口にしながら、手拍子と掛け声をかけながら舞を盛り上げる。それは昭和五八年、厳冬の深夜の風景であるが、江戸時代の古くから絶えることのない伝統行事であった。

夜神楽のない普段は、オモテの部屋を客間として使い、戸主夫婦の寝室はツボネであった。老人がいるときはツボネをあてがい、戸主夫婦はゴゼンで寝たという。

図150はすこし小さな家であるが、やはりオモテの部屋を広くし、その前に上がり段を設けて夜神楽の客を迎えるのに都合のよいようにしている。そのオモテを空けておくために、ドマの奥にナカマと称する家族の食事場をつくっている。このようにオモテは「家」としての大切な部屋であった。

高千穂地域の南隣はさらに険しい地形の椎葉であり、そこに建つ家も併列型である。この地域も夜神楽が古くから盛んであった。だがその家はすこし違う。

図151は三室構成の家であるが、土間をドジと称し、それに面する部屋をウチネと称する。ウチネとは内寝《うちね》のことで、戸主夫婦の寝室兼食事の部屋であった。ドジからみて最も奥にコザと称する部屋があるが、そこは小座《こざ》つまり神仏を祀る部屋である。その南側のツボネは老夫婦の隠居部屋であった。高千穂地域の家にみた夜神楽の舞台となる真ん中の広い部屋は、椎葉の家ではデイ（出居《でい》）と称する。東北仙台藩の家にみた寝殿造りに源を持つ客間のデイという呼称

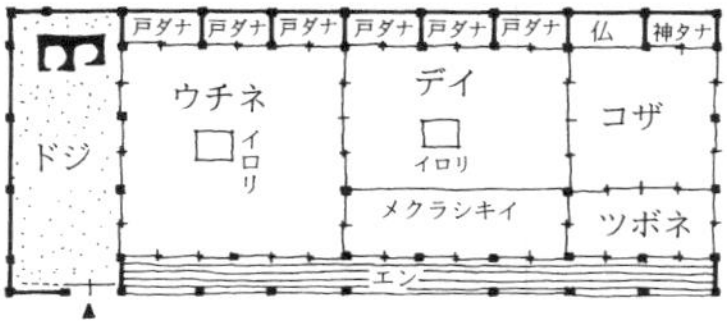

図151　椎葉農民の家（38坪）
（宮崎県椎葉村）

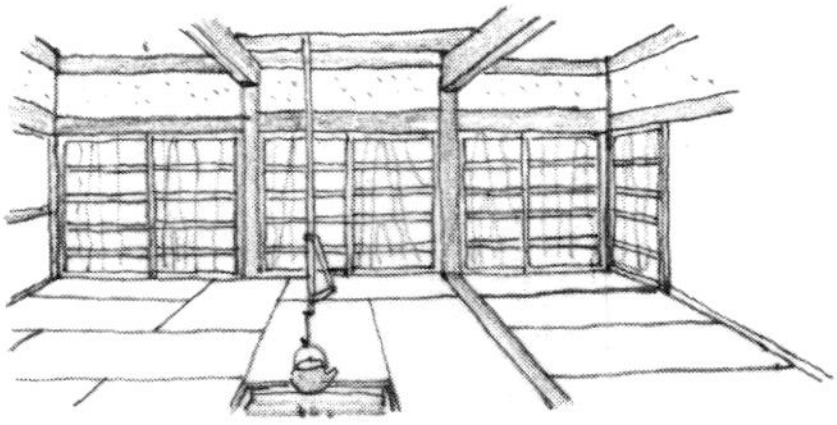

図152　椎葉の家のメクラシキイ

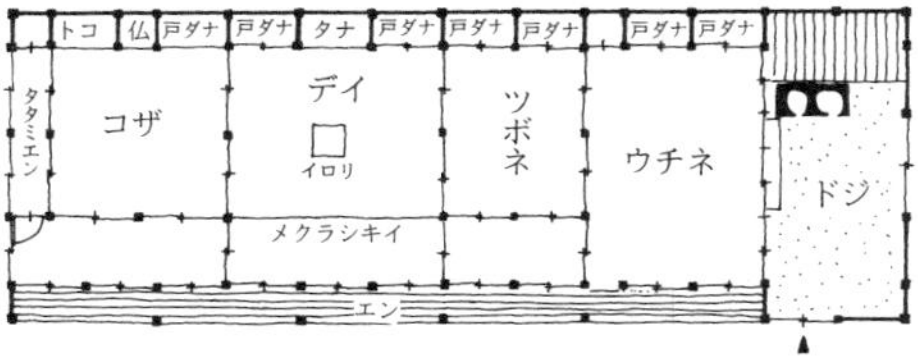

図153　椎葉農民の家（庄屋・56.3坪）
（宮崎県椎葉村）

が、遠く離れた九州椎葉の家でも使われていた。このように部屋の性格や並び方は高千穂地域の家と同じであるが、部屋名が違っていた。またデイの前側に建具溝《みぞ》のない敷居があるが、それをメクラシキイとよんでいる（図152）。客は縁から上がり、デイのメクラシキイの前まで進むが、家人の許可がないとそれを越えることはできないという。また夜神楽の内注連はメクラシキイの奥に設けられ、見物客はメクラシキイの前側に坐る。メクラシキイは夜神楽や接客の行動様式を規定する椎葉独特の空間表象であった。

四室構成の大きな併列型の家も建てられているが、それが図153である。その間口は十二・五間もある。ウチネとデイの間にツボネがあるが、そこはやはり老夫婦または戸主夫婦の寝室であった。

このような併列型の家が多く建つ高千穂地域と椎葉とはどのような地域であったか。高千穂地域の歴史は古く、鎌倉時代から独立国的な地域として大神姓の高千穂氏が統治し、その後は室町時代末期まで高千穂氏を祖とする三田井氏の支配が続いた。しかし天正《てんしょう》十九年（一五九一）に延岡藩主の高橋氏に滅ぼされ、延岡藩の一部として幕末にいたっている。その間、高千穂の在地豪族たちを小侍《こざむらい》、足軽として特別な身分制度に組み入れ、その地域の統治を任せていた。その理由は、この地域が非常に僻遠《へきえん》の山間地であるため藩の直接統治は無理であったからである（明大内藤家文書研究会編『譜代内藤藩の藩政と藩領』）。さらに信仰の強いこの地域特有の歴史もある。古事記、日本書紀にみる天孫降臨《てんそんこうりん》や岩戸隠れの神話の地でもあり、それに加えて、中世に支配した三田井氏による強力な神仏再興があった。それによって江戸時代中頃には、一般社四六六、高千穂神社八八の計五五四社、仏堂は一九四というおどろくべき多くの神社仏堂がつくられていた。夜神楽はそのような信仰心の厚い地域で生まれ、盛んにおこなわれてきたのである。

また椎葉は名目上人吉藩《ひとよし》の属地《ぞくち》とされたが、実質は椎葉の豪族那須《なす》氏の支配領域であった。

以上にみてきたように、九州山地の奥深い地域で併列型の家が発展していた。これまで併列型は山間地の狭い宅地で成立した家とみなされてきた。しかしよく見ると平地にも多くの併列型の家が建てられており、必ずしもそのような条件の地域でのみ成立したものではない。むしろ農民の家における横土間型の原型的平面といえる。平地農村では農業生産力の発展により、奥に部屋が拡大して前座敷や鍵座敷の家に発展してきたが、生産力の低い山間農村ではその原型的平面が遅くまで残ったのではないか。それを四国の祖谷《いや》や大和吉野にみる。しかしこの高千穂地域と椎葉では併列型のまま拡大し発展していた。この地域は焼畑と林業（主に炭焼《すみやき》）であったので生産力は低かったはずである。にもかかわらずこのような大きな家に発展したことは、生産力よりも夜神楽にみるような文化と精神の力が大きく作用したとみられる。

人吉藩の家

併列型の家が建つ椎葉から西隣の人吉藩に入ると、そこに建つ家は鉤家《かぎや》型であった。鉤家とは曲り家のことであるが、棟の梁行きは短く、まさに鉤のようなかたちであることからその名が付けられている。図154はその一例である。梁行きわずか二間の棟が鉤のように曲がっている。家族の集まり部屋のダイドコロから寝室のヘヤと客間のアラケに行き来でき、広間型のような間取りである。アラケは十二畳と広くつくられ、背面の下屋部分には奥行きの浅い床の間と違

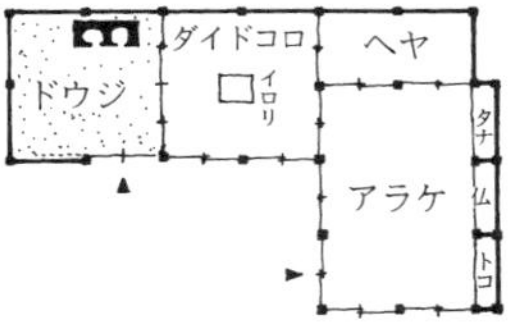

図154　人吉藩農民の家（16.7坪）
（熊本県人吉市）

図155　図154の外観

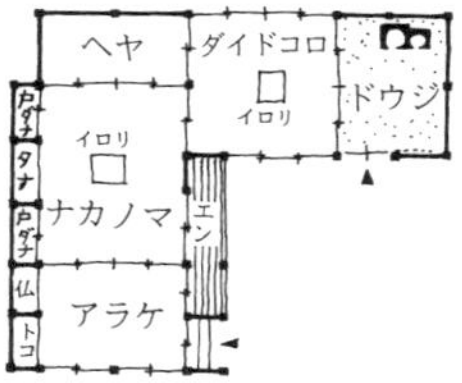

図156　人吉藩農民の家（19.9坪）
（熊本県人吉市）

い棚を設けていた。

図156はアラケとヘヤの間にナカノマが設けられ、そこに囲炉裏を備えている。この部屋は日常的な客との応対場所として使い、客は縁から直接部屋に入る。アラケには上がり段の玄関がつくられているが、それは祭事のときにしか使わないという。

ではなぜに鉤家にしたのか。内厩舎はなく、盛岡藩でみた曲り家する理由もない。また米沢藩でみた中門の曲り家する積雪の環境でもない。

人吉藩は山間盆地ゆえに生産力が低く、贅沢を押さえて緊縮財政を進めるために武士と農民への生活規制や家作規制を階層別に細かく、しかも頻繁に出していた。江戸時代後期の文化四年（一八〇七）の家作規制では、城下町の下級武士への禁制として「小知徒士通《しょうちかち》、家作三間梁以上、白灰附壁《しらはいつき》のこと。」とある。つまり三間未満の梁間の家しか建てられない。そして在郷武士と農民へは、「足軽、百姓、又もの家作、五畳敷以下分限に応じ、鋪物等《しきものなど》至《にいたる》迄《まで》、不目立様質素《めだたぬようしっそ》にいたし、斧立《ちょうなだて》の祝ひ亦《また》随分軽く可致事《いたすべくこと》。附《つけ》百姓ハ掘立家《ほったてや》の定法に候得《そうらえ》共《ども》……。」とあり、五畳敷以下に制限されている。この五畳敷とは梁行き寸法のことで、長さは二・五間のことである。家の奥行きが二・五間までとなると、家を拡張するには横に延ばすしかない。宅地の制限もあって、止むなく棟を曲げて鉤家にしたのであろう。

ところで、斧立《ちょうなだて》の祝いとは棟上げ祝いのことであり、それを質素にせよという。また附《つけ》百姓とは分附《ぶんつけ》百姓のことで、下層の水呑み百姓のことである。彼らの家は地面に穴を掘って、そこに柱を立てる掘立方式が強制されていた。掘立て柱は日本古来の柱の立て方で、古代の寝殿造や神社などにみるが、それは腐りやすく、すぐに新しい柱材に取り替えなければならない。中世になると貴族や武士の家では耐久性のよい石の上に柱を立てる石場《いしば》立てに変化している。農民の家では江戸時代の初めまで掘立てが続いていたが、中頃以降に石場立てに変わっている。この人吉藩では後期になっても下層農民には掘立てを強要していた。

鹿児島藩の家

人吉藩の南隣は鹿児島藩である。そこには図157にみるような分棟型《ぶんとうがた》の家が多く建っていた。しかし前にみた肥後（現熊本県）合志郡の分棟型の間取りとは違う。それは母家棟《おもやとう》と台所棟とが板間のテノマで結ばれるという平面である。母家棟には、トコノマと称する座敷があり、そ

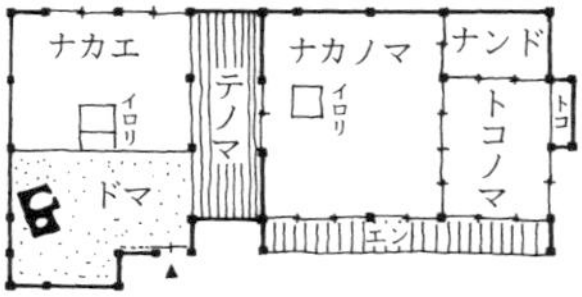

図157　鹿児島藩農民の家
（26.8坪）（宮崎県小林市）

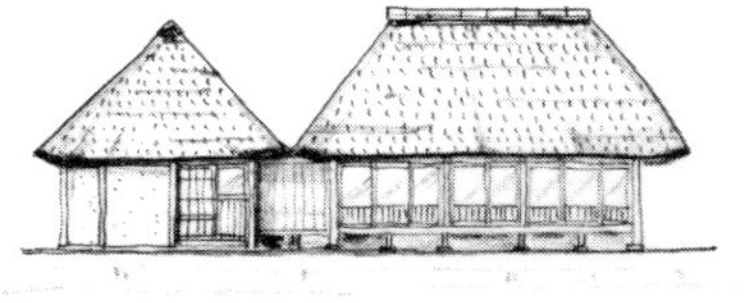

図158　図157の外観

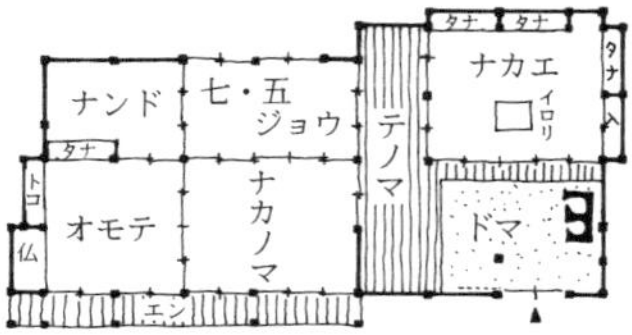

図159　鹿児島藩農民の家
（34.2坪）（宮崎家須木村）

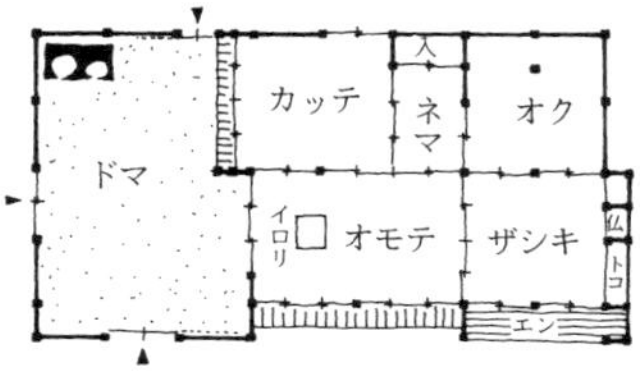

図160　熊本藩農民の家
（34.8坪）（熊本県高森町）

の横にはナカノマと称する広間がある。間取りは前座敷広間型と同じである。一方、台所棟にはナカエと称する部屋があるが、そこが家族の食事などの集まり部屋であった。

図159は母家棟が田の字の間取りになった家である。前の家のナカノマの広間が前と奥に分割されたかたちになっている。前側のナカノマはオモテの次の間となり、奥の七・五ジョウと称する部屋はナンドに続く寝室として使われていた。この家でも家族の食事場は台所棟のナカエであった。これらの分棟型も古くは母家棟と台所棟に完全に分離していたが、江戸時代後期にかけてそれらが結合したとみられる。さらに南の南西諸島にはまだ完全分離型の家が残っていた。

熊本藩の家

高千穂、椎葉、人吉藩の西隣の熊本藩の中南部に入ると、そこに建つ家はまた異なり、図160にみるような前座敷の家であった。それは前にみた肥後合志郡（現熊本県北部）の分棟型とも異なっている。ドマに面した前側のオモテは客との応対場所であり、奥のカッテが家族の集まり部屋である。家のかたちも、高千穂、椎葉の併列型や人吉藩の鉤家《かぎや》とは違って、矩形《くけい》の直家《すごや》である。

四　農民の家の特質

これまで各地方の特徴的な農民の家を藩という地域的枠組みでみてきた。ここでは江戸時代の農民の家の特質とは何であったかを考える。

1　多彩な家

江戸時代初めから中期までの農民の家は小規模であったが、後期にかけて急速に拡大した。そのような拡大発展の過程で地域独特の家が成立していた。

農民の家はきわめて多彩であった。地方城下町の武士の家は、江戸時代初めの京都における武士の家を模範にして中後期にかけて発展したから、藩の特徴を部分的に持ちながらも、間取り全体でみれば共通の要素が多い。これにくらべて農民の家は、江戸時代後期にかけて接客空間などは武士の家の特徴を取り入れていくが、間取りの基本は土着の家から出発しており、家が多彩になるのは当然であった。

このような農民の家は大きく二つに分類できる。一つは全国型の家である。それは座敷を家の前側に設けた前座敷型と二つの座敷を縦方向に設けた鍵座敷型である。それらの型は全国にみられる。二つめは特定の地域に成立した地域型の家である。それは曲《まが》り家《や》、中門造《ちゅうもんづく》り、本棟造《むねづくり》、前土間型、併列型《へいれつがた》、鉤家型《かぎやがた》、分棟型《ぶんとうがた》などである。そのような農民の家を藩の枠組みでみてきたが、それらは藩によって異なり、その藩独特の家が成立していた。また同じ藩でも、藩内の小地域で家が異なる場合がみられたが、それも他の地域とは歴史や支配体制が異なるという意味で藩の枠組みと変わりはない。

ではなぜに藩で異なっていたのか。その理由の一つは盛岡藩でみた馬産飼育、米沢藩でみた養蚕など農業生産形態と生産力、二つは藩の家作規制や大工の仕事圏域、三つは高千穂椎葉の夜神楽にみるような地域文化、四つはその藩の風土、などの特徴とその違いにあった。また藩が違っても同じ家の場合もある。それは、ある藩の特徴的な家が隣の藩に伝播したか、たまたま同じ家が複数の藩で成立したか、あるいは藩の枠組みを越える地域的な条件が働いたかであろう。

2 納戸と広間と座敷

藩によって異なる多彩な農民の家であるが、その間取りには共通の要素があった。それはどの家でも寝室の納戸《なんど》、家族の集まり部屋の広間《ひろま》、そして客間の座敷の三室が基本となっている。それらの部屋の意味をすこし考えてみよう。

納戸

まず納戸（以後寝室のことを納戸と総称する）は家の中で最も古い空間である。前に平安時代の竪穴住居をみたが、最初の空間分化は寝室であった。これまでにみた農民の家でも、開口部を広く取り始めた江戸時代後期になってもナンド、ヘヤと称する寝室には窓もなく、土壁で囲まれた閉鎖的な空間であった。なぜそのようにするのか。江戸時代後期における上越の豪雪地帯の農民生活を記したものに『北越雪譜《ほくえつせっぷ》』があるが、その中の寝る風景は次のようである。

「秋山の人はすべて冬も着るままにて臥《ふ》す、嘗《かつ》て夜具といふものなし。冬は終夜《よもすがら》炉中に大火をたき、その傍《かたわら》に眠る。甚《はなはだ》寒にいたれば他所《よそ》より稿《わら》をもとめて作りおきたるかますに入りて眠る。妻あるものはかますを広く作りて夫婦一ツかますに寐《ね》る」

これは豪雪山村の厳しい冬の生活状況であるが、このような特別な事情でないにしても、寝具や着るものを充分に持たなかった当時の農民にとっての防寒は大変だったに違いない。よって土壁で囲まれた閉鎖的な部屋にし、そこに敷いたわずかの寝具に潜りこむように寝たのであろう。これは縄文時代における竪穴住居の防寒と「隠れる」という原感覚にもつながり、そこが安心の部屋でもあった。この納戸には古くは納戸神を祀り、その屋根裏には大切な物を入れた長持《ながもち》などを置いていた。

冬の寒い時には家族が納戸に集まって寝ていたが、普段は戸主夫婦の私室であった。世代交代をして若夫婦に家督を譲るとその部屋を明け渡す。それを納戸渡《わた》し、またはシャモジ渡しとよんだ。隠居した老夫婦は、身体の元気なうちは近くに小さな納屋のような家を建て、わずかな畑を耕して暮らす場合もあった。身体が弱くなると家に戻るが、その寝室は鍵座敷の家では二つある座敷のうちの前側の部屋、前座敷の田の字の家では座敷に続く土間に面した部屋、そして併列型の家では土間からみて最も奥のツボネが隠居部屋として使われた。前二者の家では、それらの部屋は戸主夫婦の納戸とは対角線の位置にある。それはたがいの寝室を侵さないという絶妙な位置関係であった。これを対角線就寝という（青木正夫『農家の寝方《ねかた》』）。このような寝方は全国の農民の家にみられる普遍的な生活法則であった。後者の併列型の家でも、隠居部屋に使ったツボネの隣はオモテであり、そこを空けて土間に面したゴゼンやウチネで戸主夫婦が寝たから、たがいの寝室を侵すことはない。

そして子どもたちは小さいうちは親の納戸で寝るが、すこし大きくなるといたるところで雑魚寝《ざこね》をし、成長して青年になれば、若者宿《わかものやど》、娘宿《むすめやど》で村の青年たちと一緒に暮らした。このような就寝形態は明治から戦後まもなくの風景であるが、おそらく江戸時代から続いていたものと思われる。このように、農民の家と村は家族のライフサイクルにおいて見事なシステムを持っていたのである。

広間

納戸の次は土間に面して囲炉裏を備えた広間がつくられた。広間とは本来、武士の家での客との対面場所を意味するが、ここでは土間に面した茶の間的な広い部屋を広間と総称する。囲炉裏の源流は竪穴住居の真ん中にあった炉であり、それを囲んで人びとはすごしたであろうから、炉のある場所が最も古いが、土間と分離した部屋という意味で広間は納戸に次いで二番目である。

この広間の部屋名は藩によって異なり、さまざまなよび名があった。カッテ（仙台藩）、ジョウイ（盛岡藩）、チャノマ（米沢藩）、ダイドコロ（小浜、福井、人吉藩）、シモンデ（田辺藩）、シモオエ、オカッテ（諏訪藩）、オエイ（松本藩）、ナカノマ（鹿児島藩）、ゴゼン（高千穂）、ウチネ（椎葉）などである。そこは家族の食事などの集まり場所であり、また気軽な客との応対場所であり、そして農作業の場所でもあった。土間と分離した当初は、床は地面に籾殻《もみがら》と藁を敷いただけの土坐《どざ》であったが、江戸時代の中頃以降に床を上げた板間に変わる。畿内ではすでに中世末に板間になり始めていたから、それ以外の地方農村ではかなり遅れていた。

広間の大きさに藩を越えた地域性があった。概ね東日本では二〇畳前後もあるが、西日本では十畳前後であった。それはなぜか。江戸時代後期の農民の平均家族人数は東日本、西日本ともに四〜六人ほどで、その差はあまりなかったから家族人数からの影響は考えられない。

一つは、武士の家でものべたが、囲炉裏の使い方の違いであろう。武士の家では、東日本の家には囲炉裏があったが、西日本の家にはそれがなく、竈だけであった。これにくらべて農民の家には、東日本、西日本ともに囲炉裏があった。ただし東日本の家ではそこで煮炊きをするが、西日本の家では竈で煮炊きをし、囲炉裏は採暖や湯沸かし程度に使う。この違いが広間の大きさに影響したとみられる。

二つは東日本、とくに東北、中部、北陸では寒冷気候との関係から、屋内で農作業をすることが多く、それに土間と広間が使われた。

三つは広間を広く設けるという東日本における古来からの伝統である。この伝統は九州南部の鹿児島藩や高千穂椎葉の家にもみられ、人と人との交流が何かにつけて密接であった。このような広間の背面の壁の上には必ず神棚が祀られ、また仏壇が置かれた家も多い。広間は家の象徴的な空間であった。

そして広間の囲炉裏の坐り方にも秩序があった。まず土間からみて囲炉裏の奥側をヨコザと称し、そこに戸主が坐った。戸主はちょうど神棚や仏壇を背にして坐ることになり、そこが上《かみ》座《ざ》である。戸主の妻は、土間の入口からみて囲炉裏の奥側にあたるヨコザの斜め横に坐ったが、そこをカカザと称した。そこからは土間や入口が広く見渡せ、家事を司る妻にとっては最も適した場所である。そして客はキャクザと称する土間入口側でヨコザの斜め横に坐った。土間入口からは一番近いところであり、広間の背面の神棚や仏壇がよく見える位置でもある。また囲炉裏の土間側をキジリと称した。嫁がそこに坐り、囲炉裏での煮炊きの準備や後片づけで土間と往来するのに都合のよい場所である。このような囲炉裏の坐り方はどの藩の家にも共通していた。

そして前座敷型の家の広間はしだいに前と奥の部屋に分割して田の字の間取りに変化している。その時期は、仙台藩のように江戸時代の後期に変化している藩もあれば、田辺藩のように明治になって変化した藩もある。分割した奥の部屋には囲炉裏を備えてそこを家族の集まり部屋とし、前の部屋は座敷に続く客間的な使い方をしていた。それは接客と家族空間の分離という必然的な生活法則である。

座敷

三つめは座敷である。農民の家に座敷が取り入れられるのは、江戸時代の中頃の上層農民の家に始まり、本百姓一般の家に普及するのは後期にかけてであった。京都において、江戸時代の初めに寺院や武士の家で成立した座敷はやがて地方城下町の武士の家に普及する。それがさらに農民の家に伝播した。江戸時代中頃の正徳《しょうとく》四年（一七一四）に信濃国潮村の二〇戸を調べた史料（家改帳《いえあらためちょう》）によると、座敷を持つ家は六戸の上層農民だけであり、それを板敷にしていた。その中でも天井を張り、畳を敷いている家は庄屋しかない。他の家は筵《むしろ》敷《じき》の天井なしであった。その座敷といっても、当初は床の間のない質素な部屋であったが、江戸時代後期にかけて床の間や違い棚をつくっている。

また一般農民にとっての座敷は農用空間でもあった。日常は大切な畳を上げて床板《ゆかいた》のままにし、そこに収穫物などを保管したり、また農作業にも使われた。米沢、会津藩では養蚕が盛んであったが、蚕室に座敷が日常的に使われたことはすでにのべた。そして祭祀の時には畳を敷いて客を迎えたのである。

ではなぜに座敷が一般農民の家に広く普及したのか。その理由として次の二点が考えられる。一つは、江戸時代の中頃にかけて展開した本百姓体制への変化である。それによって土地を持つ自立小農の本百姓が村の約八割を占めた。この本百姓とは、すでにのべてきたように村方三役とともに検地帳に登録され、年貢と夫役《ぶやく》を負担し、村の運営株を持つ中核農民であった。そこには一戸前の家意識が生まれ、そのことを示す表示空間として座敷の存在があった。二つは、仏事などの祭祀生活の豊富化である。幕府はキリシタン禁制のために寺の檀家になることを強要したが、同時に家の祖先祭祀を寺が担い始める。その後、寺の要望もあってさまざまな仏事と法要が慣例化し、また仏教講なども催されるようになる。さらに正月と盆の仏事も家の行事として慣習化していく。座敷はそのための重要な空間であった。

3　上手と下手

武士の家にみた表《おもて》—裏《うら》の空間秩序は農民の家では前庭との関係において前座敷型と鍵座敷型にみられ、前土間型や併列型にはない。では前土間型と併列型を含めた農民の家全体にみられる空間秩序とはどのようなものであったか。それは上手《かみて》と下手《しもて》である。

上手とは入口のある土間からみて奥の方を、下手とは土間の側を示す。農民の家の特徴は広い土間にあったから、その土間から各部屋の位置が規定されていた。まず前座敷型や鍵座敷型では、土間からみて座敷の位置は最も奥になる。併列型にしても土間から最も奥に神や仏を祀る神聖な部屋があった。また前土間型でも、入口のある土間からみて最も奥の部屋が仏間や座敷である。このように、奥に行くほど格の高い空間である。そのような空間秩序は神社にもみられ、前側には人びとが参る拝殿《はいでん》または向拝《こうはい》があって、その奥に神を祀る本殿があり、奥に行くほど神聖な空間となる。武士の家にしても、玄関を基点にすれば、玄関の間から次の間を経て座敷にいたる空間の序列は、やはり奥に行くほど格の高い部屋となっている。このように考えれば、奥に行くほど格が高く、また神聖であるという空間秩序はすべての建物に当てはまるが、農民の家ではそれを土間を基点にしているところに特質がある。

4　仏壇の成立

農民の家に仏壇が設けられるのは江戸時代になってからである。前にのべたように、幕府はキリシタン禁制にともない村人全員に寺の檀家になるように強要したが、その証しが仏壇であった。それまでの農民は仏壇や墓を持たず、神棚の横に先祖棚を設けて祖霊を祀るという素朴な信仰であった（竹田聴洲《ちょうしゅう》『日本人の「家」と宗教』）。仏壇には位牌を安置したが、それは中国の儒教において祖先の依代《よりしろ》とした木主《ぼくしゅ》（神主《しんしゅ》ともいう）に源流がある。そのかたちは位牌とそっくりである。鎌倉時代に入宋した禅僧たちによって、冠昏喪祭の儀礼様式を記した朱《しゅ》子《し》儒教の『家礼《かれい》』という教書がもたらされた。しかしその儀礼様式は日本にはまったく普及しなかったが、祖先のみたましろ（御霊代）を木主として祀ることは、仏教がおこない始めた祖先祭祀に位牌として取り入れられ広く普及していく。当初は仏壇を祖堂《そどう》、持仏《じぶつ》などとよび、仏絵や仏像と一緒に位牌を安置した。また位牌を入れる仏壇も中国における木主を入れた龕室《がんしつ》という箱に源流がある。ただし中国の木主は単に生前の氏名を書いたが、日本の位牌は戒名である。戒名とは本来修行をして戒を受けた高僧への名であったが、一般の死者にも俗名とは別にそのような名を書くようになった。すこしでも仏に近づけることを願ったのであろう。

　仏壇を置く場所には藩を越えた地域性がある。宗派に関係なく、概ね東日本の家では広間の背面に置くのが多いが（中には納戸にも置いていた）、西日本の家では、座敷の床の間の横に置くのが多い。仏壇が普及し始める江戸時代の初めは農民の家に座敷はまだなく、納戸と広間だけであったから、それまで素朴な先祖棚を広間の神棚の横に置いていたので、座敷ができても広間に仏壇を置くのは自然の流れであり、全国共通であった。その後、しだいに法事や仏教講などの客を迎える催しが増える。広い広間を持つ東日本の家ではそのまま広間に置き続けたが、西日本の家では広間や茶の間の狭さから仏壇を座敷に移したのであろう。また納戸に仏壇を置く家も東日本でみられたが、それはこの地域に古くから納戸に納戸神などを祀ってきたことから、そこに仏壇を置いたのであろう。奈良時代から江戸時代にかけての日本人の信仰は神と仏が融合し、調和する神仏習合《しんぶつしゅうごう》にあったからである。福井地方の家では納戸に仏壇を置くのが多かったが、それもこのような流れといえる。

　一方武士の家では、そのような地域性はみられず、座敷に続く次の間や仏間に置かれていた。

5　屋敷と家の方位

農民の屋敷には、土間と床上の居住部分で構成された家（母家）、馬や牛を飼育する厩舎、それに納屋と雪隠などが広い前庭を囲んで建てられていた。武士の屋敷は、城下町につくられた東西道または南北道の両側にはりつき、その家は東西南北のあらゆる方位の道に正面を向け、道と家との関係は開放的なつながりがあったが、農民の家はどうであったか。

農民の集落は山合い谷津田《やちだ》の山麓《さんろく》、河川流域の平地などにつくられたが、そのかたちは多くの屋敷が集まる塊状《かいじょう》集落、それらが点在する散状《さんじょう》集落などさまざまであった。村の道は集落の中やその近くを通っていたが、それぞれの屋敷はそこからの巾の狭い取付け道で結ばれていた。その屋敷に建つ家の向きは、多くは南か、それに近い方位であった。取付け道が屋敷の北や東西につながっていてもわざわざ家の南側に廻りこんで南入りにしていた。また山の北斜面の屋敷では、屋敷の北側に家を精一杯寄せてやはり南向きとしていた。このような家なつくり方は全国どの地域にも多くみられ、それは農業による方位性が優先されたからである。

屋敷には家の前に広い前庭が設けられた。そこでは田畑から収穫された稲、麦、粟《あわ》、稗《ひえ》、豆などの穀物を唐棹《からさお》で叩いたり、千歯扱《せんばこ》きで引き抜いて脱穀をおこない、その後筵の上で数日間日干しして乾燥させる。そのための日当たりが必要とされ、それを妨げないように家は屋敷の北側に建てられた。雨の日には家の土間でそれらの作業がおこなわれたが、ときには広間や座敷までも使った。家も日常は農用空間であった。このようにして前庭と家の土間や広間、座敷とは往来しやすいように開放的につながっていたのである。

さらに家と前庭との間には縁（濡れ縁）が多くの家で設けられていたが、そこでも収穫した穀物の乾燥場所に使っていた。また祭祀のときの大勢の客の上がり口となり、また普段の客との語らいの場所にもなっていた。

第三章　町人の家

一　町人と町屋

1　町屋の成立と普及

町人たちが住んだ町屋は平安京に始まる。大路《おおじ》、小路《こうじ》に囲まれた一町《ひとまち》（一二一・一二メートル四方）の真ん中を南北に小さな道を通し、その両側を十六等分ずつした土地が庶民の宅地とされ、それを一戸主《へぬし》とした。平安時代の中頃にかけて西の京から東の京へと多くの人が移り住むが、そのため西の京は人の住まない荒廃した状況であったという（慶滋保胤《よししげのやすたね》『池亭記《ちていき》』）。それは西の京は土地が低く、湿地であったことが理由とされている。そして後期にかけては、一町街区の道に面したところに土地が細分化されて間口二間ほどの小さな町屋が建ち並ぶ。

鎌倉から室町時代にかけては、経済と交通の発達により各地に宿場町、港町、門前町、寺内《じない》町《ちょう》などがつくられ、そこに町人たちが集まり町屋ができた。

江戸時代になると京都と大坂は商人職人の町として発展し、京都は約四〇万人、大坂は約二〇万人の人口を擁したとされる。その町屋は平安京や中世京都の町屋から発展したものである。また将軍の住む江戸の人口は、中頃には百万人を越え、最盛期で約一四〇万人に達し、ロンドンの八五万人を抜いて世界一の大都市であった（内藤昌《あきら》『江戸の都市と建築』）。江戸城周辺には各藩大名の上屋敷《かみやしき》（本邸）が置かれ、少し離れたところに下屋敷《しもやしき》（別邸または隠居邸）がつくられた。その家臣たちや幕府直参《じきさん》の旗本《はたもと》と御家人《ごけにん》などの武士が約七〇万人、社寺人《しゃじにん》が約六万人、町人も約六〇万人いたとされる（同）。武士が多くを占めたが、彼らの生活を支える町人たちも集まり、八百八町《はっぴゃくやちょう》が形成された。その町屋は京都の町屋と違って江戸独特であった。そして江戸時代の初めは全国に二〇九の地方城下町がつくられるが、藩はその中に町人地を設け、各地から町人を集めて住まわせた。その広さは武士地よりかなり狭く、大勢の町人たちがひしめき合って暮らしていた。その町屋も京都の町屋に影響を受けながらも地方藩独特の発展をしている。また農村では、商品経済の浸透により三都への物資の輸送拠点として在郷町《ざいごうちょう》ができるが、そこでも町屋が生まれた。

本章では、京都と江戸の町屋について、その歴史と特徴を比較しつつのべていきたい。

2　町人と町

ところで、町屋に住んだ町人はどのような店を開いていたのか。それを文禄《ぶんろく》二年（一五九三）の京都の冷泉町《れいせんちょう》にみよう。この時期は秀吉の時代であった。一町《ひとまち》長さの室町通《むろまちどお》りに面する両側の町屋は、東面《ひがしのつら》が三〇軒、西面《にしのつら》が二九軒とほぼ同じである（図161）。一町が約六〇間《けん》の長さであるので、町屋一軒当たり平均二間ほどの間口《まぐち》となる。その店は、油や、ゐや、ぬい物や、はりや、かさや、扇や、筆や、おり物や、具足《ぐそく》や、さかや、くすりや、きつけや、などきわめて多彩であり、それに加えて大工もいた（吉田伸之《のぶゆき》『町人と町、講座日本歴史・近世１』）。織物や扇など京都ならではの店もあるが、一般的な店も多い。そこには物を仕入れて売るだけの商人と、そこで製作して売るという職人兼商人が混在していた。とくに大工が店を構え、その数が五軒もあることが注目される。大工は建てる現場で仕事をするが、棟上げ後の造作《ぞうさく》には小物の制作も多く、それを自宅ですることもあり、そのための店であろうか。また大工仕事の合

夷川通

西面	東面
ちゃひしゃく屋	なう人
大工	なう人
具足や	いとくり
おり物や	油屋
ゑや	はいすミや
具足や	ミすや
つむきや	ぬい物や
すゝや	筆屋
［ ］屋	まきゑや
あふきや	かわや
あふきや	あふきや
あふきや	あふきや
あふきや	扇や
さやし	扇や
銭や	扇や
さかや	銀や
あかかねや	大工
まきゑや	大工
くすりや	かさや
おひや	さや屋
銭や	扇屋
ゑや	商人
ゑや	くそく屋
けさや	銭や
かわや	筆や
筆や	ぬい物や
大工	はりや
あふきや	かわや
きつけや	大工
	おひや

室町通

二条通

図161　室町通りの町屋（文禄2年）
（吉田伸之「町人と町」より）

間に桶などの指《さ》し物《もの》をつくっていたのかもしれない。このように店と作業場が一緒になった町屋は多い。

この小さな町屋が集まる町は吉田伸之氏によると、一つの地縁の町共同体であり、町人によって構成された「町中《ちょうじゅう》」が町を自主的に運営したとされる。町には「町掟《ちょうおきて》」が決められ、それには町中の平和と平等の維持や、さらに町人相互の親睦が強く謳われてれていた。町人には店持《たなも》ちと店借《たなか》り（借家人）がいたが、店借り人に対する規制は厳しく、居住が許されても町中の構成員にはなれなかったとされる。

店のない町屋風の家もあった。それを仕舞多屋《しもたや》とよび、別宅や隠居宅、妾宅など居住専用の家である。さらに裏長屋もあった。道に面して町屋が建ち並ぶ表通りから細い路次《ろじ》（江戸時代は路地のことを路次と称した）で奥に入ったところに建ち、町屋で働く番頭《ばんとう》、手代《てだい》や下人下女、店を持たない職人たちなどが住んでいた。

二　江戸時代前の町屋

図162　平安京の町屋（年中行事絵巻より）

図163　平安京の町屋（年中行事絵巻より）

1　古代の町屋

平安末期に描かれた年中行事絵巻には町屋がすこしみられる。図162は広い通りに面した町屋であり、祇園御霊会《ぎおんごりょうえ》の行列が通る風景を描いている。間口二間、奥行き二間の家であり、奥行き方向の前と奥の半間が庇（下屋《げや》）になっている。つまり梁間《はりま》一間《いっけん》となる。屋根は板を葺いた上に丸太材で押さえた素朴なつくり方である。柱は地面に直接埋める掘立て、表通りに面した壁は腰部分を網代《あじろ》（竹皮、杉板などの薄板を斜めに編んだもの）でつくり、その上の高窓（壁の上部の窓）には半《はじ》蔀《とみ》（蔀《しとみ》戸の一部、壁の上半分の窓に格子状の板戸を外側に吊り上げたもの）を設けていた。入口は内開き戸で、のれんが掛かる。入口のところのそで壁の上は竹を縦横に組んだ格子窓であった。そこを入ったところが通り庭（土間）である。高窓の向こうに通り庭と仕切る舞良戸《まいらど》（板戸）が見えていることから、高窓のところは床上のようである。床上は前と奥に分かれ、前が店、奥が寝室ではなかったか。その店から僧侶や庶民たちが行列を見学している。

図163はすこし間口の広い町屋であり、それは二間半ほどである。通り庭の入口付近に木臼《きうす》を二つ並べ、その上に板を載せて桟敷《さじき》にし、そこに男女が坐って見学をしている。そで壁のある一間巾の通り庭から高窓の部屋との間の舞良戸がはっきりと見え、やはりそこが床上の部屋であることがわかる。

2　中世の町屋

室町末期の京都の町と郊外の風景を描いたものに『洛中洛外図』がある。そこから町屋をみよう。

小川通りの町屋

図164は一町街区の廻りに建つ町屋の風景である。ただし一町の片側に三〇軒ほどあったとみられる町屋は、町全体を縮小しているから四軒ほどしか描かれていない。手前（東）の小川通り、右手（北）の今出川《いまでがわ》通りに囲まれた街区である。それをみると、前にみた平安京の町屋から約三五〇年もたっているのにその大きさはほとんど変わっていない。間口はどの町屋も二間であり、奥行きも二間である。また外壁は土壁に変わっているが、屋根は板葺きのままである。しかしその葺き方に進展がみられる。巾一〇センチ、長さ六〇センチほどの薄板を張り、その上に縦横に押え木（または竹）を通して屋根板が反ったり、はがれたりするのを防ぎ、さらに重みとして丸石を乗せている。屋根の棟（屋根の頂上部）には十数本の青竹を丸く束ねたものを

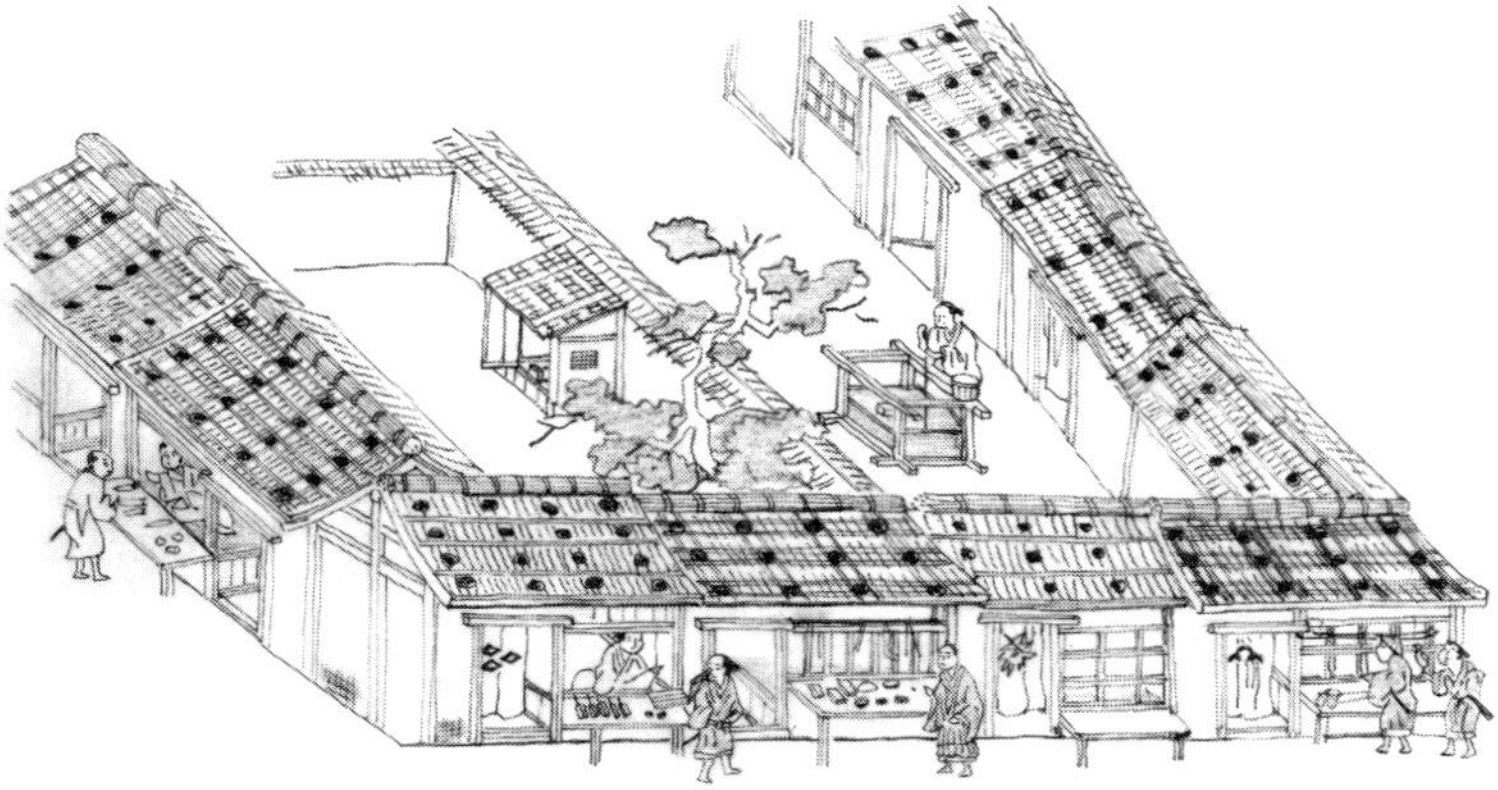

図164　小川通りの町屋（洛中洛外図・町田本より）

使っている。竹は木板より腐りやすいが、家を豪華に見せる棟飾《むねかざ》りとして使用したのであろう。棟飾りとは、板葺きや茅葺き屋根の棟を装飾したものをいい、棟を雨、風から保護する役割もあった。そして柱は依然として掘立てである。

まず手前の小川通りに面した左端の家は扇屋である。そで壁のついた入口にはのれんが掛けられているが、それに定紋《じょうもん》を染めるようになった。他の町屋も同じである。入り口を入ると通り庭であり、右側一間が床上となっている。その手前が見世《みせ》（京都では店のことを見世、江戸では店と称していたので、以後その名称を使う）であり、外の揚見世《あげみせ》にも商品の扇を並べている。揚見世とは、見世の外に置いた台のことで、それを仕舞う時は足を折り畳み、台を上に立てていた。そして見世の奥は寝室であろう。奥行き二間しかないから、見世と寝室はともに一間四方（二畳）の狭い部屋であったとみられる。

その左上の家は魚屋で、右端の家は弓屋である。それらの家にも揚見世がある。窓には格子《こうし》をはめているが、そのかたちは竪桟《たてざん》だけの竪格子と竪桟と横桟で構成されたものとがある。後者の格子は狐格子と称され、町屋全体ではこの格子が多い。ともに格子桟の間は広く空けている。隙間を広く空けて通りから見世の中を

図165　室町通りの町屋（洛中洛外図・町田本より）

よく見えるようにしたのであろう。

町屋で囲まれた街区の中は裏庭であり、真ん中の仕切り塀の両側に共同便所と共同井戸があった。便所は大便所一つで、まだ小便所はできていない。また井戸水は釣瓶《つるべ》を手に持って汲んでおり、やぐらを建て、滑車で汲むようになるのはずっと後である。このような裏庭へは、路次《ろじ》をつくらなくても町屋が通り庭なので、それぞれの家から出入りができた。一方、一《ひと》町《まち》街区の中に公家や武士の大きな邸宅が建てられていたところも多い。その場合は表通りに面するところに数軒の町屋が張り付いて建てられ、邸宅と隣り合わせにあった。

室町通りの町屋

図165は手前の室町通りに面した一町街区の町屋群で、左手が上立売《かみだちうり》通りである。それをみると、一部の町屋で二階がつくられていた。二階の窓には竪格子があり、その壁は板張りのようである。また家と家との境には屋根面よりすこし突き出した小屋根の卯建《うだつ》もつくられていた。防火のためともいわれてきたが、屋根は藁か茅葺きであるのでその役割はない。おそらく飾りか家の身分の象徴ではなかったか。また一部に棟瓦を葺く家もある。それは卯建の付いた家にみられ、青竹を束ねた棟飾りでは卯建が強調されないからであろう。

手前の右端の家は扇屋であり、そこから左に二軒隣の家は漆屋である。ともに揚見世があり、格子の下を広く空け、商品の出し入れや代金を受けとるのに都合のよいようにしている。この街区の裏庭にも共同便所があり、その奥には水溜《みずだめ》もあった。井戸がないのでどこからか汲んで溜めておき、それを各家で利用したのであろう。

三　江戸時代の町屋

1　江戸の町屋

江戸時代初めの町屋

ここでは寛永期（一六二四〜）に作成された『江戸図屏風』からみていこう。それ以前の慶長六年（一六〇一）の大火の前は町中草葺き（『守貞漫稿《もりさだまんこう》』による）とされ、町屋の屋根は藁や茅葺きばかりであったが、大火後には板葺きに変わる。そしてこの図が描かれた寛永期になると瓦葺きもすこし増える。

神田の町屋

まず図166は神田の町屋である。それをみると間口は一間半で、半間巾の通り庭と一間巾の店がある。店の奥に障子があることから、その向こうは寝室であったとみられる。奥行きは二間

図166　神田の町屋（六曲一双江戸図屏風より）

ほどであろうか。左端の家は入口に掛けたのれんに竹屋と印し、店の表には竹すだれを吊るしている。その右の店には箱膳や三方《さんぼう》などを置いていることから小物屋であろう。

さらに右の店の前には揚見世《あげみせ》（江戸では揚縁《あげえん》という）のような台を置いている。これらの店には京都の町屋にみた格子はなく、店の前は全面開口であった。よって店を閉める時は板戸をはめたのであろう。屋根は本屋と庇（下屋）で構成され、本屋部分がすこし高い中二階となっている。その屋根葺き材は両側の町屋が瓦葺きで、真ん中の町屋は本屋が板葺き、庇が柿《こけら》葺きである。町全体では板葺きから瓦葺きへと変化しつつあった。外壁も、瓦葺きの町屋は大壁方式の塗り壁（しっくい塗り）であり、また卯建も設け、その小屋根は瓦葺きと板葺きになっている。防火性をしだいに強化していた。

次に、前と同じ町の神田であり、大通りに囲まれた街区全体の風景が図167である。京都の街区は一町《ひとまち》（約六〇間四方）の正方形で統一されていたが、江戸の街区は縦行きが六〇～六六間、横行きが二〇～六九間とまちまちで、長方形街区も多くあった。この図も縦に長い長方形街区である。また京都の洛中洛外図のように、街区の巾を縮小して町屋を大きく描くために三～四軒の町屋しか描かれていないが、実際には数十軒の町屋が建ち並んでいた。

それをみると大きい町屋もつくられていた。手前右角の町屋は手前側と右側の二カ所に入口

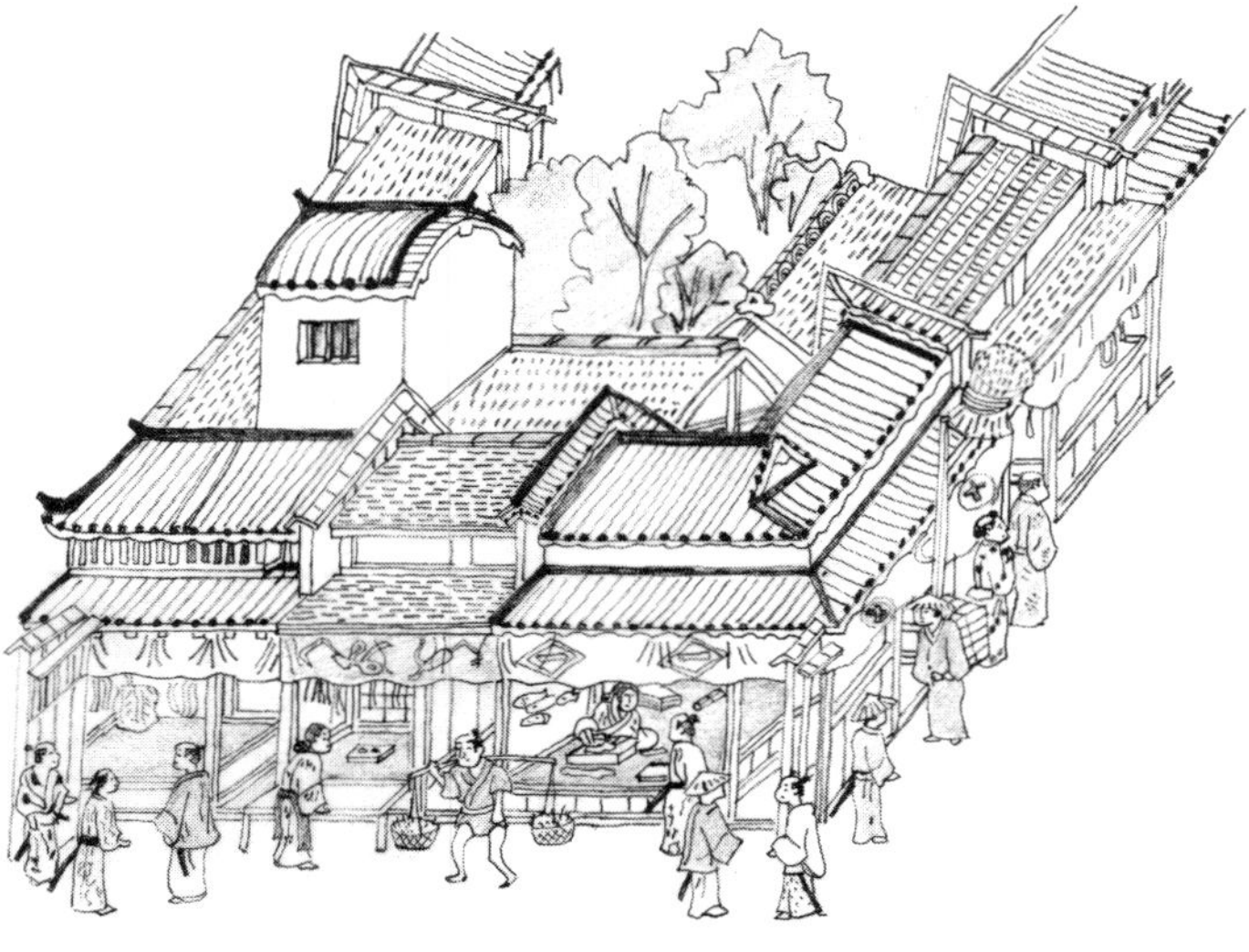

図167　神田の町屋（六曲一双江戸図屏風より）

があり、手前側は間口二間で、右側が三間のようである。屋根も瓦葺きの入母屋にしている。室町末期の京都町屋はほとんど切妻屋根であったが、江戸ではすこし豪華な屋根がつくられていた。のれんの定紋が手前の店と右側の店と違うので、大きな町屋を建て、店の一つを貸していたのかもしれない。町屋が建ち並ぶ街区の中（裏庭という）には白壁の蔵や板葺きの切妻屋根の建物があるが、それらを裏屋《うらや》という。有力町人が住む住居などであったとみられる。

　このように町屋といっても、そこには店持《たなも》ち町人もいれば、店借《たなか》り町人もおり、また町屋に住む町人もいれば、通い町人もいた。さらに町屋を店だけにして裏庭に住居や蔵を建てる町人もいた。町人の階層は急速に多様化が進んでいた。また裏庭にはその後、茶屋や裏町屋、裏長屋も建てられ、そこへは小さな路次で表通りから出入りした。

日本橋の町屋

図168は日本橋の町屋風景である。特徴的なのは、庇

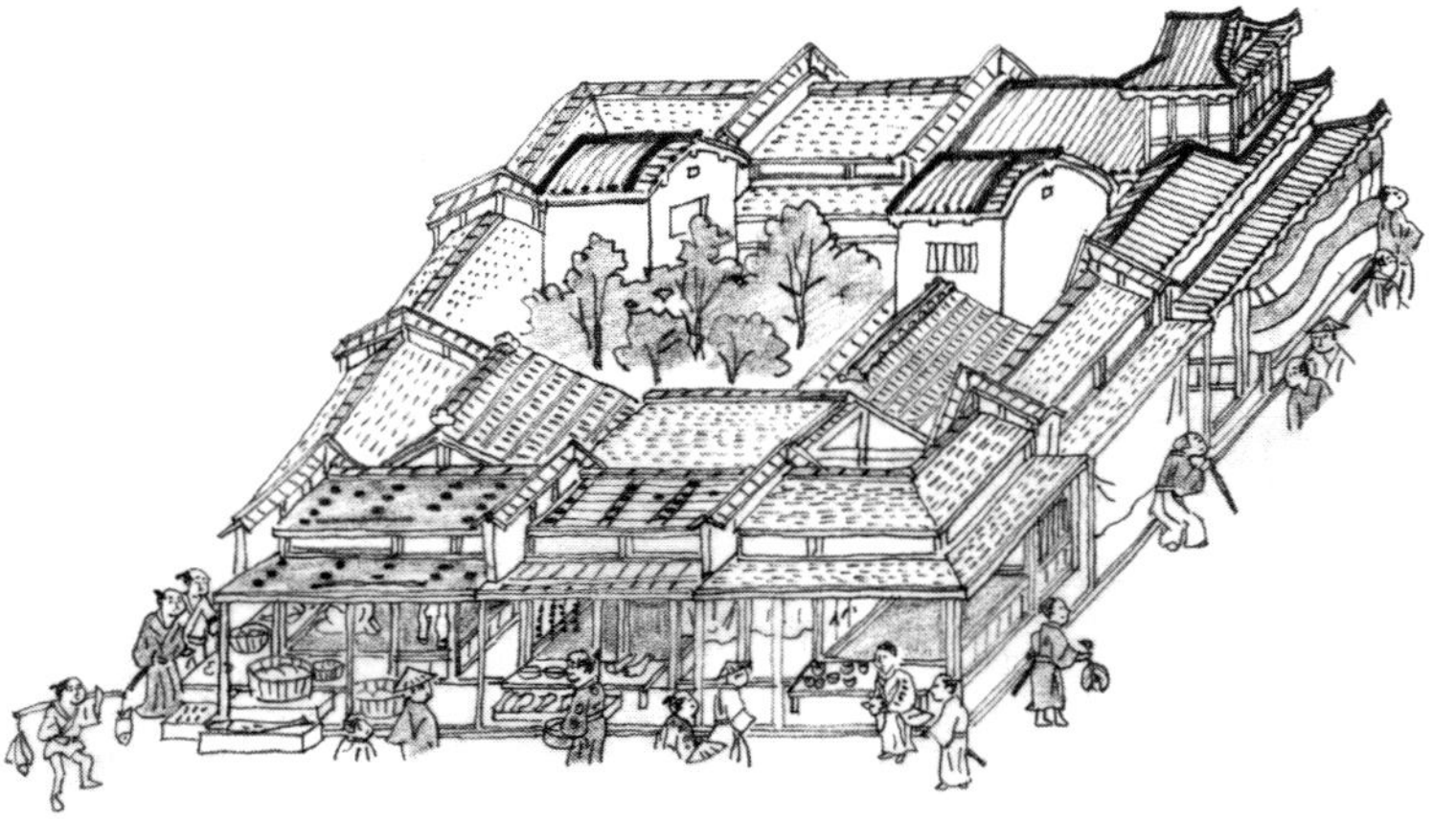

図168　日本橋の町屋（六曲一双江戸図屏風より）

の下を横方向にも歩ける通路にし、そこに商品を多く並べ、また買物もしやすくしている。いわゆる雁木《がんぎ》であり、江戸町人たちの創意工夫がみられる。雁木は新潟や青森でみられる雪国の特徴的空間であるが、すでに江戸の町屋でつくられていた。左端の町屋は魚屋であろう。また右上隅の大きな町屋の屋根には隅櫓《すみやぐら》がつくられていた。隅櫓とは、城の曲輪《くるわ》（堀）の角に面した城郭の屋根につくられた櫓のことをいうが、それをそっくり真似ていた。当時の有力町人の旺盛な上昇志向をそこに見る。街区の中に樹木が生い茂ったところがある。そこは会所《かいしょ》といって共同の広場であった。

ところで蔵の屋根は半円形に曲がっているが、このような屋根を起《むくり》という。その源流は、寝殿造《しんでんづくり》における中門廊《ちゅうもんろう》に設けた客入口（妻戸）の小屋根の唐破風《からはふ》にあった。その後、城郭の屋根や大名館、武士の家、寺院などの玄関屋根に格の高い屋根として取り入れられている。この江戸図屏風においても、大きな町屋、遊廓、銭湯の屋根にもみられる。ところが多くの人が出入りしない蔵をなぜ起屋根にするのか。前の図を含めて蔵をよくみると、その周りの建物より高くし、上には連子《れんじ》（一定間隔でとりつけた格子）のような窓がある。おそらく二階があり、

図169　吉原の揚屋（六曲一双春秋遊楽図屏風より）

そこは隅櫓のような望楼《ぼうろう》ではなかったか。そのような蔵の屋根飾りとしてつくったものとみられる。江戸町人のこころ意気と遊びごころであろう。

吉原の揚屋

図169は吉原の揚屋《あげや》の風景である。揚屋とは遊廓の一つであった。座敷には多くの遊女たちと町人とが酒を呑み、三味線を弾いたりして戯れている。その座敷には床の間と袋棚を設けている。このような座敷は、桃山から江戸時代初めの京都の武士の家で成立したが、さっそく江戸の遊廓にも取り入れられていた。地方城下町の一般武士の家で座敷が普及するのは中頃であり、農民の家では後期にかけてであった。それよりもずっと前の江戸時代初めの寛永期に一部の町屋でつくられていたのである。その床の間と袋棚の背面の壁は模様入りの壁紙を貼っている。武士や農民たちのそれは素朴な土壁や砂壁であった。吉原町人たちの貪欲なまでの奢侈《しゃし》志向をそこに見る。また広い縁側には欄干の付いた月見台も設けていた。その床は竹でつくった風流なものである。これも古代の貴族の家にあったから、その流れである。違うのは、そこに手水壺《ちょうずつぼ》を置き、その傍に手

図170　新橋の町屋（八曲一双江戸名所図屏風より）

拭きを掛けている。おそらく縁の先に便所があって、用を足した後にそこで庭を眺めながら手を洗ったのであろう。

職人たちの作業風景

町屋の店は職人たちの作業場でもあったが、その風景も詳しく描かれている。図170は新橋の町屋の一角で、左端の店は指し物屋である。店では文机の天板の反りを直しており、その前では、どこかに納品するのかそれを縄で括っている。その右の店は漆屋である。重箱の内側に漆を塗っている様子。そばには仕上げた数々の模様入りの重箱が置かれている。この町屋は通り庭の両側が店となっている。

図171は神田明神の鳥居近くの町屋である。左の店は米屋であろう。揚縁まで広げた筵の上で、仕入れてきた米の不純物をより分けている様子。この町屋の屋根には風抜きの越し屋根がつくられていた。右の店はそば屋であろうか。まな板の上で練ったそば粉を丸棒で引き延ばしている様子。横にはそれを手伝う女房らしき姿もある。そばは江戸時代によく食べられ、下級武士の家では元旦の朝に屠蘇《とそ》で祝い、その後にそばを食べていた。

図172は銀座の町屋である。左の店は軸物屋《じくものや》であり、夫婦らしき二人でそれを作製中である。壁には商品の掛軸をかけている。その右の店

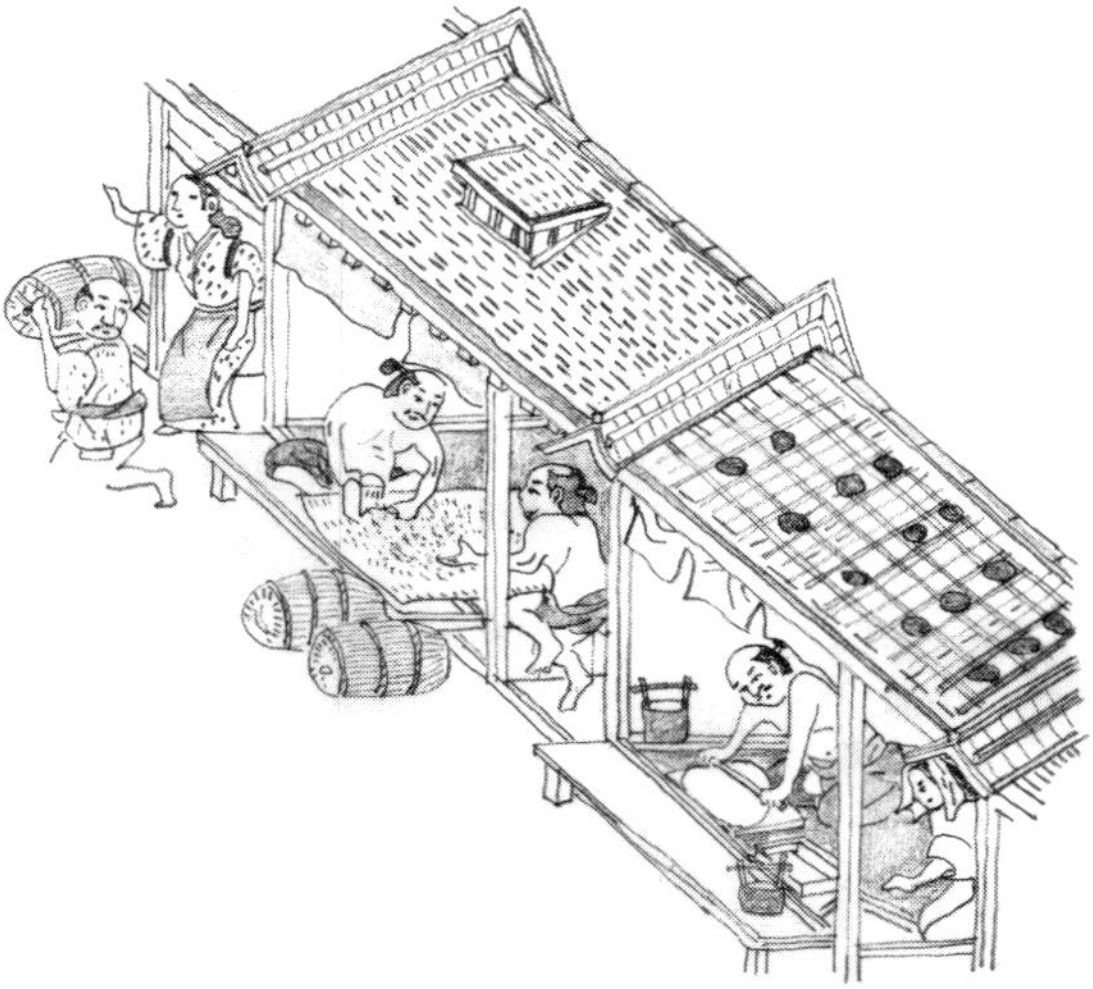

図171　神田明神の町屋（八曲一双江戸名所図屏風より）

図172　銀座の町屋（八曲一双江戸名所図屏風より）

図173　浅草の町屋（六曲一双江戸風俗図屏風より）

図174　浅草の町屋（六曲一双江戸風俗図屏風より）

は足袋《たび》沓屋《くつや》である。足袋沓とは足袋のようなかたちをした沓（靴）のことで、主に役人が市中を検見するときや駕籠《かご》かきたちが使った。それには黒塗りと赤塗りがあった。通り庭を挟んで両側に店があり、右の店で布を切り、左の店ではそれを縫製しているようにも見える。その通り庭の上には唐破風《からはふ》の小屋根がある。その源流は寝殿造にあったことは前にのべたが、それが有力町人の町屋まで普及していた。

　図173は浅草近辺の町屋であり、左の店は伽羅油屋《からゆや》である。伽羅油とは江戸初期に京都の久吉なる者が売り始めたとされる女性の鬢《びん》つけ油の高級品のことで、香木《こうぼく》（伽羅）のよい香りがする。店の奥の棚には大小色々な容器があり、その中から小出しで売っていたのであろう。その右の店は指物《さしもの》屋《や》である。ここでは桶や盥《たらい》をつくっている。左の男は薄くはいだ板を丸めており、右の男は盥に使う板を削っている。その町屋に連続する図174の左の店は織物屋であり、数人の女性たちが機織りで布を織る。右側には組糸を紡ぐ女性もみられ、その奥の棚には商品のさまざまな組糸が置かれている。それを切り売りしていたのであろうか。右の店は縫物屋である。布に刺繍のような模様を縫っている。

　室町末期の京都町屋では扇屋が多かったが、江戸にもあった。それが図175である。男が扇の芯枝をつ

図175　扇屋の風景（六曲一双江戸風俗図屏風より）

くり、女性が台の上に扇の紙を広げて芯枝を貼りつけ、揚縁に坐る女性がそれを調整しているように見える。通り庭には傀儡師《くぐつし》（あやつり人形使い）が訪れている。

このように江戸の町屋も京都と同じく、さまざまな職人兼商人たちが店で品物をつくり、それを売っていた。その作業は表通りを行き交う人々からもよく見え、活気ある町の風景が展開されていた。

江戸時代後期の町屋

以上にみた江戸の町は、明暦《めいれき》三年（一六五七）の大火によってほとんど焼けてしまう。ここではその後の江戸時代後期の町屋を二つの史料からみる。一つは天保五年（一八三四）の『江戸名所図会』、二つは嘉永六年（一八五三）の『守貞漫稿』である。前者は江戸の風景を松濤《しょうとう》軒《けん》斎藤長秋《ちょうしゅう》以下三代が三十数年かけて現地調査をし、詳細なスケッチを残している。後者は喜多川守貞が数年かけて江戸と京坂を行き来し、その地の風俗を見聞し詳細に記録した。ともに貴重な史料であり、町屋に関することも多いので、それをみていく。

巨大町屋の台頭

図176は神田駿河町《するがまち》の町屋の風景である。大通りからは駿河の国にある富士山が遠望でき、それゆえ駿河台と名付けられたという。その両側の町角には三井呉服店（越後屋）の巨大な町屋が縦横に建っている。その規模は、図からみて縦通りに面するところはおよそ間口十五間ほど、横通りはわからないが、おそらくそれぐらいの長さであろう。屋根は瓦葺きで、棟瓦を高く積

図176　神田駿河町の町屋（江戸名所図会より）

み上げている。中二階の部分には竪格子が横に連続し、また三井の定紋《じょうもん》が入ったのれんも横に続く。その外観はすこし威圧的である。この町屋風景には、寛永期の町屋にみた隅櫓《すみやぐら》や庇下の雁木《がんぎ》はない。寛永期の町の華やかさや面白さに比べて単調な町並みとなっている。

江戸時代の中頃にかけては一部商人の急成長が始まり、さらに高利貸業とも結びついて巨大な拡大をするが、三井はその筆頭であった。そのことは吉田伸之氏の著書（町人と町『講座日本の歴史・近世1』）に詳しいが、それを参照し町屋の巨大化を概略してみたい。

三井呉服店の最初は本町に本店と新店の二つの店を構えていた。それは延宝《えんぽう》期（一六七三〜）の頃であった。その町屋の規模は、本店が間口一丈《いちじょう》と奥行き十一間、新店が間口九尺と奥行き八〜九間で、いずれも店借り（借家）であったとされる。本店の間口一丈とは十尺、すなわち一間半強であり、新店は九尺だから一間半である。この間口は前にみた江戸時代初めの『江戸図屏風』に描かれていた一般的な町屋の間口に相当し、この図が正確であったことを示す。ただし奥行きの長さが十間前後もあり、その図でみた町屋の奥行きよりも長い。明暦の大火で焼失した後に建てられた町屋は、間口の大きさはそのままにし、奥行きを拡大したものとみられる。その後、天和《てんな》三年（一六八三）に駿河町に移転するが、そこで間口三間余の町屋を買い、それまでの呉服店に加えて両替店も開く。とすればこの時期は、それまでの一間半ほどの狭い間口の町屋に加えて三間の大きい町屋も建てられていたことになる。さらに三井は本町の名門松阪屋を吸収合併し、そして駿河町にあった二軒の本両替商の町屋敷も吸収して図176にみる巨大な町屋が形成された。

吉田氏は、巨大化を遂げていく三井商人の論理の下《もと》にそれまでの町は屈伏させられていくが、その一方で、それまで町中から排除されていた多くの町屋の借家人たちが新しい町の形成に参画し、さまざまな地縁、職縁的仲間組織をつくり、その活動は町を越えて展開していったと指摘している。それは町共同体の再編成であった。

通り庭の消滅と新しい町屋

三井の巨大町屋では店の内部の様子がわからないが、それがわかる図を次にみていこう。ここでの主な視点は、京都町屋にみる通り庭が江戸時代初めの江戸の町屋にも継承されていたが、大火による焼失後はどのようになったかである。

図177は大傳馬町《おおでんまちょう》の木綿屋である。のれんの下から内部の様子が少しわかるが、入ったところが土間であり、床上の店は左から右へと続いており、通り庭がないようである。腰壁はナマコ壁であった。寛永期の町屋にはなかったから、焼失後の町屋でつくられたものであろう。

図178は今川橋付近の町屋である。瀬戸物屋であり、店から外にまで壺《つぼ》、七輪《しちりん》、火鉢《ひばち》や茶碗《ちゃわん》な

図177　大傳馬町の町屋（江戸名所図会より）

図178　今川橋付近の町屋（江戸名所図会より）

どを並べている。これをみても通り庭はなく、店の間口全体が床上であることがわかる。外壁は塗り壁で、中二階の格子窓の外に両開きの分厚い防火戸があり、町屋の防火性が一段と高められていた。

以上にみた図より十九年後につくられた史料（守貞漫稿）にみる町屋が図179である。さらに内部の様子がはっきりとわかる。右手の町屋は入ったところに奥行き半間ほどの土間があり、左側に床上の店が表に突き出し、その前には揚縁を設けている。ここでも通り庭は消滅していた。二階は中二階ではなく、本二階となっている。壁は下見板《したみいた》（板の長手方向を横方向に少し重ねて張ったもの）である。それは明治から戦前までの中流住宅の壁として多用された。左手の町屋は見世土蔵《みせどぞう》と称し、土蔵造りになっている。この町屋も店の前側が土間になっていた。その町屋の奥の裏庭には、板塀に囲まれた瓦葺きの大きな住居の建物が見え、大きな町屋では店と住居が分かれていた。二つの町屋のあいだには木戸が見えるが、江戸の表通りの四つ角や三つ角にはこのような木戸があった。その横に自身番所がある。それは町ごとに設け

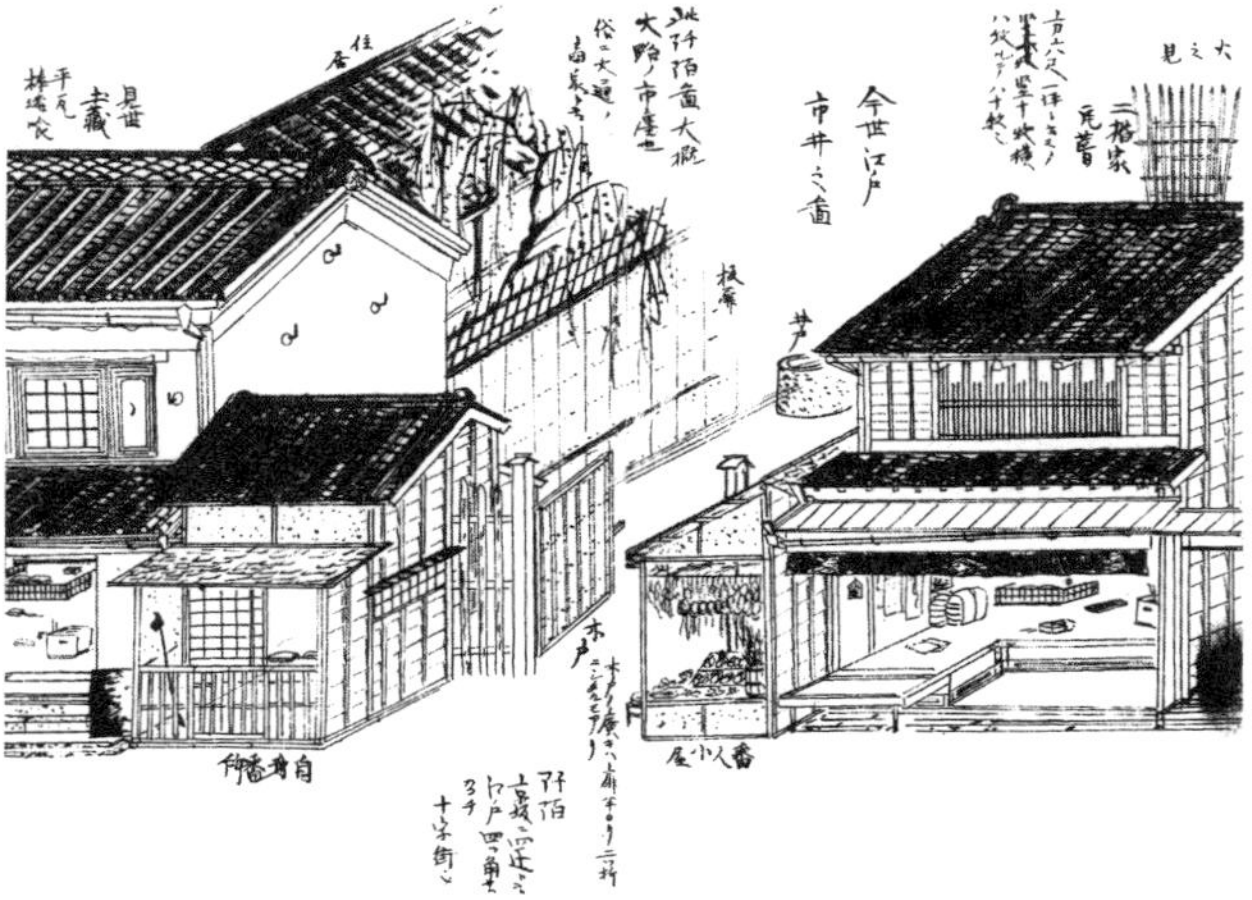

図179　江戸の町屋（守貞漫稿より）

られ、町務をする町代《ちょうだい》や町内警備をする番人の詰所であった。そのそばには髪結所《かみゆいしょ》や井戸もあったという。右手の町屋の右横は裏庭へ行く路次のようであり、その上には小屋根（庇）がかかっている。路次といえどもその入口にはささやかな構えがされていた。

町屋と住居

図180は幕末頃の町屋の平面である。前図でみた町屋と裏庭の住居との関係や路次についてがさらによくわかる。北の表通りに面して小さな町屋が建ち並ぶ。間口は一間半から二間半までまちまちで、奥行きは二間と三間である。右端の大きな町屋は間口が四間もあり、奥行きは二間半である。その奥には中庭を挟んで裏屋の大きな住居が続き、町屋と住居は縁で行き来する。町屋の店は床の間を備えた九畳の広さで、その表側が半間巾の土間のようである。これまでにみた町屋と同じであり、通り庭はない。左には二階への上がり口があるので、二階建ての町屋であった。裏庭へ行くにはその町屋の左に一間巾の路次があり、そこから入る。その路次を入ったすぐ右手には住居へ入る広い土間

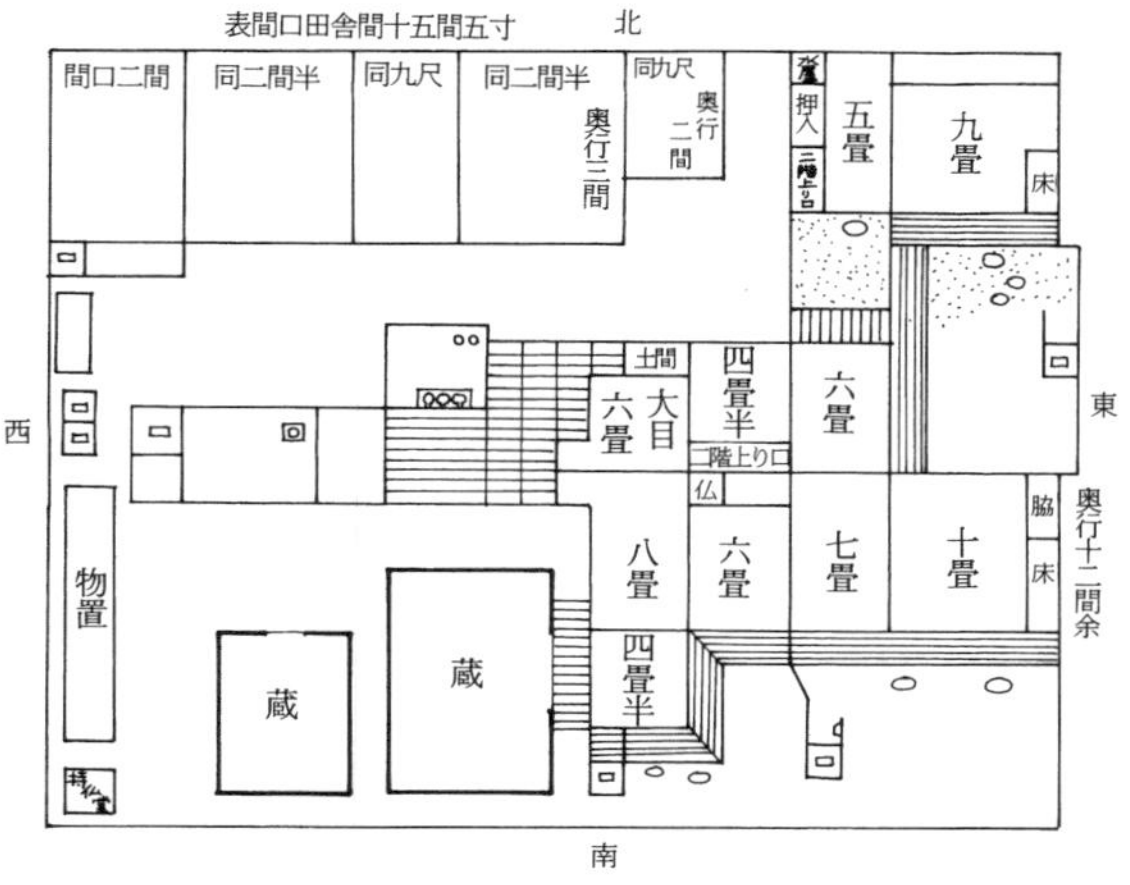

図180　江戸町屋の平面（太田博太郎『図説日本住宅史』より）

玄関があり、そこから店にも住居にも行けるようになっている。また左には小さな土間の勝手口があって、台所へといたる。住居の南側には床の間と床脇を備えた十畳の座敷があり、それに続いて次の間、仏壇のある部屋などが庭に面して並ぶ。その左にはこの家の二つの大きな蔵がある。一方、別棟の住居を持たない小さな町屋も多くあったが、そこでは住居も兼ねていたのであろう。裏庭の左端にはその町屋に住む町人のための共同便所もあった。

裏庭の裏町屋

表通りに面する町屋と裏庭の住居の間取りについてはわかったが、次に裏庭に建つ町屋、すなわち裏町屋をみよう。それは表通りから入った路次に面して建てられていた。図181はその外観である。右の本二階の町屋は一階が店で、二階は住居であろう。欄干（手すり）の付いた物干場があり、その上に着物などが吊るされている。店には大根や牛蒡《ごぼう》、芋のようなものを並べており、野菜屋ではなかったか。表通りの町屋と同じく土間は前側にあり、通り庭はない。右端の建物もこれに続く家とみられ、そこは台所であろう。

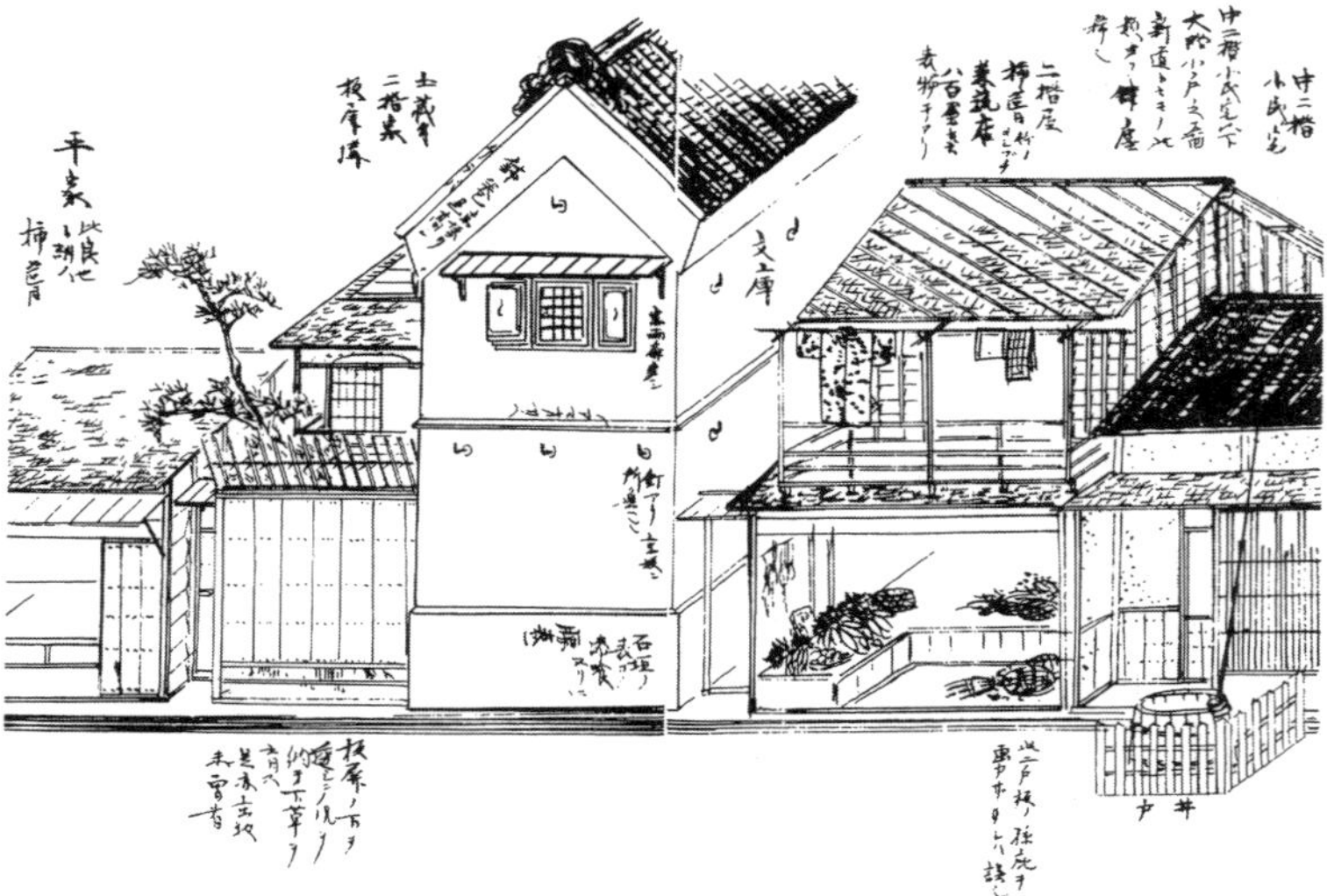

図181　江戸の裏町屋（守貞漫稿より）

竪格子があり、その左が勝手口に見える。屋根は本二階の建物が上と庇ともに柿葺《こけら》き、右の建物は上が瓦葺き、庇は柿葺きである。その左には、大きな蔵と板塀に囲まれた住居が見えるが、それらは表通りに面した大きな町屋の裏庭の建物であろう。さらに左の家も平家の小さな町屋であり、やはり店の前に巾半間ほどの土間がある。その屋根も柿葺きである。このように表町屋に囲まれた広い裏庭にも多くの裏町屋が建てられていたが、店は表町屋と同じく全面開口で、格子はない。その屋根は表通りの町屋が瓦葺きであるのに比べて柿葺きが多い。そして土蔵は寛永期の江戸図屏風にみた優雅な起《むくり》屋根から単純な屋根に変化している。

江戸の仕舞多屋

図182は裏庭に建つ本二階の町屋風の住居であるが、浄瑠璃師匠などの家に多いという。よって店のない町屋、すなわち仕舞多屋《しもたや》であった。家の正面には一、二階とも全面に竪格子をはめている。その左手の中二階

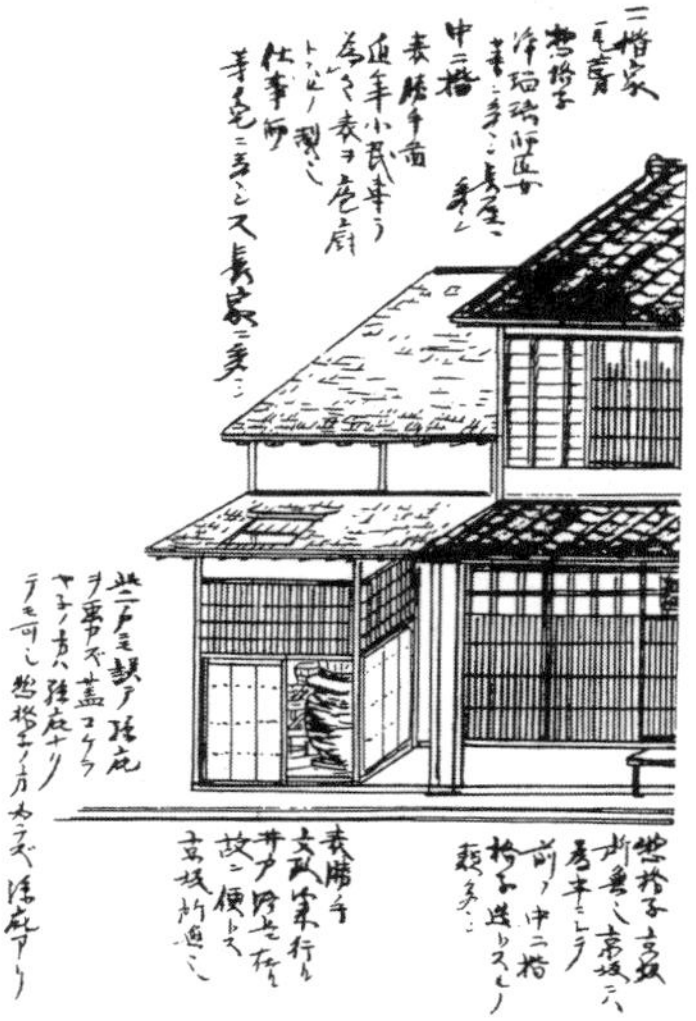

図182　江戸の仕舞多屋（守貞漫稿より）

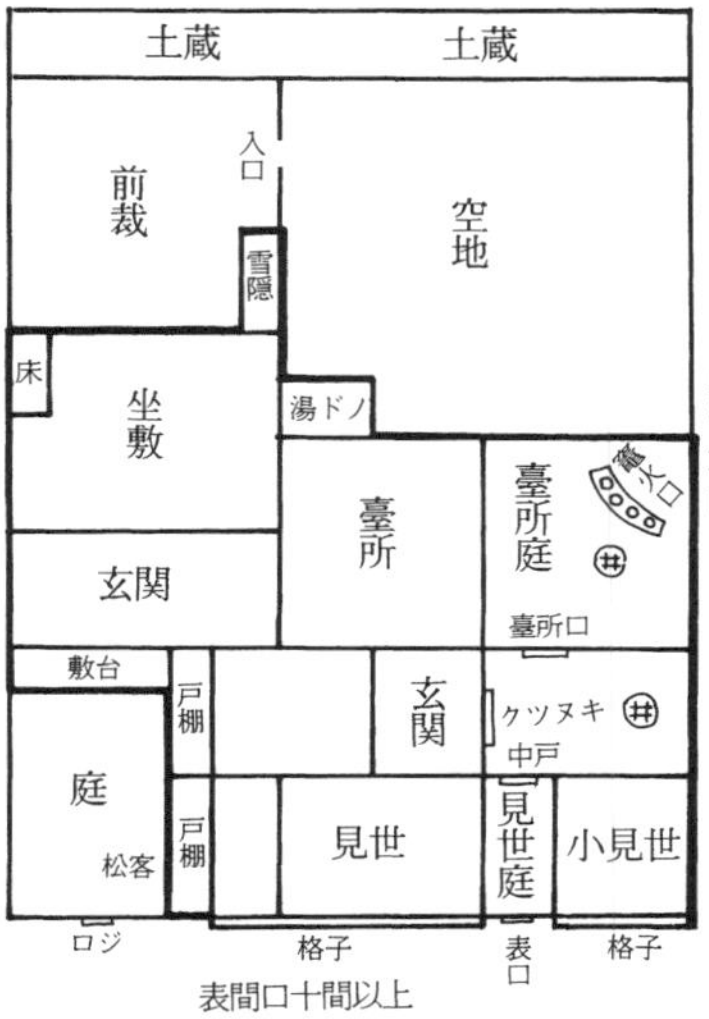

図183　京都の巨戸町屋（守貞漫稿より）

の建物は表勝手と称され、その家の台所へとつながる。

2　京都の町屋

町屋発祥の地、京都の江戸時代の町屋はどうであったかを守貞漫稿からみよう。それによれば江戸時代後期の京都の町屋は巨戸《きょこ》（大きい町屋）、中戸《ちゅうこ》（一般の町屋）、小戸《しょうこ》（小さな町屋）の三つに分かれる。

巨戸――大きい町屋

まず巨戸の間取りが図183である。それは間口十間以上の町屋に多いとされる。間口十間以上とは、前にのべた江戸の三井呉服店のような巨大町屋をいうが、京都でもそのような町屋があったことを示している。事実、江戸の三井呉服店は京都室町通りにも京都本店を構え、宝永元年（一七〇四）に冷泉町《れいせんちょう》に移転し、その南隣の井筒屋の地面であった町屋を買収しようとしたが、その規模は間口六間二尺であったとされる（吉田伸之『町人と町』）。このことは、室町末期のほとんどの町屋が間口二間であったから、この京都でも江戸時代中頃には有力町人の台頭があり、その町屋の規模が急速に拡大していたことがわかる。そして三井は江戸と同じように巨大化を進めていたが、その方法は周辺の町屋を買収して土地を拡大し、そこに新たに巨大な町屋をつくるというやり方であった。

そこで巨戸の間取りをみると、表口から入ると土間の見世庭があり、その両側に床上の見世がある。このような見世構えは室町末期の町屋にはなかったから、江戸時代になってからのことである。そして両側の見世の表側はどちらも格子を全面にはめている。同時期の江戸の町屋には格子はなく全面開口であったから、それとは異なる。見世庭を奥に行くと、玄関前の庭から台所庭へと続き、京都町屋の伝統の通り庭が維持されている。これにくらべて江戸では、初期の町屋には通り庭があったが、後期の町屋ではそれが消滅して表側全面が店となり、土間は買物客のために店の前にすこしだけあったから、このことも異なる。

間取りは見世部分と住居部分とが一体であるが、屋根の棟は表と奥の二つに分かれ、その表の棟はすべて中二階であり、奥の棟は一部二階で、そこは座敷であったという。一階の座敷は主人の日常的居場所であり、大切な客はその二階の座敷で対応したのであろう。明治以降の関西地方の戸建ての中流住宅では、二階に本座敷を設けるのが多いが、それはこの町屋の流れである。図に記された玄関とは玄関の間のことであり、その前に沓《くつ》脱ぎ石があって、そこでも気軽な商人との商談がおこなわれた。その左の部屋が茶の間的な部屋であって、家族の日常的な集まり場所とみられる。背面に戸棚があるが、そこには箱階段もあって中二階に昇れるようになっている。その奥に台所と座敷がある。台所では家族や手代たちが食事をした。座敷は戸主の部屋であり、また商談客との応対の場であった。よって妻や子どもたちは中二階にいたので

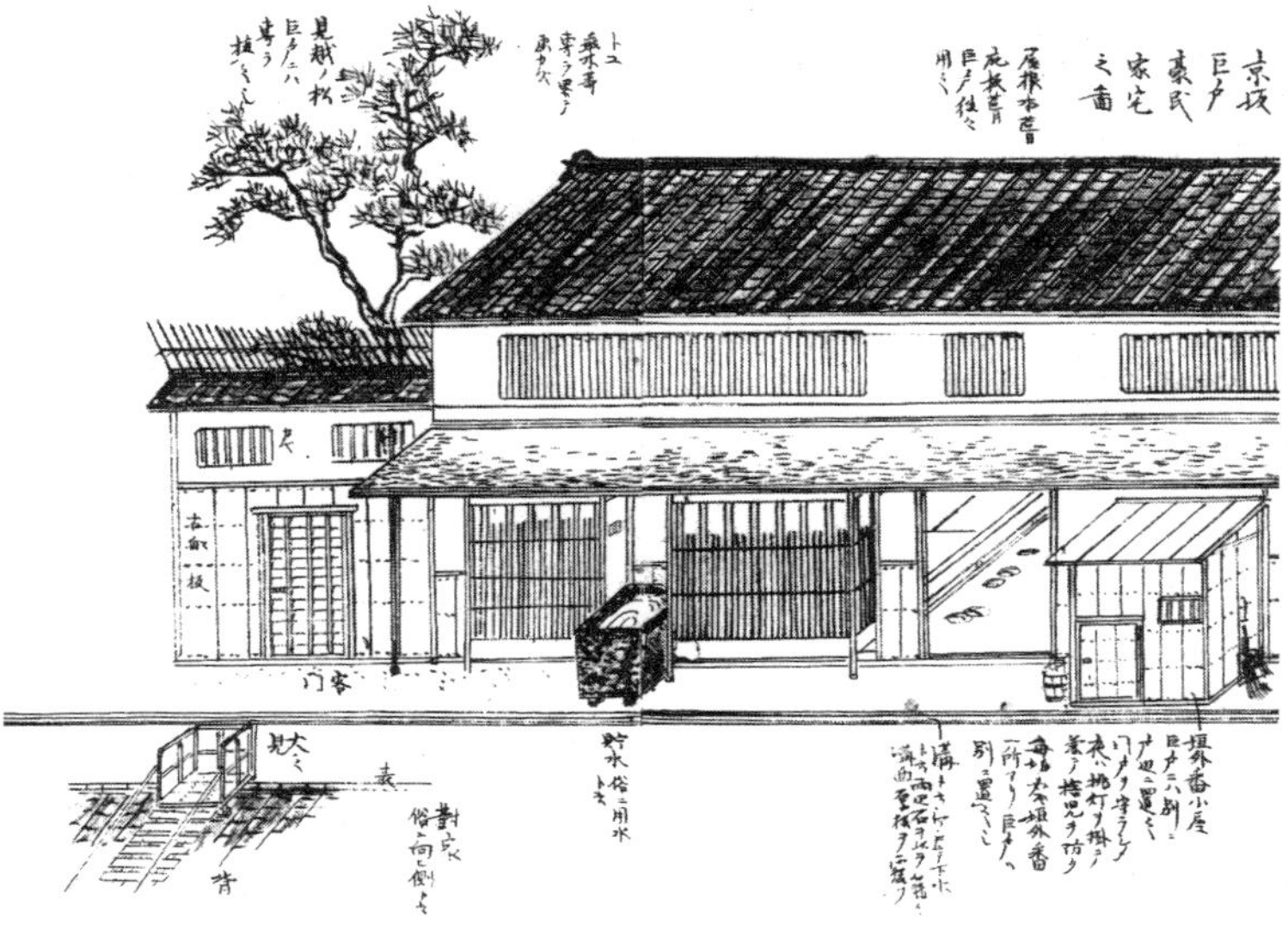

図184　巨戸町屋の外観（守貞漫稿より）

あろう。台所庭には大きな竈があるが、その竈《かまど》口《ぐち》の数は八つから十二もあったという。そばには井戸があって、さまざまな水仕事をする広い土間庭であった。座敷の奥には前栽《せんざい》と記す庭があるが、それは草木を植えた庭のことである。台所庭の奥は広い空地であり、そこから奥の各部屋に採光を取り入れる。そしてそれらの庭の奥には大きな土蔵が建っていた。

表通りの左端には住居部分へのロジという入口が別にあって、庭を通って玄関に行き、そこから台所や座敷にいたる。このように、京都の大きな町屋は店と住居が一体であり、住居への入口も店と同じように表通りに面していた。江戸の大きな町屋が店と住居を別棟にし、住居への入口が表通りから入った路次に面していたのとは異なる。

この巨戸の外観が図184である。中二階の屋根は瓦葺きで、庇が柿葺きである。中二階の窓には竪格子をはめ、一階の見世の窓も全面に竪格子である。樋《とい》もあったとされるが、図には描いていな

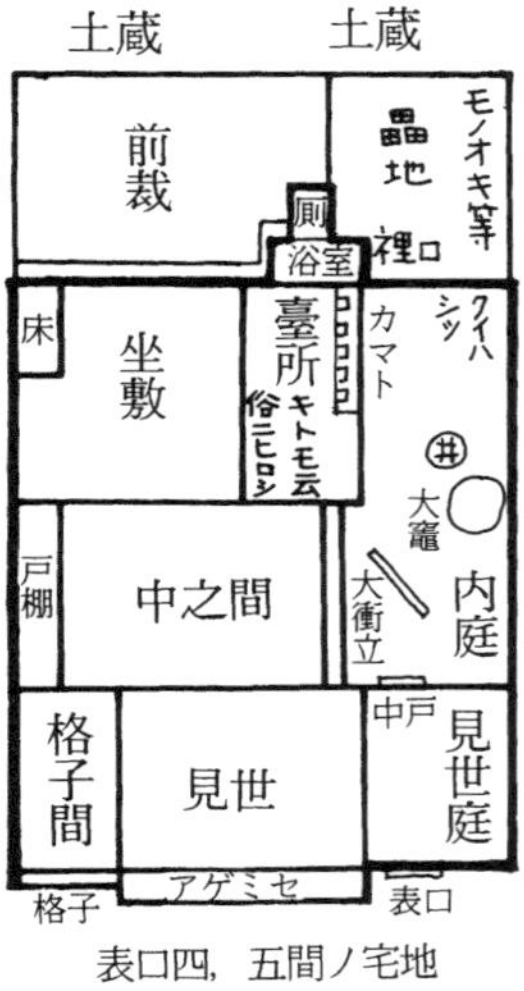

図185　京都の中戸町屋
（守貞漫稿より）

い。壁は腰が竪羽目板（板の長手方向を竪方向に張ったもの）であるが、その上部は塗り壁である。この町屋の真ん中にある二つの竪格子窓のあいだに用水箱があり、右手には垣外番《かいとばん》小屋がある。そこに雇いの番人が居て、夜は桃灯《ちょうちん》で入口廻りを見張っていた。捨て児を店先に置くのが多かったらしく、それを防ぐことも番人の役目であったという。このような番小屋は坊（街区）に一つあったが、大きな町屋では独自に置いていた。左端は前図でみた住居部分への入口で、客門という。塀は古船板《ふないた》とあり、巾の広い板を貼って鋲《びょう》を打っている。その名の通り、古くなった船の板を使っていたのであろう。その塀の中の庭には松があるが、それを見越《みこ》しの松と称していた。

注目すべきは、町屋と大通りとの境に下水溝がつくられていたことである。現代でいう側溝のことであるが、その構造は縁石で溝をつくり、厚い板で蓋をしていた。

中戸――一般の町屋

中戸とは間口四、五間の一般的な町屋としている。図185にみるように、一間巾の通り庭の横には各部屋が奥に一列に並ぶ。間口二間半以上の町屋も通り庭を設けていたという。京都では最も多い町屋である。さらに間口が大きくなると、部屋が二列になる町屋もある。見世の窓は、生業により惣格子《そうこうし》(全面竪格子)にする町屋と半ば揚見世にして半ば格子にする町屋とがあった。

表口から入ると見世庭であり、そこも生業によって叩きのしっくい土間にする町屋と板を張る町屋に分かれていた。酒、醬油屋は土間にしていたという。その庭の横が見世である。見世庭奥の中戸《なかど》を入ると内庭であり、土間であった。間口四、五間以上の町屋では内庭の奥が表から見通せないように大きな衝立《ついたて》を置いていたという。内庭には井戸や大勢の客事に使う大竈があり、日常に使う竈は床上の台所との接点に据えていた。その焚き口は庭の側である。武士の家では多くが床上から焚く方式であったのでちょうど逆になる。このような内庭は京都の町屋の特徴的空間で、天井を高くして天窓から採光を入れていた。またその上に越し屋根を設けて、煙や蒸気をそこから外に出す町屋もある。また流しもあって洗い場として使う。このように内庭は多用な空間であった。

左の中の間は家族の食事などの集まり場所であり、いわゆる茶の間的な部屋であった。戸棚のところには箱階段があって二階へ昇る。その奥が座敷であり、右手の内庭とのあいだには台所がある。それをヒロシキとよんでいた。手代や奉公人たちはそこで食事をしたのであろう。この間取りでは、奥に三室並んでいるが、台所を中の間と座敷のあいだに設け、そこを食事の部屋にして四室となる町屋もみられる。座敷の奥は前栽で、町屋によってはさらに奥に隠居部屋などの離れがあった。この中戸にも二階に部屋があるが、そこは家族の居場所であり、主人は一階の座敷にいた。

この中戸の町屋には巨戸の町屋にみた住居部分への専用の入口はない。家族も客も同じ通り庭から出入りしたのである。

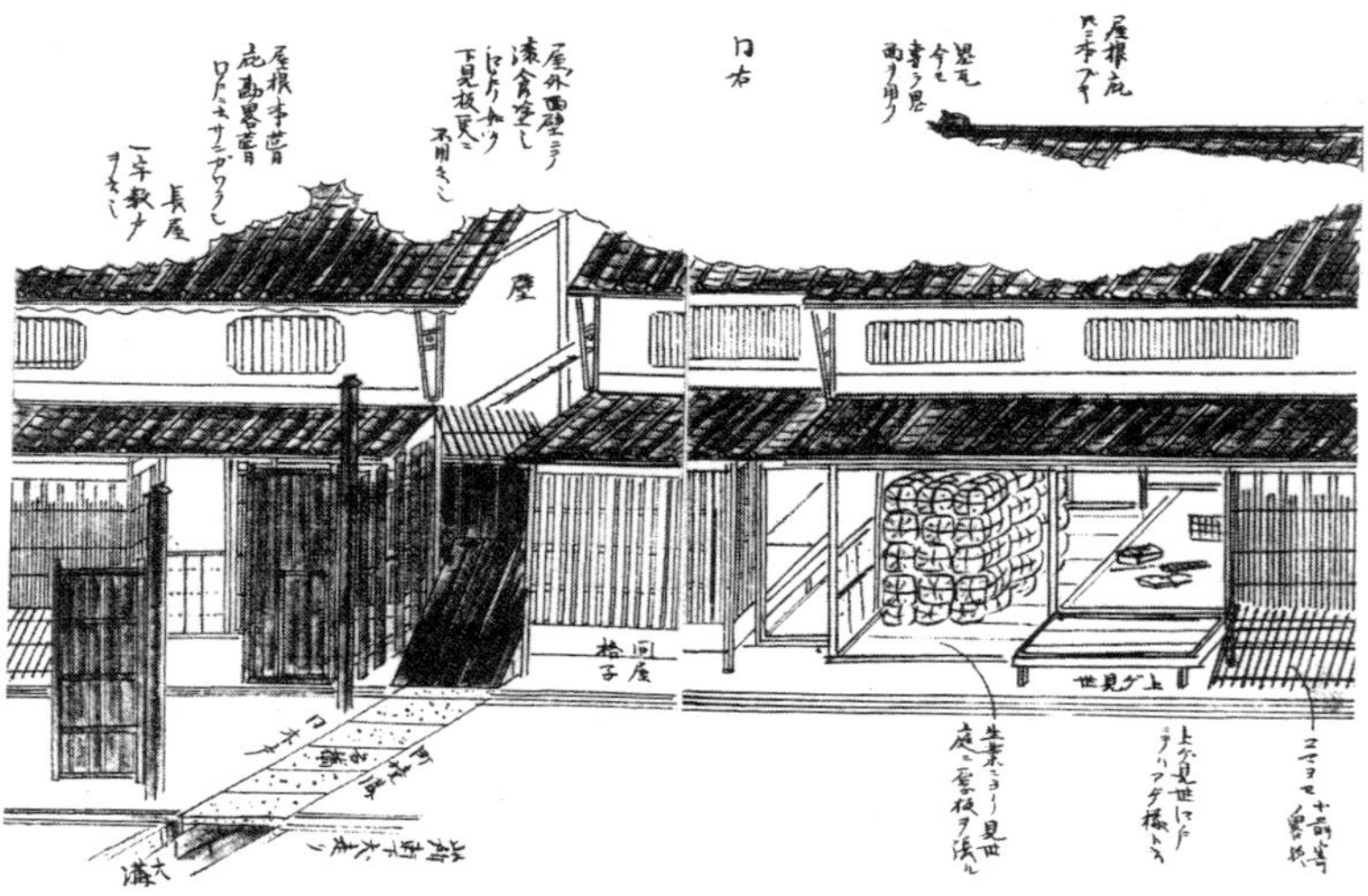

図186　中戸町屋の外観（守貞漫稿より）

中戸の外観が図186である。それは中二階であり、屋根や外観正面は巨戸と変わらない。違うのは中戸は屋根と庇ともに瓦葺きであるが、巨戸は屋根は瓦葺きで庇だけを柿葺きにしていた。これは中世京都の大きな公家邸宅や江戸時代初めの武士や公家の家では柿葺きであり、その風格と伝統を受け継いだのであろう。

この町屋は米屋であり、内庭の半分以上を板間にして米俵を高く積んでいる。その右手が見世であり、一間間口の揚見世もあった。また現在の京都の町屋でもよくみかける一階の格子下の竹で組んだ「こまよせ」も図の右手にあり、江戸時代から続いていたことがわかる。こまよせは小前寄せの略という。また町屋の前には巨戸でみた下水溝もあった。そして左の町屋との間には木戸がある。表通りは直線であるが、そこが町の境であったのであろう。

小戸——小さな町屋

表間口二間以下の町屋を小戸としていた。図187は、表間口二間と一間半の町屋が路次を挟んでいる。それらの町屋には通り庭はない。左の間口二間の町屋は奥行き四間半である。半間巾の小さな見世庭と一間半巾の見世で構成され、その奥に台所と中の間を兼ねた部屋、さらに奥に座敷と庭竈がある。庭竈とは竈を据えた土間のことで、炊事場であった。台所と中の間を兼ねた部屋の採光庭ともなっている。その奥には小さな前栽もあった。

一方、右の間口一間半の町屋は奥行き三間である。半間巾の小さな見世庭と一間巾の見世で構成され、その奥に台所と座敷を兼ねた部屋があるだけで、竈を据えた庭に面している。

真ん中の路次は半間巾の狭いものから、四、五尺、さらに一間巾まであったという。その路次の奥に、間口一間半ほどの戸建風の小さな住居が建ち並ぶが、それらは借家であった。町屋に努める手代や奉公人たち、あるいは店を持たない職人たちの家であった。その家は入り口を入ったところに奥行半間ほどの小さな土間があり、その隅に炊事場があったものとみられ、四畳半ほどの部屋が一室か二室である。この小住居群の一戸を欠いて、そこに井戸、ごもくば（ゴミ溜）、惣厠《そうかわや》（共同便所）を設けていたという。表通りの小さな町屋にしても、借家であったり、持ち家であったりさまざまであった。

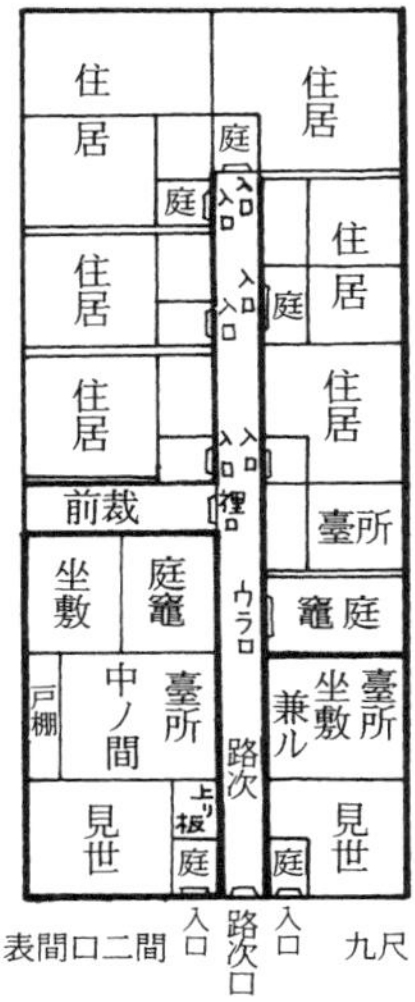

図187　京都の小戸町屋
（守貞漫稿より）

3　江戸の裏長屋

京都と江戸の町屋は、正方形や長方形の街区の表通りに面したところに建ち並び、真ん中の広い裏庭にはさまざまな家が建っていた。それを表通りに建つ町屋を表屋というのに対して裏屋という。その建物は、表通りの大きな町屋の住居や蔵、裏町屋、店のない町屋風の住居、そして小さな戸建ての借家などである。裏庭にはさまざまな人たちが暮らしていた。そこへいたるには細い路次から入る。そしてしだいに町の人口が増えるにつれて、さまざまな借家人の住居として長屋もつくられるようになる。それを裏長屋といった。

図188は江戸時代後期（天保十三年）の江戸木挽町《こびきちょう》の裏長屋である。南と北の表通りには、間口一間半から二間、奥行き四間半の小さな町屋が建ち並び、そのあいだに通り抜けの細い路次を南北に設けている。このような通り抜け路次を江戸では抜け裏ともいい、京都では抜け路次ともいう。その路次を入った両側に十三軒の長屋が建つ。その規模は、間口一間半から二間、奥行き二間半から三間半の小さな長屋である。入ったところは土間で、奥に一室か二室あったとみられる。

注目すべきは、表通りから路次につながる下水（側溝）を設けていたことである。裏長屋はイメージとして、雨の時は水はけが悪く、ぬかるんだ環境とみられていたが、実際は下水によって排水がきちんとされていた。また路次の中の一角を少し広げて、そこに井戸と共同便所があった。

図189は江戸時代中期（享保十六年）のすこし大きな江戸の裏長屋である。南の蔵敷の店前には寛永期の町屋のような雁木もみられる。路次の中は巾六間ほどの広場となっている。左側に間口一間半、奥行き二間半の小さな長屋、右側には間口一間半から二間、奥行き四間半のすこし大きな長屋がある。左の長屋は一室しかなく、右の長屋は二室であろう。また間口三間、奥行き四間の大きな借家もある。広場には、芥溜《あくただめ》（ゴミ溜）や共同便所の他に稲荷もあった。

朝夕の仕事に出る時と帰った時にその稲荷で一日の無事と感謝を祈ったのであろうか。

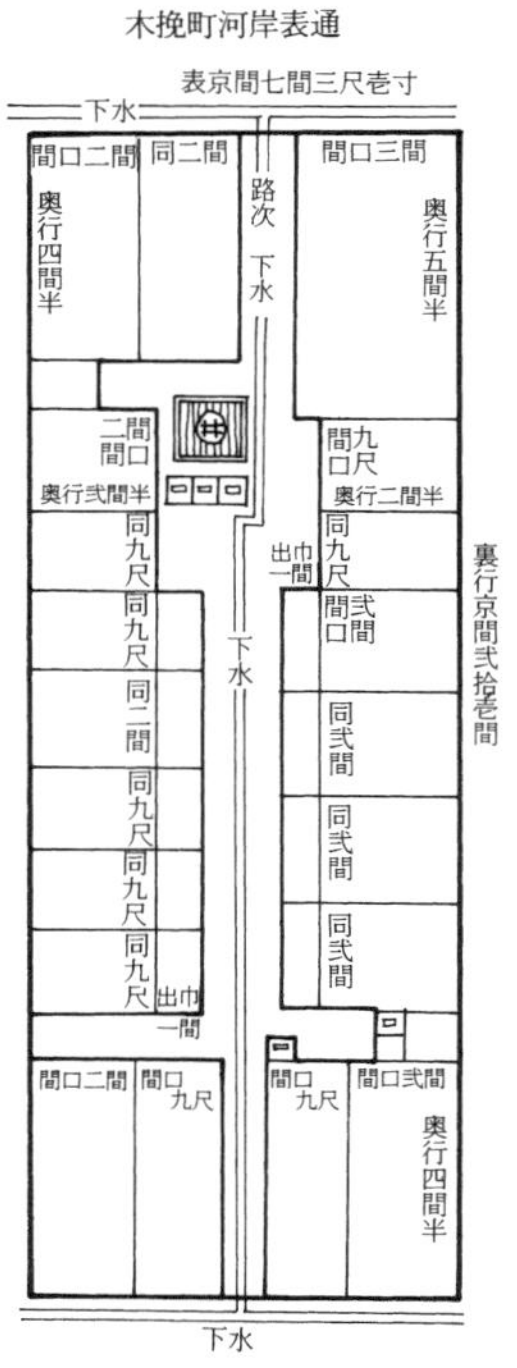

図188　江戸の裏長屋
（天保13年）

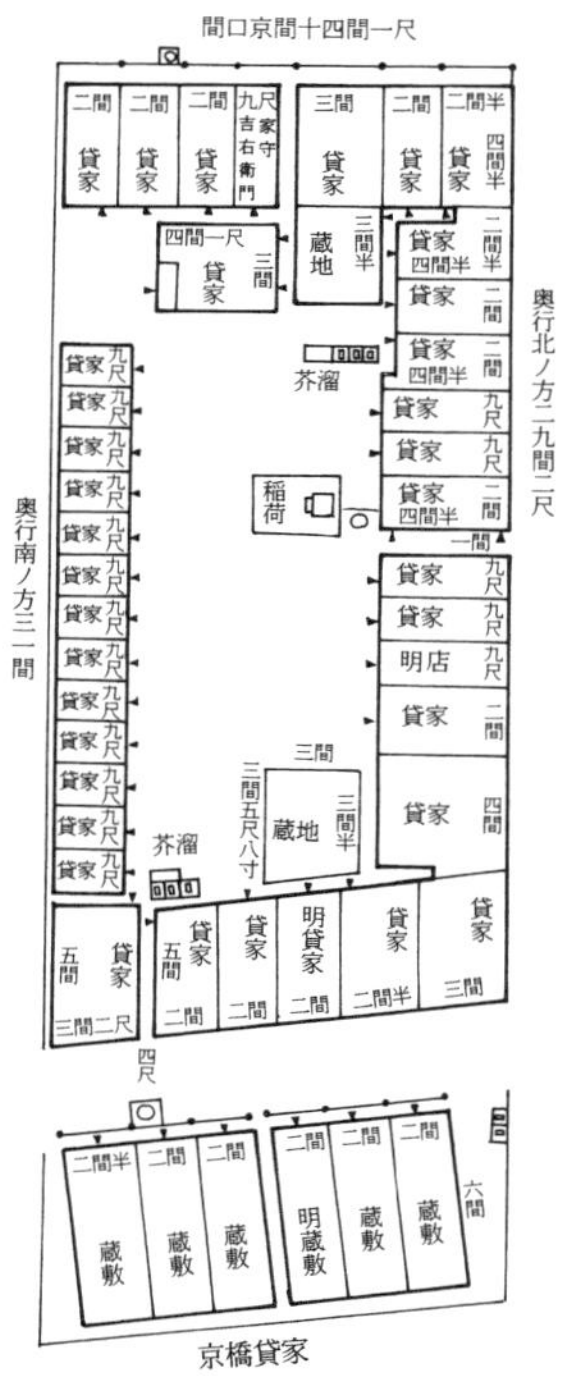

図189　江戸の裏長屋
（享保16年）
（伊藤ていじ『民家』より）

四　町屋の特質

これまで江戸と京都の町屋を歴史的にみてきたが、それぞれ独特の発展をしていた。その特質は次のごとくである。

1　江戸町屋の特質

江戸の町屋は江戸時代初めの寛永期と後期とで違いがあった。それは明暦の大火を境としている。寛永期の町屋の多くは間口一間半、奥行き二間ほどの小さな規模であり、室町末期の京都町屋より小規模であった。その店は京都町屋の影響を受けた通り庭形式である。通り庭の巾は半間ほどの狭いものであった。しかし店の表側は、京都町屋にみる格子はなく全面開口であり、江戸独特の店構えが成立していた。そこでは男女の職人たちがさまざまな商品をつくり、売っていた。その作業風景は、屏風絵からは活気に満ち、道行く人たちが興味を持って眺めているように見える。地方から集まった町人たちは、新しくつくられた町で気概と進取の気持ちで活き活きと暮らしていたようである。

町屋の多くは中二階である。屋根は板葺きや柿葺《こけらぶ》きが多く、一部に瓦葺きも普及していた。また壁は全面を覆う塗り壁がほとんどで、卯建《うだつ》もつくられていた。その小屋根は瓦葺きも多く、全体として防火性も高まりつつあった。そして街角には大きな町屋もつくられるようになり、その屋根には城郭を真似た隅櫓《すみやぐら》や入母屋もつくられる。商品経済が活発になり、一部町人の経営拡大が進みつつあった。

表通りの町屋に囲まれた街区の中（裏庭）は広い空間であるが、そこには会所《かいしょ》とよばれる広場があり、住居や蔵も建てられ、その蔵は起《むくり》屋根の独特のものであった。また一部の街区の表通りには町屋の前の庇下に雁木がつくられていたが、そこにも商品が盛りたくさん並べられ、賑やかな市場のようである。このように寛永期の江戸の町と町屋は、華やかで活気のある風景であった。

この町の風景は明暦の大火後に変貌する。江戸時代後期の町屋では寛永期の町屋にあった通り庭は消滅する。店は間口全体に広げられ、店の前に奥行き半間ほどの土間が新たに設けられる。客が店の正面から入って買物をよりしやすくしたのであろう。寛永期の町屋にみられた店の表側の全面開口は変わらず、江戸町屋の特徴は続いている。あまり広く道に開口しているので、その一部にのれんを庇から地面に掛けた町屋も多くみられる。

そして防火のために表通りの町屋はほとんど瓦葺きに変化し、それまでの中二階に加えて本二階の町屋もつくられる。屋根と庇のあいだの窓は竪格子で覆われるか、または重厚な防火扉もつくられる。その一方で、寛永期の大きな町屋にあった隅櫓、入母屋や起屋根は姿を消し、ほとんどが切妻屋根に変わっている。町全体として、道との関係はより開放的になり、屋根や壁は防火性を高めたが、その反面単調になり、寛永期の町にあった面白さ、華やかさは消えてしまった。

町屋の規模も多様になった。間口一間半から二間の小さな町屋が存続する中で、間口三間、四間の町屋も増え、さらに巨大町屋もつくられ、町人の階層分化が頂点に達していた。そして上層町人の家では、街区の中（裏庭）に町屋と分離して住居を構えることが寛永期から続いているが、その住居は表通りの町屋とは縁と中庭でつながり、入口は表通りから路次に入ったところに設けられていた。京都の町屋が大きさに関係なく見世と住居とが一体であり、住居への専用入口が大きな町屋では表通りに面したところにあり、中規模の町屋では客入口と同じ通り庭であることとは大きく異なる。

表通りに町屋が建ち並ぶ街区の中（裏庭）には、すでに寛永期から住居や蔵などがあったが、後期になってもそれに加えて小さな本二階の裏町屋や住居専用の町屋風の家も建てられ、さらに借家人のための裏長屋も建てられていた。

江戸の町は、表通りが明けっ広げのきわめて開放的な町屋が道に面して建ち並び、路次の裏通りは多彩な用途の裏屋が混ざり合う町並みであった。

そして表通り、裏通りの町屋ともに店の前には揚縁が置かれていたが、それは道を通り行く人々が気軽に立ち寄り、坐れる出会いの空間であり、また表通りの雁木《がんぎ》も人と人とが交わる楽しい空間だったのである。

2　京都町屋の特質

京都の江戸時代初めの町屋は、政治の中心が京都から江戸に移り、その後沈滞したこともあって、室町末期の町屋とほぼ同じであったとみられる。その室町末期の町屋は、間口二間、奥行き二間ほどの小さな町屋が一般的であった。そこには平安の町屋以来の通り庭があり、その横の見世《みせ》の表側は空きの広い格子が付けられ、そのかたちは竪横に桟《さん》を通した狐《きつね》格子が多い。

平安の町屋の窓は半蔀《はじとみ》であったから、このような格子が付けられるのは鎌倉以降である。その格子の前には京都町屋独特の揚見世《あげみせ》が普及し、そこに多くの商品が並べられていた。この京都でも多彩な店があり、多くの職人兼商人たちがそこで品物を製作し、売っていた。そのような町の風景は前にみた寛永期の江戸町屋とあまり変わらない。違いがあるのは、江戸町屋の店に格子はなく全面開口であるのにくらべて空きの広い格子とはいえ、それを設けていたことである。なぜに見世に格子を設けたか。おそらく中世の京都は応仁の乱などの争いが頻発したが、それに対する町人の防備の意味もあったのではないか。

京都の町屋も華やかであった。屋根の棟には十数本の青竹を丸く束ねたものを飾った。卯建もつくられていたが、その小屋根は藁や茅葺きであったから、防火を目的としたものではなく、家の装飾や身分の象徴であったのかもしれない。屋根は板葺きであったが、平安の町屋よりも進展し、押え木(または竹)を縦横に通し、丸石を乗せて屋根板が反ったり、はがれるのを防いでいた。そのような屋根は寛永期の江戸の一部の町屋にも普及していた。

このような町屋も江戸時代後期になると、やはり変貌する。しかしそれは江戸町屋とは違って伝統を重視した上での変化である。まず平安以来の通り庭はつくり続けられる。見世の格子も継承されるが、そのかたちは大きく変わる。それは室町末期の空きの広い竪横の桟で構成された狐格子ではなく、隙間を縮めた竪格子への変化である。その格子は、全面を竪格子(惣格子)にする町屋と上半分は竪格子にし、下半分を揚見世にする町屋とがあった。後者はすでに室町末期の町屋にもあったからその流れであろう。

格子の組み方にも変化があった。室町末期の町屋にみた格子は、同じ見付《みつけ》(巾のこと)の竪桟と横桟で組み、竪桟に貫《ぬき》としての横桟を通していた。その交点は面一《つらいち》となる。しかし江戸時代後期の竪格子は貫としての横桟を何本か渡し、その上に細い竪格子を空きを狭くして釘打ちする。そのことで竪の線が強調され、美しい竪格子が生まれた。これを京格子という。江戸の町屋が表屋、裏屋ともに本二階へと変化しつつあったが、京都町屋の表側はいずれも中二階のまま続いていた。低く押さえた中二階の町屋にこそ、竪格子が美しく映える。

格子の付いた窓は決して閉鎖的ではない。部屋の中からは外の様子がよく見えるし、外からは近づけば中の様子もうかがえる。それでいて防備の役割もある。京都の町屋においても外と内のつながりは緊密であった。

この京都も、江戸と同じく町人の階層分化は顕著であり、間口十間以上の大きな町屋を持つ町人、間口四、五間の一般的な町屋を持つ町人、そして間口一間半から二間の小さな町屋を持ち、または借家をする町人とに分かれていた。この階層分化は、前にのべたように、江戸時代の中頃には間口六間の大きな町屋があったから、そのときはすでに分化が進んでいた。

京都町屋のさらなる特質は、階層分化の中でも一般的な町屋と大きな町屋では従来からの通り庭形式を持続し、見世の部分と住居部分が一体化した間取りを続けていたことである。このことも江戸町屋とは異なる。したがって、居住部分への入口も表通りから入るようになっており、江戸の大きな町屋にみるような路次に廻りこんで、裏屋の住居へいたるという入り方と異なっていた。このように京都の表通りは江戸とは違って美しい格子の付いた中二階の町屋が建ち並ぶしっくりと落ちついた町並みであった。

一方、地方城下町や宿場町、港町、門前町、在郷町などにも多くの町屋が建てられていたが、そこにも地方独特の町屋が成立していた。その間取りは、京都町屋の通り庭形式のもの、江戸町屋の前土間をすこし広くしたもの、そしてその二つが融合したものに分かれる。やはり京都に近い地域では京都の通り庭形式が、それより遠隔の地域は前土間形式や融合形式が多いようである。それらの町屋にも竪格子がみられるが、それは京都町屋の京格子が全国の町屋に広く普及したのである。

第四章　隠者の家

一　隠者について

かつて人間らしく生きるために、また自分のやりたいことや信念をつらぬくために、世の中すなわち世俗を離れて自然の中に隠棲《いんせい》し、清閑《せいかん》の暮らしをした詩人たちがいた。清閑とは清らかで静かなこととされるが、そこには、たとえ貧しくともこころ豊かな暮らしの風景がこめられているように思う。

彼らは世俗の風潮に馴染めなかったが、それは総じてつぎのようなことであった。まず、すさまじいまでの私欲による権力争奪と他者排斥、そして蔓延する名利《めいり》（地位名誉や利益）とさまざまな欲望への執着、さらに保身と栄達のための媚《こ》びとへつらい、また金銭をつうじての所有欲と利害関係や勝者と敗者をはっきりと分けるあくなき競争などである。彼らはそれらがうずまく騒がしくて汚れた世とみた。そしてここに忍従して暮らすことは人間性を歪め、かつ自分を活《い》かせないとも思った。

このような世俗を離れて静かな暮らしを求めたのであるが、そこには仏教のかたちあるものはいずれ消滅するという無常の思想や、さらにそれよりも前の紀元前四世紀ごろに生きた老子《ろうし》の説く、余計なことをせずにあるがままに任せてゆったりと大胆に生きよという無為自然の思想がみられる。これは「為《な》すを無くして自《みずか》ら然《しか》り」という意味であり、人生にとって名誉や身分などは砂上の楼閣にすぎず、あまり大したものではない、それよりも自然の中で人間らしく自由に生きることこそ大切であると諭したのである。

それを実践した先人としては、まず中国後漢の仲長統《ちゅうちょうとう》（一八一～二二〇年）がいた。彼は三国時代の魏《ぎ》の基礎をつくった曹操《そうそう》の軍事面での幕僚にもなったが、それを早々と辞し、田園の自宅で悠々自適な閑居《かんきょ》を続け、四〇歳で生涯を終えている。多くの詩を書いたが、とくに世俗批判と田園居住を唱えた『楽志論《らくしろん》』は後世《こうせい》の人たちに大きな影響を与えた。その主な内容は、「凡《およ》そ、帝王の下《もと》に出入りする者は以《もっ》て身を立て名を上げんと欲するのみ、しかるに名は常には存《そん》せず、人生は滅《めっ》しやすし」[1]といい、それよりもそのような世俗を捨て、「ゆったりとのんびりして自《みずか》ら楽しむべく、清潔で広々としたところに家を構え、その志《こころざし》を楽しむべし」[2]という。

その論にはさらに隠棲のあるべき家の風景も詠まれている。自給する畑があり、果樹も植えられた広い宅地、家をとり囲む清らかな水が流れる溝《みぞ》と池、涼しくさわやかな竹林、鳥や魚とのたわむれ、そして家には狭くとも安らかにすごせる部屋があり、そこで賢人の教えを悟るという。そこには老子の清静《せいせい》の思想がある。清く澄んだ静けさが世の中の狂いや生き方を正すことができるという考えであった。

仲長統の思想に影響された人は多い。東晋《とうしん》の陶淵明《とうえんめい》、唐の白楽天《はくらくてん》と杜甫《とほ》、北宋《ほくそう》の蘇東坡《そとうば》、日本では平安時代の兼明親王《かねあきらしんのう》と慶滋保胤《よししげのやすたね》、平安末期から鎌倉時代にかけての西行《さいぎょう》と鎌倉時代の鴨長明《かもちょうめい》、そして江戸時代の芭蕉《ばしょう》と良寛《りょうかん》たちである。

世の人たちは彼らのことを隠者《いんじゃ》または隠逸《いんいつ》詩人とも称してきた。しかしその言葉には、どこか寂しいところにひとり閉じこもって暮らすという暗いイメージがある。だが実際には、ときにそのような孤独の寂しさを感じながらも、その暮らしぶりは自由で明るく、自然とのかかわり、そして家族や友人たちとのかかわりの中でこころ豊かに暮らした。その意味で、むしろ世俗に安住した人たちよりも前向きの積極的な生きざまであったといえる。

本章では、俳諧一筋の道を生きた芭蕉と、仏の道に進み、その修行と詩作を全うした良寛をとりあげ、彼らはどのような家で暮らしたのか、そこで得たよろこびや感動とはいったい何であったのかをみていきたい。幸いにも二人は詩人であり歌人俳人であったので、多くの詩や歌や句をわれわれに遺してくれた。そこから家や暮らしの風景をたどることができる。

二　芭蕉の庵と暮らしの風景

1　江戸市中よさらば、深川へ

延宝《えんぽう》八年（一六八〇）の冬、三七歳の芭蕉は江戸市中の暮らしを捨て、深川の小さな庵《いおり》に移った。そこは江戸市中からは隅田川《すみだ》の向こう岸にあたり、当時は蘆《あし》の生える原野がまだ多く残っていた。市中からみればまさに場末の辺鄙《へんぴ》なところである（図190）。その移住の思いを次の俳文に詠む。

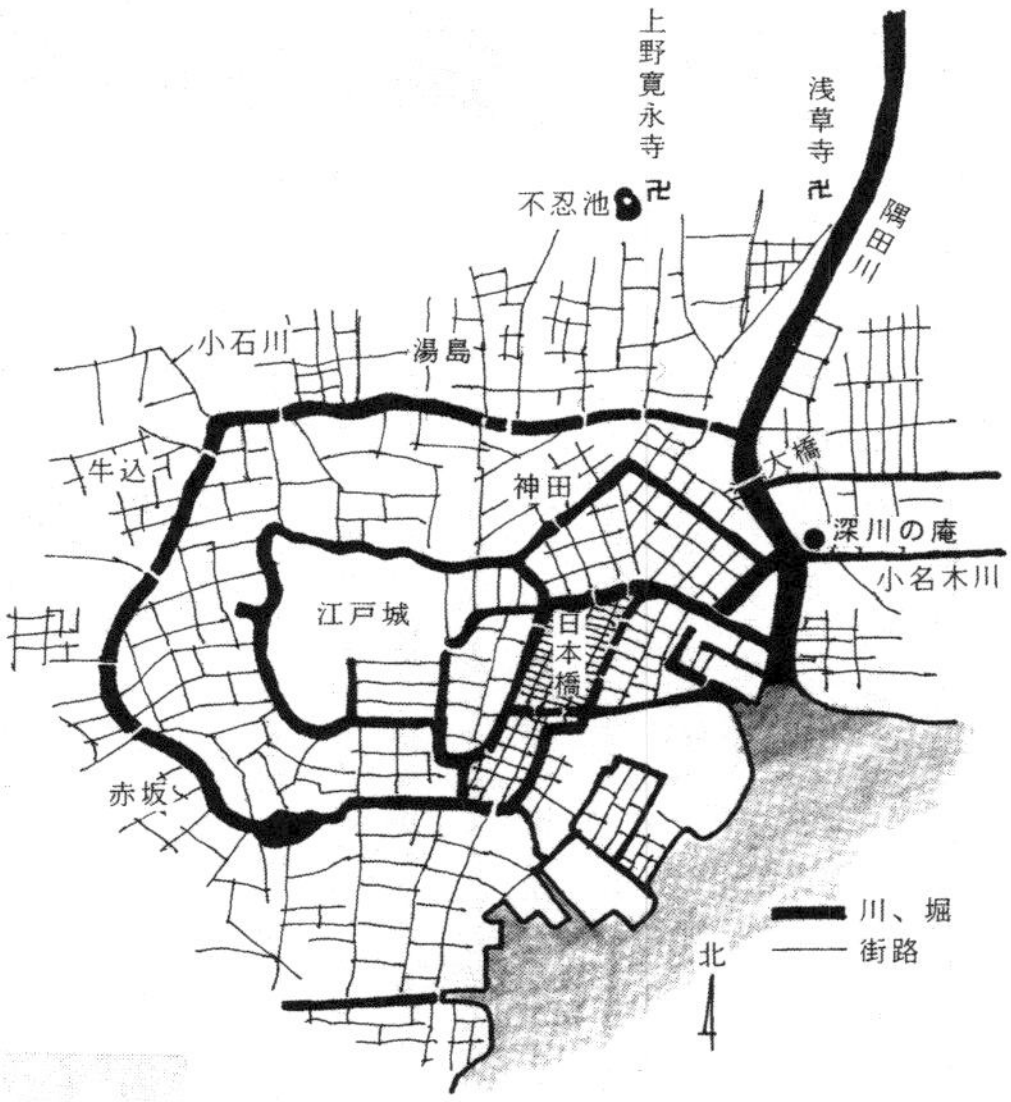

図190　深川の庵の場所（天和4年（1684）の江戸図より）

「柴の戸に」詞書　（『続深川集』）

こゝのとせの春秋《しゅんじう》、市中《しちう》に住詫《すみわび》て、居《きょ》を深川のほとりに移す。長安は古来名利の地、空手《くうしゅ》にして金《こがね》なきものは行《かう》路《ろ》難《かた》しと云《いひ》けむ人のかしこく覚《をぼ》へ侍《はべ》るは、この身のとぼしき故《ゆへ》にや。

始めの行は、これまで九年あまりも江戸市中で暮らしてきたが、もう住み辛《づら》くてどうしようもなく、ようやく住まいを深川のほとりに移した、[3]という。

芭蕉は八年前の寛文《かんぶん》十二年（一六七二）に伊賀上野（現在の三重県伊賀市）から江戸に下向《げこう》し、その後俳諧師《はいかいし》となった。日本橋界隈の華《はな》やかな町に住み、俳諧を楽しむ富裕《ふゆう》商人などの門人も多くいたであろう。よって宗匠《そうしょう》（俳諧の師匠）としての収入も少なからずあったようだが、それを捨てての深川隠棲である。その理由は何であったか、続いて後の行にそれをのべる。

長安は昔から名利を争う都であって、銭《ぜに》のないものは暮らしてゆくことができないところと詠んだ白楽天をつくづく賢《かしこ》い人だと感じるのは、そもそも自分が乏しいからであろうか、[4]という。

このように江戸も長安と同じく名利と金銭を競う社会であった。そのような利害うずまく世俗に嫌気がさし、また自分の俳諧を究めるためにもそこから脱出する。

2　それまでの芭蕉

芭蕉（本名は松尾甚七郎《じんしちろう》）は江戸時代初めの正保《しょうほう》元年（一六四四）に伊賀上野で生まれた。父の与左衛門《よざえもん》は無足人《むそくにん》であった。それは名字帯刀《みょうじたいとう》を許された士分格の上層農民のことである。父が生まれ育ったところは上野から東北へ四里ほど行った柘植《つげ》という村であった。そこから上野に転居した後に芭蕉が生まれたらしい。

芭蕉十三歳のときに父が死ぬが、家は兄の半左衛門《はんざえもん》が継ぐ。その兄は上野城主の藤堂家に下級武士として仕えている。芭蕉はしばらくその兄に養われる部屋住みとなるが、十九歳のときに藤堂藩伊賀付き士《さむらい》大将の藤堂新七郎（五千石）の嗣子《しし》良忠《よしただ》に仕える、その役職は台所用人か料理人であったらしく、やはり下級の身分であった。そのとき良忠が俳諧に親しんでいた縁で芭蕉も俳諧を学ぶようになる。俳諧とは和歌の連歌の表現を滑稽洒脱《こっけいしゃだつ》にしてより気軽に楽しめるようにした歌道であり、室町時代に成立した。当時は職を退いた暇なご隠居、または神主《かんぬし》や武士のあいだに広まり、江戸時代になるとさらに大衆化し、町人、小者下女《こものげじょ》にいたるまで流行《はや》ったという。そして芭蕉はまもなくして好きな俳諧で身を立てようと江戸に向かう。二九歳のときであった。

しかしまったく無名の芭蕉に門人が集まるわけはなく、俳諧の道で暮らしを立てることができない。そこでまず水道工事の仕事をしたとする説もある。当時の江戸では、多摩郡から本郷、神田、浅草などに疎通《そつう》させる上水道工事がおこなわれていたが、水利土木の知識を持っていたことから、その指図《さしず》（設計）をつくる役人になったとされる。その仕事で生活の糧《かて》を得ながら、伊賀上野時代につくった『貝おほひ』という三十番の発句合《ほっくあわせ》（自作と他作の発句を合わせ、優劣の判定を書き記したもの）の出版の準備をする。俳諧師として世に出るには、まず名を売らねばならなかったからである。そのような苦労の後、三一歳頃にようやく念願の俳諧師となり、その際、剃髪《ていはつ》して素宣《そせん》と名のる。しかし僧になったわけではなく、法衣《ほうえ》（僧の着る衣）を着て、なでつけ頭に頭巾《ずきん》をかぶる姿が俳諧師の風習であったという。

当時の江戸での俳諧は上方《かみがた》からやってきた談林風《だんりんふう》が主流だった。それは虚《きょ》を主として滑稽に遊ぶことを旨とし、芭蕉もその俳風に依《よ》っている。その頃の句にはつぎのようなものがある。

あら何ともなやきのふは過《すぎ》てふくと汁《しる》　（『江戸三吟』三四歳の作）

その意は、ふぐに当たりはしないかと、びくびくしながらその汁を食べたが、昨日も過ぎて今日になったが別に当たった様子もない、まずはそのほっとした気もちを詠む。巻頭の「あら何ともなや」は謡曲《ようきょく》にたびたび出てくることばであり、謡曲の方では、おやつまらないの意に用いられるが、それを何ともないと文字通りに用いたのが変わった用途をしており、それが談林風として面白いとされる。

このような滑稽さと面白さを主旨とした遊び的な俳諧に芭蕉はしだいに満足せず、失望へと変わる。この頃に漢詩を取り入れたりして新しい俳諧への模索が始まる。また当時の俳諧は点取りが流行っていた。点者《てんじゃ》である宗匠に俳諧を習う人が歌の評点を請《こ》い、その点の多少で優劣を争う。それで点者は高い報酬を受けとるが、それを点料といった。また多く点をとった者も賭博のように金を得る。このように俳諧の世界も金にまみれていた。そのような金と遊びにたわむれる富裕町人たちとの交わりを絶ち切って深川に清閑の地を見つけたのである。

3　深川の庵

移住した場所は六間掘の小名木《おなぎ》川が隅田川に注ぐところにあった。そこは二つの川に面し、ほとりには鯉のいけすがあり、その番小屋を庵にしたようだ。鯉の納入商人で俳諧をする友人杉風《さんぷう》の世話でそこを探したのであろう。またその近くには船番所があって、下総《しもうさ》（現千葉県北部）に通う船の泊《と》まり（停泊場所）があった。

では庵《いおり》はどのようなものであったか。当時の庵はもちろん残っておらず、芭蕉の俳文や句、それに江戸時代の文献の中に描かれている庵の絵から探るよりほかない。そこでまず、最も

図191　芭蕉翁絵詞伝にみる深川の庵(1)

図192　芭蕉翁絵詞伝にみる深川の庵(2)

早い時期に書かれたとみられる寛政《かんせい》五年（一七九三）の『芭蕉翁絵詞伝《ばしょうおうえことばでん》（芭蕉翁全集・所収）』をみよう。図191はその絵である。屋根は入母屋風で石を置いた板葺きになっているが、芭蕉の俳文には草の戸とあり、実際は草葺き、すなわち茅葺きの庵であった。そこに四畳半ほどの部屋があり、なでつけ頭で法衣《ほうえ》姿の芭蕉が笠はりをしている様子が描かれている。部屋の外は竹でつくった廻り縁があり、その右端に手水鉢《ちょうずばち》が見える。庭は低い柴垣で囲み、小屋根の付いた簡素な門がある。その庭には大きな芭蕉の木が生い茂っている。

図192のもう一つの絵は庵を正面から見た風景である。前の庵はその後焼失し、この絵は友人たちの尽力によって再建された庵であり、前の庵と同じ間取りのようだ。部屋の真ん中に囲炉裏《いろり》があり、それを囲んで友人三人と酒を飲み、楽しそうに話しているように

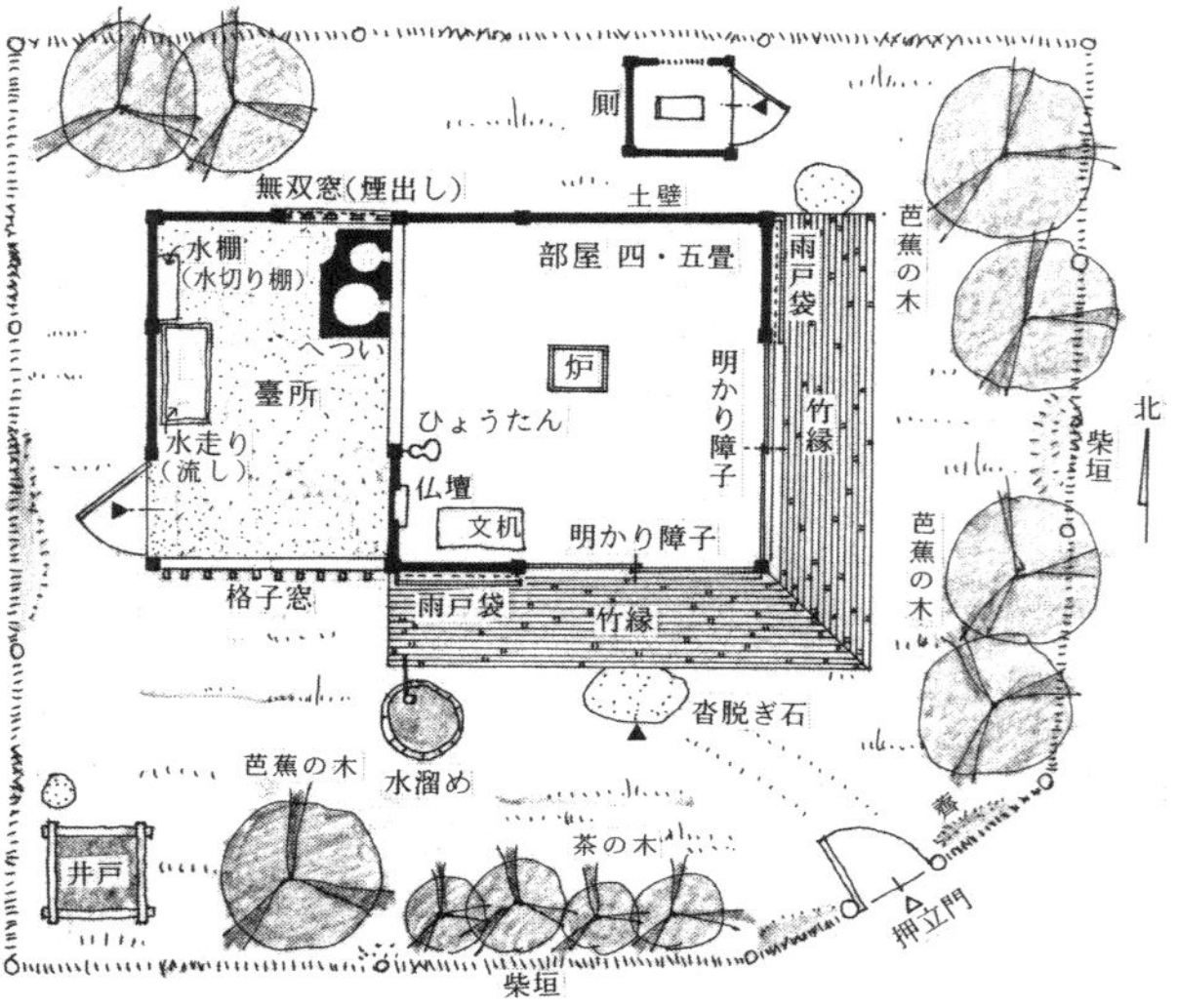

図193　深川の庵

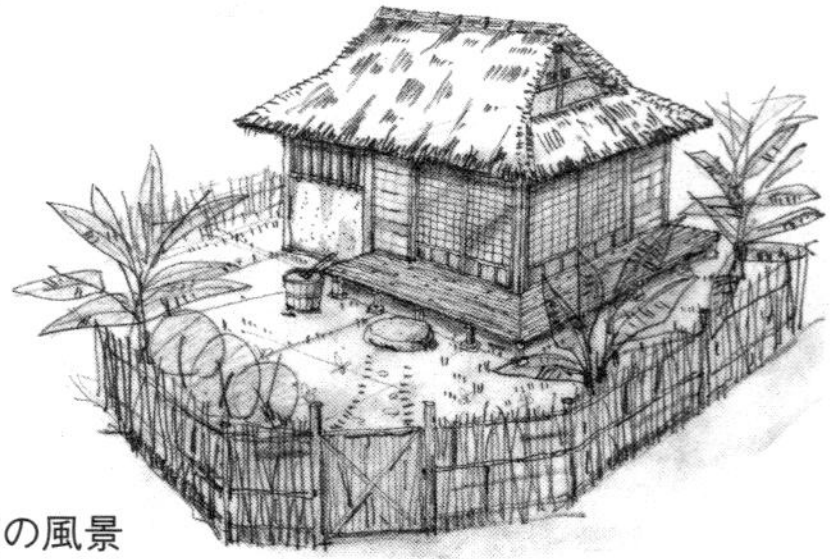

図194　深川の庵の風景

見える。囲炉裏端には徳利《とくり》も描かれている。その左に居るのが芭蕉とみられる。後ろに屏風が置かれ、燭台《しょくだい》のろうそくが灯《とも》され、部屋は狭いが、なごやかな雰囲気の中で夜遅くまで語り合ったのであろう。

庵の左には格子窓が描かれ、そこが巾一間の台所のようだ。この再建された庵を見学した門人の小川破笠《はりつ》の『實見談《じっけんだん》（芭蕉全傳・所収）』によれば、台所があって、そこにへっつい二つがあったと記す。つまり二つ穴のある竈《かまど》のことである。当時の江戸とその周辺の家では、囲炉裏は採暖と湯沸しに使い、煮炊きは竈でおこなっていた。

また壁を丸く繰りぬいて仏壇をつくり、そこに釈迦の像を安置していたと記すが、その場所は台所と部屋のあいだの壁とみられる。若い頃に亡くした父を毎日拝んでいたのであろうか。

そして俳文や句を書くための文机《ふみづくえ》一つがあったとも記す。

部屋の外側の建具は明かり障子のようだ。絵を見れば、部屋の内部を描くためにその障子の一部を左側にすこしだけ描いていることからわかる。障子の外は竹の廻り縁があり、その下に履物《はきもの》が見える。友人たちは柴戸の門から入り、竹縁から部屋に直接上がったのであろう。庭には井戸もあり、また芭蕉の木だけではなく、茶の木も植えていた。厠《かわや》は外にあって、縁から降りて用を足しにゆくのであろう。

この再建後の庵の風景をまとめたものが図193、194である。焼失前の庵もほぼ同じであった。間口二間半、奥行き一間の小さくて粗末な建物であるが、なかなか風流な庵ではある。芭蕉はそれを泊船堂《はくせんどう》と称していたが、後《のち》に人からは芭蕉庵《ばしょうあん》と呼ばれるようになる。

4　庵の暮らし

何もない暮らし

江戸市中で暮らしていた家については、江戸到着後に友人の杉風《さんぷう》方にひとまず落ち着いたが、その後の家については伝えるものはない。九年もの長いあいだ市中に暮らしていたので、おそらく日本橋界隈の町屋の離れ座敷に間借りをしていたか、または裏長屋の部屋を借りていたかであろう。享楽的な滑稽さと面白さを旨とする談林風の俳諧であったから、そのあたりの富裕町人の遊びに付き合っていたものと思われ、それらの門人たちは、このような遠くて寂しい深川にはもはややってこない。移住した当初の貧しい暮らしをうかがわせる次の句がある。

しばの戸にちゃをこの葉かくあらしかな　　ばせを（続深川集）

これは前にみた「柴の戸に」の詞書《ことばがき》が付された句である。庵に移ってすぐにつくった冬の句であろう。この何もない柴の戸、すなわち柴（木の小枝）でつくった粗末な庵に住んでいると、茶の葉もなくて茶を点《た》てることもできないが、庭に吹きつける嵐が茶の木の葉をかき混ぜている、そのさまは茶を点てる風景にも似ていることよ、[6]という。茶を飲みたいが、まあ、抹茶を点てるような庭の風景を見てがまんするか、と達観する芭蕉である。その句には、前にみた談林風の面影はなく、芭蕉らしき侘びの匂いがする。次の句もこの冬の作である。

雪の朝ひとり干《ほ》し鮭《ざけ》を噛《かみ》得《え》タリ　（『東《あずま》日記』）

この句の詞書には、「富家は肉を食らい、士《さむらひ》は菜根の粗食を喫し、予はそのどちらでもなく乏しい限り」といい、まったく何もない貧しい暮らしを詠む。そして彼は、この雪の降った寒い朝も、ただ乾いた鮭を噛むことができただけである、[7]という。そこには貧しい暮らしではあるが、これも自分が選択したことであり、むしろそれに誇りを持つ悠然としたこころ意気がある。それは陶淵明の詩にも似ている。「已《や》んぬる矣《かな》、何の悲しむ所《ところ》ぞ」とは、淵明が晩年の孤独で貧しい暮らしに、「自分が選んだ道だ、いまさら何を悲しむことがあろうか」と奮い立って詠んだ詩であるが、おそらく芭蕉も硬い干し鮭を噛みながら、いまさら何を嘆くことがあろうか、と思ったに違いない。

庵の新年

天和《てんな》元年（一六八一）、この庵で初めての正月を迎えた。そのときに詠んだ句がある。

餅《もち》を夢に折結《をりむす》ふしだの草枕《くさまくら》　（東日記）

わが貧しい庵にも正月を迎えた。しかし世間一般のしだを鏡餅の下に敷いてお祝いすることもできない、ただしだを枕に結んで、それを草枕にして夢の中に鏡餅を見よう、[8]という。この句からは正月になってもまだ何もない庵の様子がうかがえる。庵の周辺は蘆の生える原野がまだ残っていたので、しだはそこにたくさん生えていたのであろう。餅はないが、せめてそのしだだけでも庵に持ち帰り、草枕にして鏡餅の夢でも見ようとする芭蕉がいじらしい。寂しいがすこし愉快でもある。

やがて春を迎えるが、庵には依然として物はない。それを詠んだ次の句がある。

春立《たつ》や新年古き米五升　（『三冊子《さんぞうし》』）

この句には越人《えつじん》が書いた詞書がある。越人とは越智《おち》越人といい、越前（現福井県）の生まれである。それで俳号を越人と称した。若い頃に郷里を出て流浪し、その後尾張で染物屋を営みながら儒学と俳諧を学び、江戸に出て俳諧師となる。芭蕉の友人であり、後《のち》の更科《さらしな》紀行にも同行している。その詞書にはつぎのように記す。

此発句《このほっく》は、芭蕉江府《こうふ》本船《もとふね》町の囂《かまびすしい》に倦《う》み、深川泊船堂に入《い》られしつぐる年の作なり、草堂（庵）のうち、茶碗十、菜刀一枚、米入《い》る瓢《ひさご》一ツ、五升の外《ほか》入《い》らず、名を四山《しざん》と申《まうし》候《さうらふ》。

この詞書でも、芭蕉は日本橋本船《もとふね》町に住んでいたが、囂《かまびすしい》に倦《う》み、すなわち騒がしいことに疲れて深川の泊船堂《はくせんどう》に移ったとのべている。庵の内には、茶碗が十、菜刀すなわち包丁が一つ、瓢《ひさご》すなわちひょうたんには五升の米が入っているだけであった。この米は去年の暮れからの友人門人たちからの差し入れであろう。ひょうたんは前にみた實見談によれば台所と部屋のあいだの柱に掛けていたと記す。

そして先の句は、さて寒い冬も終わってやっと春になり、また年も新たになったわが庵には昨年からの米が五升ほど残っているだけである、[9] という。この句には、あるものはわずかの米だけであるが、世俗を捨てた隠者の暮らとはそのようなものであると、むしろ気概と誇りさえ感じられる。

5　乞食への道

さて、この庵での暮らしも一年がたった。そのあいだ芭蕉は漢詩に傾倒し、中国の隠者たちの生きざまと自分を照らし合わせた俳文と句をつくる。そこには、芭蕉の生きる道がしだいに定まっていくのがうかがえる。その一つに天和元年（芭蕉三八歳）の冬に詠んだ『乞食《こつじき》の翁《おきな》』という次の俳文がある。

窓含西嶺千秋雪　窓には西嶺千秋《せいれいせんしう》の雪を含み、
門泊東海万里船　門には東海万里《とうかいばんり》の船を泊《とど》む。

我其句《われそのく》を識《しり》て、其心《そのこころ》ヲ見ず。その侘《わび》をはかりて、其楽《そのたのしび》をしらず。唯《ただ》、老杜《らうと》にまされる物は、独《ひとり》多病のみ。閑素茅舎《かんそばうしゃ》の芭蕉《ばせう》にかくれて、自《みずから》乞食《こつじき》の翁《をきな》とよぶ。

この頃の芭蕉は俳号を桃青《とうせい》と称していた。始めの二行は杜甫《とほ》が成都《せいと》郊外の草堂で詠んだ漢詩である。窓からは千古の雪が残る西嶺《せいれい》がながめられ、門の外には東の呉《ご》の国に行く船が泊まっている、という。草堂の近くには船着き場があり、長江《ちょうこう》を下って呉の国に行くための旅人がそこから船に乗ったのであろう。芭蕉の庵の近くにも下総《しもうさ》へいく船の泊まりがあった。また杜甫の草堂の窓からは雪の積もる西嶺がながめられたが、この芭蕉の庵からも西に雪をかぶる富士の山が見える。このように杜甫の草堂と芭蕉の庵から見る風景はよく似ている。それは偶然の一致ではなく、芭蕉はそれを詠んだ杜甫の詩をすでに知り、そのような風景の場所として深川を選んだのかもしれない。

続いての俳文は、深川のわが庵から見える風景は杜甫の詩にみる風景と同じであるが、自分はその詩を知っているだけで、杜甫の本当の気もちはわからない。侘びだけは推《お》し量《はか》れても、その奥にある楽しみを理解することはできない。自分が杜甫に優っているものは、ただ多病であるというだけである。粗末な茅葺きの庵の庭に生える芭蕉の葉に隠れて自らを乞食の翁と呼ぶ、という。そこには中国各地を転々と漂泊の旅をした杜甫や乞食の旅に生涯を終えた西行を思い、自らもそのような人生を歩もうとする決心めいたものがうかがわれる。

芭蕉は西行をこころから敬慕していたようだ。そのことは彼の俳文や句に多く見出される。たとえば三九歳のときにつくった『笠はり』という俳文には「私は草庵のつれづれに自分で笠に紙をはり、渋《しぶ》を塗り、これをかぶって、あの西行の侘しい旅に倣おう」と詠む。西行は道心《どうしん》（仏の道）を深め、和歌を究めるために出家して旅に出た。道心と和歌は一如《いちにょ》であったが、それが芭蕉がこころ引かれた理由であろう。そしてまた西行が芭蕉と同じく武士の出であったことにも親近感を持っていたと思われる。西行は雨降る中を笠をかぶって旅をした、芭蕉はその笠を自分でつくり、西行の侘しい旅に準じようとする。前にみた図191の絵には、竹縁のそばで笠はりをしている様子が描かれていたが、それは初めての旅、野ざらし紀行のためであった。

ところで乞食《こつじき》とは何か。平安時代の中頃以降、多くの貴族や武士たちが世俗を捨てて出家をし、さらに寺を出て漂泊の旅をした。それは苦難の修行の旅であり、また物乞《ものご》いの旅でもあった。この物乞いをする僧を乞匃《ほかひゞと》または乞食《こつじき》という。平安末期に成立した『今昔《こんじゃく》物語巻一五』には「門乞匃《かどほかひゞと》御坐《おはしまし》ニタリト云《いひ》テ、極《きはめ》テ貴《たふと》ビ敬《うやま》ヒケル程《ほど》ニ」と書かれ、土地の人びとがたいへん尊び敬《うやま》っていたという。それは家々の門の前に立って物を乞う代わりに説教を語って家の人びとの極楽往生を祈ったのである。この乞匃《ほかひゞと》の「ほかひ」とは、折口信夫《おりぐちしのぶ》氏によれば、古くは寿命や豊作を祈る寿歌《じゅか》、寿詞《じゅし》のことをいい、それをおこなう人を「ほかひゞと」と呼び、奈良時代になると托鉢《たくはつ》して旅をする行基《ぎょうき》集団が形成され、その僧たちもそのように呼ぶようになったという。江戸時代にかけての旅する僧もその流れにあった。単なる物もらいの乞食《こじき》となるのは明治以降であろう。

6　帰郷

四一歳になった芭蕉はいよいよ野ざらしの旅に出る。ときに貞享《じょうきょう》元年（一六八四）の八月であった。旅は、東海道を経て伊勢、伊賀上野に行き、さらに大和から吉野を経て琵琶湖の東を通り、美濃、尾張をまわってふたたび伊賀上野に行く。そこから京都、奈良、大津を経て木曽路を通って江戸に帰るという壮大な長旅である。この旅は翌年四月までの八か月を要している。その間、伊賀上野へは二度たち寄っているが、芭蕉の故郷への強い思いがうかがえる。

では何の目的で旅に出たのか。それは西行が旅で和歌を究めたように、自分の俳諧の新しい道を探ることにあった。そのために各地の自然の風光を探勝し、歌枕《うたまくら》（古歌に詠まれた名所）を訪ね、古人の思いに触れようとした。

その旅姿は、自分で丹念につくった笠をかぶり、重たい笈《おい》（仏具、衣類、食器などを入れる箱）を背負い、紙衣《かみこ》（和紙に柿渋を塗った衣）の法衣《ほうえ》の襟《えり》には古人の詩歌集と筆記用具を入れた頭陀袋《ずだぶくろ》をかけ、杖に寄りそう姿であった。これは古来の行脚僧《あんぎゃそう》の旅姿であり、西行もそうであった。

野ざらしとは骸骨のことである。一歩旅に出れば、どこで骸骨になるかもしれないという悲壮な思いをつぎの句に詠んでいる。

　　野ざらしを心に風のしむ身かな

道に行き倒れて白骨を野辺にさらしても、との覚悟をもって旅立とうとすると、ひとしお秋風が身にしみる、[11] という。これは西行が伊勢や奥州へ旅立つときに「わが身はいったいどうなるのであろうか」と、不安な思いを抱いたのと同じであった。

芭蕉の母は庵が焼失した年の六月に亡くなった。しかし母の葬儀には帰っていない。よって野ざらしの旅の目的の一つは母の墓前に参ることにあったようだ。江戸を出発してから一か月後の九月に伊勢をまわって伊賀上野の兄の家に着いている。そのときに詠んだ詞書と句を野ざらし紀行に入れているが、その詞書を次に示す。

長月《ながつき》の初《はじめ》、古郷《こきやう》に帰りて、北堂《ほくだう》の萱草《けんさう》も霜枯果《しもかれは》て、今は跡だになし。何事も昔に替《かは》りて、はらからの鬢白《びんしろ》く眉皺寄《まゆしわより》て、只《ただ》「命有《いのちあり》て」とのみ云《いふ》て言葉ハなきに、このかみの守袋《まもりぶくろ》をほどきて「母の白髪《しらが》おがめよ、浦島の子が玉手箱、汝《なんぢ》がまゆもやゝ老《をい》たり」と、しばらくなきて。

その意は、晩秋の九月初め頃に故郷にやっと帰り着いたが、母が死んでからすでに久しく、北堂の萱草《かやくさ》も霜に打たれてすっかり枯れ果て、今はその跡さえもない。何事も昔とはすっかり変わってしまい、兄姉妹たちの鬢《びん》も白くなり、眉根《まゆね》には皺《しわ》がより、ただ「おたがい無事に今までよくまあ生き永らえた」というだけで後は言葉も出なかった。兄が守り袋を開いて、「母の白髪を拝みなさい、久しぶりに帰ったお前は浦島の子の玉手箱のようなもの、そのせいか、お前の眉もずいぶん白くなったなあ」と、たがいにしばらく泣き合った、[12] という。

二九歳のときにこの故郷を出てから十二年にもなる。その間の三四歳のときに一度帰ったきりであった。母がいた北堂すなわち家の北にある隠居部屋の前庭に植わっていた萱草もすっかり霜で枯れ果てていた。兄と四人の姉妹の鬢も白くなり、眉根にはしわが増えていた。まさに浦島の子であった。兄弟姉妹六人がたがいに手をとり合って再会をよろこび、よくもまあ、ともにここまで生き永らえたと涙があふれるごとくに泣き合う。仲のよい兄弟姉妹であったらしい。ぼろぼろになった破れ笠をかぶり、よれよれになった紙衣を着た、まさに乞食姿のみすぼらしい芭蕉を兄と姉妹たちは世間体など気にせず歓喜をもって迎えたのである。兄から渡された母の形見の白髪を、死に水をとれなかったことを詫びながら握りしめる。兄の「お前の眉もずいぶん白くなったなあ」のいたわりの言葉に涙が止まらない芭蕉であった。そして次の句を詠む。

手にとらば消《きへ》んなみだぞあつき秋の霜《しも》

母の形見《かたみ》の白い遺髪を手にすると、思わず涙が流れ、その熱い涙で母の白髪が秋の露のごとくはかなく消え去るような思いがする、[13]という。九月初めとは陰暦のことで、陽暦でいえば十月の中頃にあたる。盆地の伊賀上野は霜の季節になった。西行も詠んだように、すぐに消えゆくはかない露に世の無常をみたのであろう。こころに沁《し》みる句である。

芭蕉は大和に帰郷する千里《ちり》を同行しており、数日してこの家を発つ。そして大和で千里と別れ、その後に西行の庵跡がある吉野に入る。さらに琵琶湖の東を通って美濃、尾張を経て、その暮れにふたたび伊賀上野に行く。おそらく兄や姉妹たちが新年をともに迎えようと彼を誘ったのであろう。故郷に向かう途中に詠んだ句がある。

年暮《としく》れぬ笠きて草履《わらぢ》はきながら　（『甲子吟行《かっしぎんこう》』）

昨日も今日も旅から旅へと漂泊するが、いつしかこの年も暮れつつある。世の人びとは年の暮れというので忙しいことであるが、自分は笠をかぶって草履《わらじ》を履《は》いたままの旅姿よ(14)、という。ここには漂泊の思いと、これが自分の運命だと自覚する悟りの境地がうかがえる。もうすこし歩けば、こころ優しい兄と姉妹たちが待つ伊賀上野がある。さあ故郷へ参ろう、このときは歩くのも軽やかであったに違いない。

7　ふたたび庵の暮らし

八か月の野ざらしの旅を終えて江戸深川の庵に帰ったが、また貧乏暮らしが始まった。この年の暮れにつくった次の句にその暮らしぶりがうかがえる。芭蕉四二歳の作である。

もらふてくらひ、こふてくらひ、飢寒《きかん》わずかにのがれて
めでたき人のかずにも入《いら》ン老《をい》のくれ　ばせを　（『真蹟懐紙《しんせきかいし》』）

詞書には、貰《もろ》うては食らい、乞《こ》うては食らいして飢えと寒さをわずかにのがれて、という。よって友人や門人たちの差し入れで何とか暮らしていたのであろう。しかし旅に出たときには、そ

の途中で知人宅や寺宿などで食事をすることもあったが、やはり西行など漂泊の人たちと同じように出家僧のごとく乞食《こつじき》をして家の門前に立って食を乞うたのであろう。このときより三年後（元禄元年）の木曽路の旅の更科《さらしな》紀行では鉄鉢《てっぱつ》を持って乞食をしている。さらにその翌年の奥の細道の旅では、その鉄鉢に加えて菰《こも》をかぶった姿で旅をしたが、菰とはすこし上等の筵《むしろ》のことである。寒さを凌ぎ、雨にもぬれないようにそれをかぶったみすぼらしい姿であった。旅では出家僧のように乞食となり、庵では人の志で暮らしていた。

句は、今年もやがて暮れようとしている。思えばこの一年も、あちらに乞い、こちらに貰って、何とか飢え死にせずにすごしてきた。こうした老いた年の暮れをすごせるのは、世間でいえば、めでたい人の数に入ることであろうよ、[15]という。そのような暮らしを詠んだ愉快な句がある。

米のなき時は瓢《ひさご》にをみなへし　（『七柏集《しちはくしゅう》』）

瓢《ひさご》すなわちひょうたんは、前にのべたように深川の庵に移った翌年にすでに置かれ、友人門人たちがそこに米を時々差し入れしていたが、焼失後の庵にも置かれた。友人素堂《そどう》の『家集』によれば、つぎのようにのべる。

ある人芭蕉庵にひさごをおくれり、長サ三尺にあまりめぐり四尺にみつ。天然みがゝずして光あり、うてばあやしきひゞきを出す。是《これ》をならして謳歌《をうか》し、あるいは竹婦人《ちくふじん》になぞらへて納涼のそなへとし、また米をいるゝ器《うつは》となして、うちむなしき時は朋友《ほうゆう》の許《もと》へ投ずれば満《みち》て帰りぬ。

素堂によれば、ひょうたんは誰かから贈られたものという。その長さは三尺（約九一センチ）もある大きなものであった。磨かずしてすでに光沢を放ち、打てば妖《あや》しげな音を出し、たまにひょうたんを叩いて歌うこともあったようだ。米の入れ物としても重宝《ちょうほう》したようで、米が無くなると、空《から》のひょうたんを友人のもとへ預ければ米が満杯になって返ってきたという。ひとり孤独な雰囲気もあるが、そこには何となく可笑《おか》しさもただよう。この家集を書いた素堂とは、甲斐《かい》（現山梨県）の裕福な町人の家に生まれ、京都で俳諧、江戸で経学《けいがく》を学び、芭蕉と盛んな交流があった。葛飾《かつしか》の庵で暮らしており、芭蕉は彼のことを隠士《いんし》と呼んでいる。

前の句は、そのようなひょうたんに米が無くなれば、それに女郎花《おみなえし》をさしてながめて楽しむ[16]、という。貧乏ではあるが、その暮らしに清雅《せいが》を見出す芭蕉であった。そしてさらに次の句もある。

ものひとつ瓢《ひさご》はかろき我《わが》よかな　（『四山《しざん》集』）

この庵の内は、物らしきものとしては、ひょうたんが一つあるだけで、我もこのひょうたんのような身軽な人生だ[17]、という。そこには貧乏暮らしではあるが、世俗を離れた自由なよろこびが感じられる。

芭蕉は初めての長旅、野ざらし紀行の大津へ向かう途中で平凡な自然の中にこころ洗われる奥深い美しさを見出し、それを次の句に詠む。

山路《やまじ》きて何《なに》やらゆかしすみれ草　（甲子吟行）

その意は、ひとり山路を登って行くと、ふと路ばたにすみれが咲いているのが目に留まった。何という可憐な花だろう、人目につかずつつましく咲いているが、よく見ると紫色の気品な花である。しばらく立ち止まってそれに見入る、[18]という。

このような自然の発見はこの庵の庭でもみられる。次の句は貞享三年（一六八六）の四三歳の作である。

よく見れば薺《なずな》花さく垣根かな　（『続虚栗《みなしぐり》』）

ふと庵の垣根のあたりに目をやると、そこに小さい花が咲いていた。そばに寄ってよく見ると、それは薺《なずな》の花であった。人目につかない垣根の下で控えめに咲いている花がこんなにも可愛い花であったのか、[19]と感嘆する芭蕉であった。薺とはぺんぺん草のことで、または三味線草《しゃみせんぐさ》ともいい、春の終わり頃に小さな白色の十字の花を咲かせる。野の草花の中でも誰も気にしない花に優しい思いを向ける。

この庵の近くには古い池があった。使わなくなった鯉のいけすであろう。芭蕉はそこでも新たな発見をする。それが次の句であり、前の句と同じ春の作である。

古池や蛙飛《かわづとび》こむ水のをと　（『春の日』）

それは静寂な春の日のことであった。庵の前を流れる隅田川は波もなく穏やかだ。あたりはひっそりとして何の物音もない。そのとき、ポチャンと蛙の飛びこむ音がした。静寂は一瞬破られたが、その後ふたたび元の静けさに戻る。[20]この動と静の織りなす微妙な自然の変化を鮮やかにとらえ、それを短い句に集中的に表現したところにこの句の深い味わいがある。それに、その自然を発見したときの感激とよろこびもうかがえる。芭蕉はそのとき、自分の選択した道は決して間違っていなかったと確信したことであろう。それは前にのべたように、「清く澄んだ静けさが世の中の狂いや生き方を正すことができる」という老子の思想であったが、それはさらに「清静《せいせい》の環境に身を置いてこそこころの歪みを正すことができ、真実が見える」の言葉にもつながる。芭蕉は誰も気づかなかった自然の真実を見たのである。

9　芭蕉の人生観

芭蕉はもともと病弱な身であった。野ざらしの旅から帰ってからは一時病に臥せっていた。旅の疲れが出たのであろうか。それも翌年の春には何とか癒《い》えている。さらにその翌年の八月に庵近くの泊まりから船に乗り、下総《しもうさ》を経て常陸《ひたち》の鹿島（現茨城県鹿嶋市）に月を見る旅に二人の友人といっしょに出かけるが、それから帰ってすぐの十月にまた七か月の長い旅に出る。

貞享三年（一六八六）、四三歳のときであった。三河、尾張、桑名を経て伊賀上野で大晦日と新年を迎え、そして、伊勢、吉野、須磨、明石、京都を経て江戸に戻るという旅路である。この旅の紀行文『笈《おい》の小文《こぶみ》』では、その序で風雅の道を究めつつある芭蕉の人生観をのべるが、それを次にみよう。

百骸九竅《はくがいきうけう》の中《うち》に物有《あり》。かりに名付《づけ》て風羅坊《ふうらばう》といふ。誠にうすものゝかぜに破れやすからん事をいふにやあらむ。かれ狂句《きやうく》を好《このむ》こと久《ひさ》し。終《つひ》に生涯のはかりごとゝなす。ある時は倦《うん》で放擲《はうてき》せん事をおもひ、ある時はすゝむで人にかたむ事をほこり、是非胸中にたゝかふて、是《これ》が為《ため》に身安《みやす》からず。しばらく身を立《たて》む事をねがへども、これが為にさへられ、暫《しばら》ク学《まなん》で愚《ぐ》を暁《さとら》ン事をおもへども、是が為に破られ、つゐに無能無芸にして只此一筋《ただこのひとすぢ》に繋《つなが》る。西行の和哥《わか》における、宗祇《そうぎ》の連哥《れんか》における、雪舟の絵における、利休が茶における、其貫道《そのくわんだう》する物は一《いつ》なり。しかも風雅におけるもの、造化《ざうくわ》にしたがひて四時《しいぢ》を友とす。見る処《ところ》花にあらずといふ事なし。おもふ所《ところ》月にあらずといふ事なし。像《かたち》花にあらざる時は夷狄《いてき》にひとし。心花にあらざる時は鳥獣に類ス。夷狄を出《いで》、鳥獣を離れて、造化にしたがひ、造化にかへれとなり。

百骸九竅《ひゃくがいきゅうきょう》とは荘子《そうし》のことばである。百の骨と九つの穴を持つわが身の中には、或るものすなわち詩心があり、ゆえに風羅坊《ふうらぼう》と名づけたという。それは、わが身が風に破れやすい薄衣《はくい》のようにはかないものであるからとする。そして狂句《きょうく》すなわち俳諧を好むことがすでに久しく、ついに今では一生をかけた仕事になっている。これまでは、或るときは飽いて放り出そうか、また或るときは励んで人に勝つことを目指してそれを誇りにしようかとも考え、そのどちらにしようかと思い悩み、そのために心身の落ちつかないことがあった。また一度は、世間なみに出世をしようかと志を立てたこともあったが、好きな俳諧が妨げとなってそれもままならず、或いは、しばらく仏の道に入って自分の愚かさを悟ろうとしたが、やはり俳諧のためにその意を破られ、ついに無能無芸でただこの道一筋に生きてきた、[21]という。

以上にみる述懐《じゅっかい》は、芭蕉のこれまでの苦悩と思い悩んだ人生を率直に告白している。一度は武士の社会で出世を志したこともあったようだが、好きな俳諧の道を捨てきれず、また俳諧での競争に勝って名誉を得ようとしたが、やはりそれは邪道と思い悩む。そのような迷いを背負いながらただひたすら俳諧の道一筋に生きてきて、ここに風羅坊という境地に達したのであった。そして和歌の道の西行、連歌の道の宗祇《そうぎ》、絵画の道の雪舟、茶道の利休、それぞれ携わった道は異なるが、それらの道の根本は一つであるという。それは風雅の道に生活をも含めたすべてを生きることとであった。

さらに芭蕉はのべる。風雅すなわち俳諧というものは、造化すなわち天地自然にしたがって四季の移り変わりを友とする。見るものすべてが花であり、思うことすべてが月でないことはない。見るものすべてが花でないならば夷狄《いてき》（野蛮人）と同じであり、こころに思うことが月でないならばそれは鳥獣《ちょうじゅう》の類《たぐい》である。だから夷狄や鳥獣の境涯《きょうがい》（生きて行く立場）から抜け出して、天地自然にしたがい、天地自然の根本に立ち返るべし、という。

これは老子の思想に近い。それは、すべての万物は大いなる流れにしたがい、また定められたところに返る、それを知ることが智慧《ちえ》である、その大いなる流れとは天地自然の道理であるという。そして余計なことをしないで無の力に任せ、こせこせずに大きく見てゆったりと大胆に生きることを諭す。芭蕉は俳諧の道で、そのような人生観に到達したのであった。

10 新しい庵

元禄二年（一六八九）の三月、これまでで最も長い奥の細道の旅に出る。芭蕉四六歳のときであった。今度の旅ではもう生きて帰れないと覚悟したのか、庵は人に譲ってしまう。幸いにもその旅を無事に終えた後、約二年のあいだ畿内の各地を転々とし、江戸に帰ったものの住むところはない。そこで翌年の元禄五年（一六九二）五月に友人たちが新しい庵を芭蕉のために建てる。そのいきさつを『芭蕉《ばせう》を移《うつ》す詞《ことば》』の俳文にのべている。この俳文は三種類あり、その一つには、

「古い芭蕉庵は山口素堂翁が再建勧化簿《かんげぼ》の序を書いて、其角《きかく》、一晶《いっしょう》らが勧進聖《かんじんひじり》となって、風雅に理解ある人びとからわずかずつの寄付を集めてくれた。今度は杉風《さんぷう》一人が多くを負担し、枳風《きふう》もすこし援助して、造作や間取りなどは曾良《そら》と岱水《たいすい》らが趣向をこらして考えてくれた[22]」

とある。これらの人びとは芭蕉の友人門人である。その中の曾良とは、諏訪藩の武芸に優れた武士であったが、それを捨てて芭蕉の下で俳諧を学ぶ。芭蕉の庵近くのあばら家に住み、朝夕に訪ねきては芭蕉と語り合い、奥の細道の旅にも同行した頼もしい存在であったという。芭蕉の周辺にはこのような多彩な経歴の人が多くいた。

図195　芭蕉翁絵詞伝にみる深川の新庵

新庵の場所は旧庵のほど近くにあった。その風景も前にみた芭蕉翁絵詞伝に描かれているので、それを図195にみよう。屋根は茅葺きであり、庵の左側が六畳ほどの部屋である。その前に板張りの縁が右手の奥に廻る。その右の方には格子の付いた高窓があり、その中が台所であろう。その前には板縁に続く竹の縁がある。右端に手水鉢があることから、その竹縁を降りて裏の別棟の厠に行くのであろう。正面の間口は六畳部分が一間半、台所部分が一間半の併せて三間のようである。この庵の風景についても、前に見た俳文の二つめにつぎのようにのべる。

三間《みま》の茅屋《ばうをく》つき〴〵しう、杉の柱いと清げに削《けづり》なし、竹の枝折《しをり》戸《ど》安らかに、葭垣《よしがき》厚くしわたして、南にむかひいけにのぞみて水《すい》楼《らう》となす。地は富士に対して、柴門景《さいもんけい》を追《をふ》てなゝめなり。

茅葺きの新庵は間口三間であった。その柱は杉を鉋がけした美しいものであったという。この頃の粗末な家は手斧《ちょうな》で粗削《あらけづ》りをした柱であり、おそらく旧庵もそうであろう。芭蕉はその柱を「清げに」と驚いている。また竹の枝折戸《しおりど》とは竹で編んだ押し開く戸のことをいい、それはこざっぱりした風情のある戸であった。それを柴門すなわち小枝でつくった簡素な門柱に取りつけている。その位置は、西に見える富士山の景色を遮らないように東側に斜めにして設けている。

いた。新庵は池に臨んで南向きに建ち、水楼（池に面した楼閣）のような趣があるという。そして垣根の一部は葭《よし》（蘆《あし》のまだ穂の出ていないもの）を厚くしてつくっている。この俳文の三つめにはもうすこし詳しい様子をのべているが、それは次のごとくである。

北に背《そむい》て冬をふせぎ、南にむかひて納涼をたすく、竹欄《ちくらん》池に臨《のぞむ》るは、月を愛｛すべき｝料《れう》にやと、初月《はつづき》の夕《ゆふべ》より、夜毎《よごと》に雨をいとひ雲をくるしむほど、器《うつはもの》こゝろ〳〵に送りつどひて、米は瓢《ひさご》にこぼれ、酒は徳《とく》りに満《み》ツ。竹を樹《うゑ》、樹《き》をかこみて、やゝ隠家《かくれや》ふかく、猶《なほ》名月のよそほひにとて芭蕉五本《ばせういつもと》を植《うゑ》て、其葉《そのは》七尺余《あまり》。

始めの「北に背《そむひ》て冬をふせぎ」とは葭《よし》を厚くしてつくった垣根のことで、冬の北風を遮るために庵の北に設けていたのであろう。「南にむかひて納涼をたすく」とあるので、南向きの庵は開口部を広くとり、日当たりや風通しをよくしていた。また「竹欄《ちくらん》池に臨《のぞむ》る」とは、池と庭との境には竹の欄干《らんかん》をつくり、池に映った月を欄干の隙間からでもよく見えるようにしている。そして庭の中は竹や木樹を多く植えたので隠れ家のようだという。さらに大好きな芭蕉の木を五本植えたが、その葉の長さは七尺（約二・一メートル）もある大きなものであった。それは人に譲った旧庵に植えられていたが、奥の細道の旅に出る前にその株だけを垣根の外に移し替えていた。もう江戸には戻れないと思い、大好きな芭蕉の木だけは枯らすまいと近所の人に霜よけや風囲いをくれぐれもよろしくと頼んでいた、と前の俳文に記している。彼はその芭

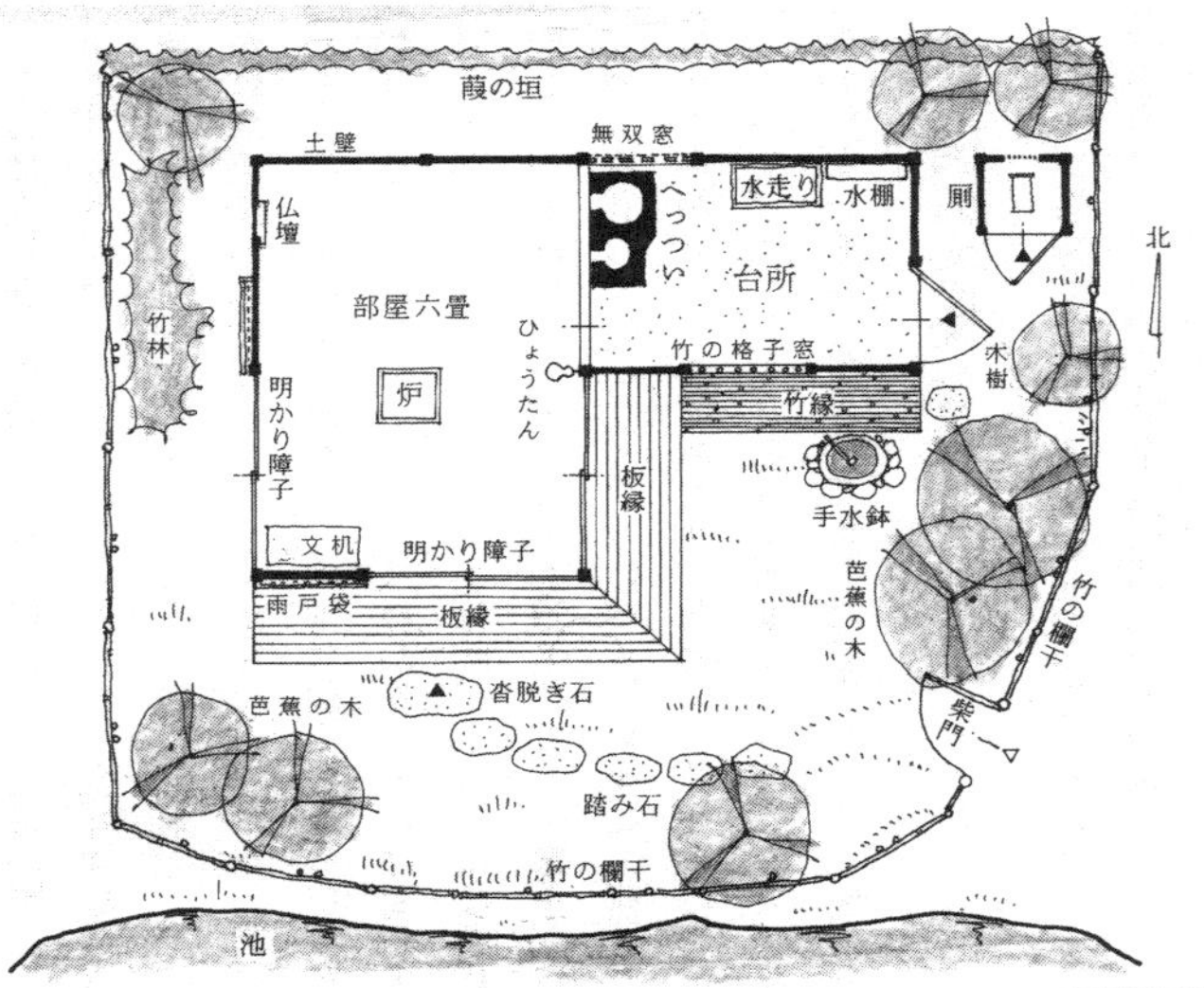

図196　深川の新庵

図197　深川新庵の風景

蕉の木に再会したことをよろこび、「唯《ただ》このかげに遊《あそび》て、風雨に破れ安《やす》きを愛するのみ」と詠む。すなわちこの木の陰で遊んで、風雨に弱くてもろい芭蕉の木を愛するのみ、という。なぜ彼は芭蕉の木を愛したかがこの文からわかる。それは弱い生きものへの優しさと慈しみであった。

月がまだ三日月の夜から毎晩、十五夜が雨になりはしないか、雲がかかりはしないかと心配しているあいだに友人たちが食べ物や食器の類を届けてくれ、米は瓢《ひさご》（ひょうたん）に満ちあふれ、酒も徳利に一杯になったという。図196、197は新しい庵の風景であるが、曾良《そら》と岱水《たいすい》が趣向を凝《こ》らしただけあって趣のある庵になっている。

11　愉快な暮らし

ところが新庵ができた翌年の七月、芭蕉は突然に門戸を閉じて庵にこもってしまう。その思いを『閉関《へいかん》之《の》説《せつ》』の俳文に次のように詠む。

南華老仙《なんくわらうせん》の唯《ただ》利害を破却《はきやく》し、老若《らうにやく》をわすれて閑《かん》にならむこそ、老《をい》の楽《たのしび》とは云《いふ》べけれ。人来《きた》れば無用の弁有《べんあり》。出《いで》ては他の家業をさまたぐるもうし、尊敬《そんけい》が戸を閉《とぢ》て、杜五郎《とごらう》が門を鎖《とざさ》むには。友なきを友とし、貧《まづしき》を富《とめ》りとして、五十年の頑夫《ぐわんぷ》、自《みづから》禁戒《きんかい》となす。

南華老仙《なんかろうせん》とは荘子のことである。その荘子がいうように、ただ利害を捨て、老若を忘れて静かな境涯となることこそ老いの楽しみであろう。しかし人がくれば無駄なおしゃべりをし、外に出歩けば人の家業を妨げることになってこころ苦しい、という。尊敬《そんけい》（孫敬のこと。中国三国時代の人で常に戸を閉じて読書した。）のように戸を閉ざし、杜五郎《とごろう》（中国顕昌《けんしょう》の人。門を閉じて外出せぬこと三〇年におよぶ。）のように門を閉めて一歩も外に出ないようにしようと決心する。そして友のいないことを友とし、貧しいことを富みと考え、五〇歳のかたくなで愚かな男が自ら書き、自らへの戒《いまし》めとする、[23]と結ぶ。

この文からは、何か大きな理由があって悲壮な思いで門戸を閉めたのではなさそうだ。世俗を離れた老いる身であるので、ただ静かな暮らしをしたいという気もちからのようだ。また急に門を閉めて、それを楽しむ愉快さもうかがえる。この頃芭蕉の名は、江戸はおろか京都大坂の俳諧の世界にも知れわたっていた。元禄二年版の『江戸總鹿《そうか》の子』の俳諧の部には、当時の名高い俳諧師と俳名を掲載しているが、芭蕉は一四人のうちの第一位であった（芭蕉全傳・所収）。よって新庵の門を叩き、弟子入りを請う人も多くいたであろう。人は自分の利を考え勢いのある人に群らがり、それが無くなればすぐに去ってしまうのは世の常である。そのような栄枯盛衰と人の薄情なる様子を平安時代の慶滋保胤《よししげのやすたね》など古来から多くの文人たちが詩に詠んできた。この芭蕉の庵にもやはり人が群がり始めたであろう。彼はその愚かな狙いを見抜いていたのかもしれない。加えて以前からの芭蕉を支えてきた友人門人たちもよく訪ねてくる。このような騒がしい中で、やはり静寂のひとときが欲しかったのである。

しかしこの閉関《へいかん》、すなわち門を閉じて人にまったく会わない暮らしは一か月ほどで挫折し、その後はふたたび門人たちの指導や世話に奔走する。だが門を閉める楽しさは時々していたようだ。翌年の春につくった愉快な連句がある。

門しめてだまってねたる面白さ　　芭蕉

いつのことであろうか、時はまだ宵の口である。でも早々と門を閉めてだまって寝てしまうのもなかなか面白いものだ、[24]と洒落《しゃれ》る。行灯《あんどん》の明かりを消して布団にもぐりこむが、門前には誰かが訪ねてきた気配がする、布団からすこし顔を出してじっと耳をその方に向けながら、ほくそ笑む童心のような芭蕉が愉快である。そして次にみる友人野坡《やば》の対句がまた面白い。

ひらふた金《かね》で表《をもて》がへする　　野坡

拾った金をだまって懐《ふところ》にしまいこみ、わが家の畳の表替えをしたよ、[25]と詠む。芭蕉がだまって寝たるという風雅なよい思いをしたので、それを俗人に置き換えて、だまって懐に入れて畳替えをしてよい思いをしたよと答える。

この頃の芭蕉はしだいに枯れた味わいのある句をつくる。次にみるのはその一つである。

子ども等《ら》よ昼顔《ひるがを》咲《さき》ぬ瓜《うり》むかん　（『藤の実』）

この辺鄙《へんぴ》な場所にある新庵にも子どもたちが遊びにやってきた。たまに門戸を閉める芭蕉も子どもたちにはよろこんで庭を開放する。さあさあ子どもたちよ、そこに可愛い昼顔が咲いている、瓜もちょうど食べごろになったので、それをむいていっしょに食べようではないか、[26]と誘いかける。この瓜とは黄金色の真桑瓜《まくわうり》のことであろう。それを子どもたちと分け合って食べようとする芭蕉の姿が微笑ましい。こころ休まるひとときであった。

ところで芭蕉は前にみた俳文にのべているように、貧しいことは富《と》みという。それは老子の説く「足《た》るを知る者は富む」の生き方であり、今、この自分の状況を天命と思って満足すれば、こころ豊かな富みが得られるという意味である。彼はそのような境地に達していた。

12　死出の旅

芭蕉は奥の細道の旅から帰って日本橋橘町の借家に居たときから、すぐにでもまた旅に出ようとする。俳文『栖去之弁《せいきょのべん》』には、詩情が胸の中に湧き起こって風雅の魔心に誘われるので、腰に穴あき銭一〇〇文を括《くく》りつけ、杖一本と托鉢《たくはつ》の鉄鉢《てっぱつ》一つに命をつなごう、[27]とのべる。乞食《こつじき》をしてでも旅に出たくて、いてもたってもいられなかったのだろう。芭蕉にとっての風雅の道とは旅そのものになっていた。友人たちが新庵をつくってくれてしばらくはそこで暮らしていたが、元禄七年（一六九四）の五月に意を決して東海道を西に向かう。体調がよければ九州筑《つく》紫《し》まで行くつもりであったらしい。この旅を見送る友人門人たちに返した句がある。

麦の穂《ほ》を便《たより》につかむ別《わかれ》かな　（『有機海』）

また西上の旅に出ることになり、みなさんとはいよいよここでお別れである、もうふたたびお目にかかれぬかも知れぬ。道端の麦の穂をつかんでこころの支えとし、さあ旅にでよう、[28]という。その句には、今度の旅こそもう帰れないという死の予感がただよう。
旅はまず伊賀上野に帰郷して俳会を務めた後、大津、京都、嵯峨などに行く。七月には盆会《ぼんえ》のためにふたたび帰郷し、しばらくして大坂に出向くが、その途中で病が再発する。そのときに次の句を詠む。

この道や行人《ゆくひと》なしに秋の暮《く》れ　　（『笈《おい》日記』）

この句は悲しくて寂しい。秋の暮れの道をじっと見ていると、前にも後ろにも行く人はおらず、ただ自分一人である、[29]という。芭蕉の病はさらに悪化し、とうとう大坂御堂前《みどうまえ》花屋仁右衛門方の座敷に臥す。そこで口伝えで次の句を詠む。

旅に病《やん》で夢は枯野《かれの》をかけめぐる　　（笈日記）

四日後の十月十二日の夕刻、多くの友人門人たちに見守られながら、四一歳からの風雅の魔心にとりつかれた漂泊の旅は五一歳でここに閉じる。

三　良寛の庵と暮らしの風景

1　越後のふるさとへ

琵琶湖の東岸沿いの近江路《おうみじ》を通り、越後の出雲崎《いずもざき》に向かって歩くひとりの行脚僧《あんぎゃそう》がいた。それは三九歳の良寛であり、捨てたはずの故郷への旅路である。その道は中山道《なかせんどう》を通り、信濃松本を経て糸魚《いとい》川から北陸道を行くのであろう。ときに寛政《かんせい》八年（一七九六）のことである。その思いを詠んだ歌がある。

近江路をすぎて
ふるさとへ行《ゆ》く人あらば言《こと》づてむ、けふ近江路を我《われ》越《こ》えにきと

ふるさとの越後に行く人あらば言伝《ことづて》を託したい、私は近江路を越えたところだ[30]、という。出家僧の行脚は修行である。それは人から食物をいただくことによって、その施《ほどこ》しへの感謝とともに、食物がつくられるまでの労苦を思うという受食《じゅじき》の修行であった。いわゆる乞食《こつじき》の行脚であるが、家々を訪ねて歩くのでふつうの旅人よりも日数がかかる。それゆえに越後に向かう旅人にわが身の近江越えを伝えてほしいと詠む。この歌には、やむにやまれず故郷へ帰る複雑な思いもうかがえる。近江路を過ぎるあたりの北方には、「花にもよらず、雪にもよらず、只これ孤山《こざん》の徳あり。其まゝよ月もたのまじ伊吹山」と芭蕉が詠んだ孤高の伊吹山がそびえる。

その山を見上げつつ、若い頃から慕う芭蕉の句を偲びながらの旅であった。越後の家を出てから十七年にもなる。遠く離れた行脚の途中で詠んだ句がある。

われ喚《よび》て故郷《こきやう》へ行《ゆく》や夜の雁《かり》

故郷を捨てて諸国を旅する私であるが、いっしょに故郷へ帰ろうと呼ぶかのように雁が鳴きながら夜の空を渡って行く[31]、という。村里への道であろうか、歩いているうちに日は暮れて、空には雁が群れをなしてどこかへ帰り行く。その鳴き声は、お前も故郷へ帰ろうと聞こえるという。寂しいひとり旅の風景である。若い頃からの念願で仏の道に入り、父と母を捨て、家を捨てて諸国を行脚してもうかなりの歳月がたつ。故郷への思いは募《つの》るばかりであった。進んだ道は間違いではなかったが、自分勝手な思いで捨てざるを得なかったことに悩みながらも、やはり帰ろうとして近江路を過ぎ行く良寛である。

2　それまでの良寛

若き頃

良寛は宝暦《ほうれき》八年（一七五八）に出雲崎の町名主《まちなぬし》であった橘屋山本家の長男として生まれ、本名を栄蔵《えいぞう》と称した。出雲崎は北前船《きたまえぶね》の寄港地として、また佐渡からの金銀の荷揚げの港として栄えてきた。その港町で橘屋は古くからの有力な廻船《かいせん》業者(船で人や荷を運ぶ)であったらしい。

さらに町の北側にある石井神社の神職も兼ねる。いわゆる出雲崎の名門家であった。そのような家業の傍《かたわ》ら、父の泰《やす》雄《お》は芭蕉風の俳諧に親しみ、俳号を以南《いなん》と称するほどに熱心であった。家には芭蕉の俳諧書などがたくさんあり、良寛はそのような環境で育つ。さらに出雲崎からすこし離れた地蔵堂（現在の燕《つばめ》市分水《ぶんすい》）の狭川《せばがわ》というところに大森子陽《しよう》が開いた漢学塾三峰館《さんぽうかん》に七歳のときから下宿住まいで入門する（図198）。詩文をつくってはいつも友人たちと会い、ゆったりと時をすごした。また家は裕福であったから、おしゃれな着物を着て目当ての遊女がいる花街にも繰り出し、いろんな遊びを楽しみ、酔いつぶれてはめを外すこともあったが、やはり根は学問好きであったようだ。

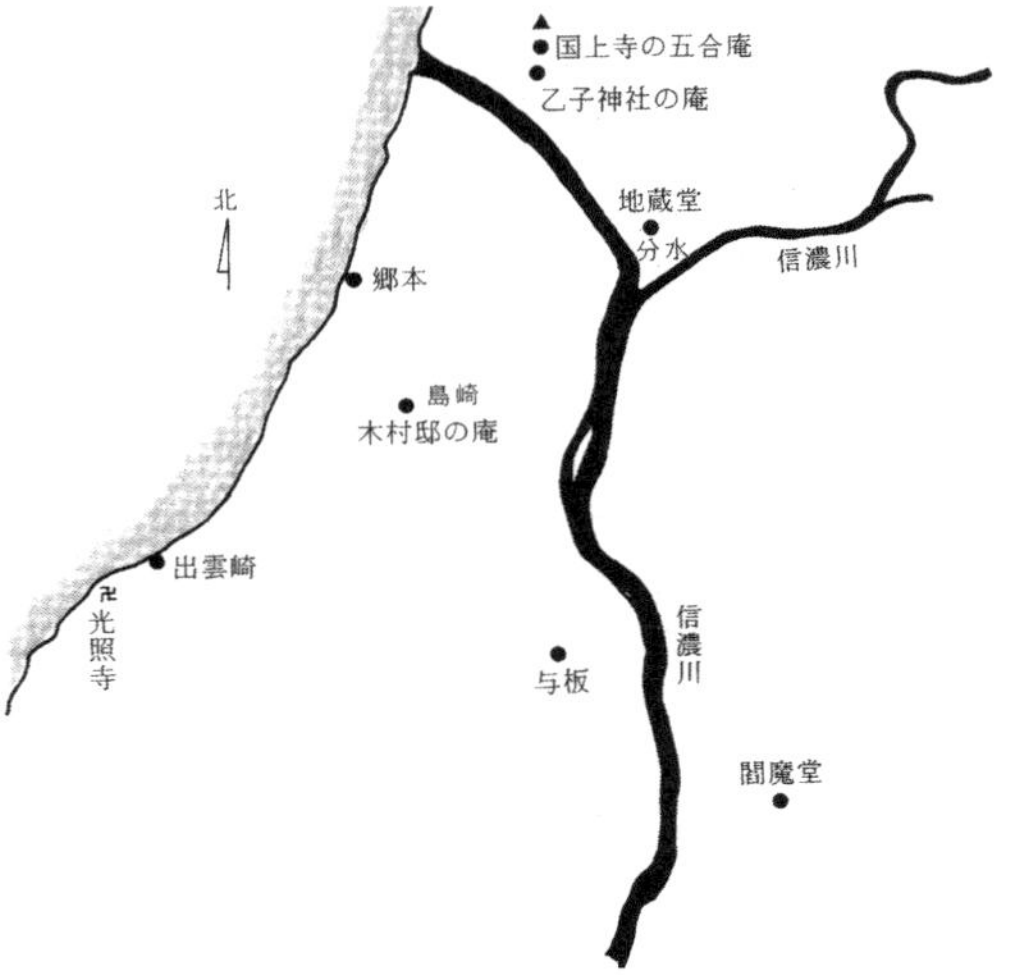

図198　出雲崎とその周辺

そのような青春時代に彼は自分の将来をどのように考えていたか、それをうかがうのに次の二つの述懐の詩がある。一つは三峰館時代の与板《よいた》（現在の長岡市）の大庄屋の息子であった親友三輪左市《みわさいち》の死を悼んでつくった詩であり、それを訳文で示す。

「君とは少年時代から地蔵堂の狭川の三峰館へ通ったものだ。同門の学友だっただけでなく、いっしょに清らかな山水の自然の中で暮らそうと約束していた」[32]

漢学をともに学んでいたから、孔子の論語や老荘《ろうそう》の書物、杜甫《とほ》、李白《りはく》などの詩を編集した『唐詩選』、それに平安の貴族文人たちのあいだで流行った白楽天の詩も当然読んでいたであろう。町名主と大庄屋のともに恵まれた環境にあって、彼らの清閑な暮らしに憧れる二人の純真な姿をそこに見る。次の詩の一節もその流れにある。

少小《しょうしょう》筆硯《ひっけん》を抛《なげう》ち、窃《ひそか》に出世《しゅっせい》の人を慕《した》う

若い頃、学問をやめて、ひそかに出世人《しゅっせいにん》（出家した僧）を慕い、その道を歩もうと考えていた、という。出家した僧とは西行のことであろうか。良寛は芭蕉を慕うとともに西行も敬慕していたようだ。

意気揚々とした旅立ち

ところが、この頃に新興勢力であった町年寄《まちどしより》の敦賀屋鳥居家がしだいに台頭し、町名主の橘屋との勢力争いが起こる。表面上はこの二つの家がともに代官所の下で町の政務をおこなう役であったが、裏では港の利権をめぐる争いがあったようだ。欲と名利がうずまく世俗を離れ、風雅を究めて人の生きる真実を求めた芭蕉風の俳諧に親しむ橘屋当主の父は、そのような争いには深入りしたくなかったであろうし、それに打ち勝ち、人を踏み倒すような執念も持ち合せていなかったとみられる。

良寛が父からの要請を受けて名主見習役になったのは十八歳のときである。おそらく長男として家を継がせ、ともにこの事態を乗り切りたいと思ったに違いない。だが良寛はまもなくして突然の家出をし、以後しばらく各地を放浪する。その理由は、やはりそのような世俗の争いには馴染めず、若い頃からの念願である仏の道に進みたいという思いからであろう。父はしかたなく弟の泰儀《やすよし》を家出から三年後に名主見習役にして後を継がせることにした。父の思いはいかばかりであったか。家出した翌日、代官所に他出願いを出して行方を捜しまわったようだ。頼りにしていた長男に去られたという失望と、学問好きの彼に世俗にまみれた難しい家のかじ取りを委ねてすまないという思いが交錯していたことであろう。

家出して放浪した後、尼瀬《あまぜ》（出雲崎のすこし西）の光照寺《こうしょうじ》に身を寄せていた良寛は二一歳のときに父に出家を許される。その翌年、備中玉島《びっちゅうたましま》（現在の倉敷市玉島）の曹洞宗円通寺《そうとうしゅうえんつうじ》住職の国仙和尚《こくせんおしょう》が越後を巡錫《じゅんしゃく》（教化のために各地をめぐり歩く）して光照寺に立ち寄るが、そこで良寛と交わったようだ。和尚から良寛の法名《ほうみょう》を受けて得度《とくど》（出家して戒《かい》を授かる、すなわち正式な出家僧と認められる）され、やがて和尚に随行して円通寺に赴くことになる。ときに安《あん》永《えい》八年（一七七九）、良寛二二歳であった。この西国への旅立ちからしばらくして、そのときの家族との別れを思い出して詠んだ詩がある。その訳文を次に示す。

「この世は無情ではかないものとこころに思って家を出た。肉親や血縁の人たちと別れ、浮雲が大空にただようように、行方もわからず水が流れていくように西国へ旅立つ。そのときに母に別れの挨拶をしたが、今がこの世で最後の別れと思われたのか、涙ぐんで私の手をとり、私の顔をまじまじと見つめるそのお顔は、今も目の前に見えるようである。そして父に別れの挨拶をしたが、父がおっしゃることには、世を捨てて仏門に入ったからには、捨てた甲斐がないと世間の人にいわれないように務めなさいといわれたことは、今聞いたように、はっきりと耳に残っている。母のおこころは優しい。その優しいおこころを忘れないようにしながら、常に哀れみのこころをもって世の人に接してきた。また父のお言葉は重々しい。この重々しいお言葉を思い出してはわずかのあいだでも、仏の道を衰えさせまいと、朝に夕にわがこころを戒めてきた。この二つのことを、わが命がこの世にあるかぎり、父と母の形見としてこころに堅く留めていきたい[33]」

この別れは家の前であろう。父にしてみれば、名門橘屋の長男として堂々と彼の旅立ちを見送りかったに違いない。父と母の他にさらに弟や妹たち、さらに親戚や知人、それに手代や召使たちもそこにいたであろう。その旅立ちの風景はどのようなものであったか。後に詠んだ詩の中に次の一節がある。

錫《しゃく》を振《ふる》って親故《しんこ》に別れ、手を挙《あ》げて城闉《じょういん》に謝《わか》る

錫とは僧が持ち歩く杖のことである。その杖の頭には鐶《かん》が掛けてあり、杖を地面に突くとそれが鳴る。旅立ちの日、その錫杖《しゃくじょう》を振って親戚知人に別れ、手を上げてこの町に別れを告げた(34)、という。よってその姿は、頭はすでに剃髪《ていはつ》し、衣は法衣《ほうえ》、後ろに笈《おい》を背負い、前に頭陀袋《ずだぶくろ》を下げた、まさに乞食僧《こつじきそう》の身なりである。それは、新しい世界に向けての意気揚々とした旅立ちであった。

円通寺での修行は厳しく、そこで学んだことは良寛のその後の人生に大きな影響を与えたようだ。『永平録《えいへいろく》を読む』という後年につくった詩の中に、

「私は昔、玉島の円通寺にいたときに国仙和尚から正法眼蔵《しょうぼうげんぞう》の教えを受けたが、その教えによって私の生き方が変わってしまうほどの大きなこころの働きを得た」[35]といい、とくに身心脱落《しんじんだつらく》に深い感銘を受けたとのべる。身心脱落とは、道元《どうげん》の著書『正法眼蔵』の思想的中心で、すべての執着を洗い落せという。その執着とは名利であり欲望である。とりわけ学道（仏道の修行）の人はそれを徹底し、生きる最小限のもの以外のすべてを捨て去るべし、そこからこころが開放されて自由になり、悟りの一歩が開かれると説く。良寛はその教えを真剣に学び、忠実に実行したようだ。

十二年間の修行を終えて国仙和尚から印可《いんか》の偈《げ》（禅僧修行の修了書）を受ける。寛政二年（一七九〇）、良寛三三歳のときである。ふつうならそれからどこかの寺の住職に納まる。しかし彼はそうはせず、円通寺を出て諸国の行脚を続けた。彼にとって住職も名利の一つであり、修行の妨げとみたのであろう。

3　帰郷

円通寺を出てから越後に帰るまでの六年あまりの足取りはよくわかっていないが、四国などを行脚したようだ。その頃に近藤萬丈《ばんじょう》という若い旅人が、土佐（現在の高知市）城下から三里ばかり行った山の麓にみすぼらしい庵を見つけ、一晩の宿を乞うたが、そこに居たのは良寛であったという。

良寛は、やがてそこから越後への旅に出たものとみられる。その途中が最初にのべた近江路であった。しかし生家に父母はもういない。父は昨年の七月に京都の桂川に入水《じゅすい》して世を去った。享年六〇であった。入水の理由はいろいろと説があってはっきりとしたことはわからない。すでに次男に家督を譲って隠居の身であった。母は良寛が家を出た四年後に四九歳で他界している。家の前で見送るとき、もうこの世で会えないかもしれないと涙して良寛の手を握りしめたが、それが現実となってしまった。

捨てたはずの故郷へなぜ帰るのか。父母と暮らした故郷への郷愁もあったであろうが、父が死んで、弟や妹たちがいる家のことが心配になり、さりとて世を捨てた自分には何もできず、ただ見守るしかない。それが唯一自分のできることであるという切ない思いが帰郷を決意させたのかもしれない。

やがて出雲崎に着くが、生家に立ち寄ったかどうかを伝えるものはない。おそらく父母を祀る仏壇にはお参りしたであろうし、また父の死を知らせた弟と妹たちとも会ったであろう。しかしそこには泊まらなかったようだ。すこし北方の漁村郷本《ごうもと》（現長岡市寺泊《てらどまり》郷本）まで行き、海岸にあった漁師の塩焚き小屋でしばらく暮らす。この場所から詠んだ歌がある。

いにしへに　変《か》はらぬものは　荒磯海《ありそみ》と　向かひに見ゆる　佐渡の島なり
佐渡島の　山は霞《かすみ》の　眉引《まゆひき》て　夕陽《ゆふひ》まばゆき　春の海原《うなばら》

初めの歌は、昔と変わらないのは、この荒波が打ち寄せる岩の多い海辺と佐渡である、[36]という。その佐渡は母の生まれ故郷であった。優しかった母のことを思い出し、その母や若い頃の友はすでにこの世にはいない。だがこの風景は何も変わらない。そこに人の無常を悲しみ、涙する良寛であった。奇《く》しくも約百年前、この近くの出雲崎の宿から遠流《おんる》の島とされて悲しい歴史をつづってきた佐渡を見て涙する芭蕉がいた。佐渡の風景は古来から詩人たちのこころを引きつけてきたのである。

後の歌は荘厳である。海のはるか彼方に見える佐渡の山は眉を描いたように霞が横になびき、春の海は夕陽がまばゆいほどに美しい[37]、という。禅僧の良寛は一方で阿弥陀仏《あみだぶつ》も信仰し、死後は浄土へ赴くことを願っていたようだ。それは彼の

「我《われ》ながら　うれしくもあるか　弥陀仏《みだぶつ》の　います御国《をくに》へ　行《ゆ》くと思へば」の歌にうかがえる。日没の夕陽が美しくかがやく海の彼方に父母のいる浄土を連想したのであろう。

4　五合庵の風景

良寛は、出雲崎に帰った翌年にすこし北にある国上山《くがみやま》の中腹に建っていた五合庵《ごごうあん》に入る。ときに寛政《かんせい》九年（一七九七）、四〇歳であった。ここで二〇年ほどを暮らすことになる。その庵の場所は国上寺《こくじょうじ》をすこし下ったところにあり、寺の再興に尽くした万元《まんげん》和尚の隠居家として正徳《しょうとく》年代（一七一一〜一七一六）に建てられたという。その後も退隠和尚たちの庵として使われてきたが、ちょうど空き家になっていたので知人たちの世話でそこに移る。その寺は真言宗であったが、良寛はそのような宗派の違いにはあまりこだわっていない。前にみたように禅僧でありながら念仏をして浄土を信じていたし、禅宗内の宗門の争いをくだらないと批判する詩もある。それに当時の武士や町人たちも宗派などはあまり気にせず、いろんな寺の住職や僧たちと親密に付き合っていたのが実態である（拙著『幕末下級武士の絵日記』）。

では五合庵はどのような建物であったか。明治十七年（一八八四）の『新潟県神社寺院仏堂明細帳』によれば、「堂宇間数《どううけんすう》　間口《まぐち》弐間　奥行九尺」とあり、六畳の大きさである。ところが明治三九年の大雪でこの庵は倒壊したが、大正三年（一九一四）に再建された建物が現在保存されている（図199、200）。それを見ると、間口は二間で明細帳と変わらないが、奥行きは二間に拡大している。六畳の部屋の背面に奥行き半間の仏壇や床の間、それに厠らしきものが付随しており、庵全体の大きさとしては八畳ちょっとになり、明細帳の記述とは明らかに異なる。

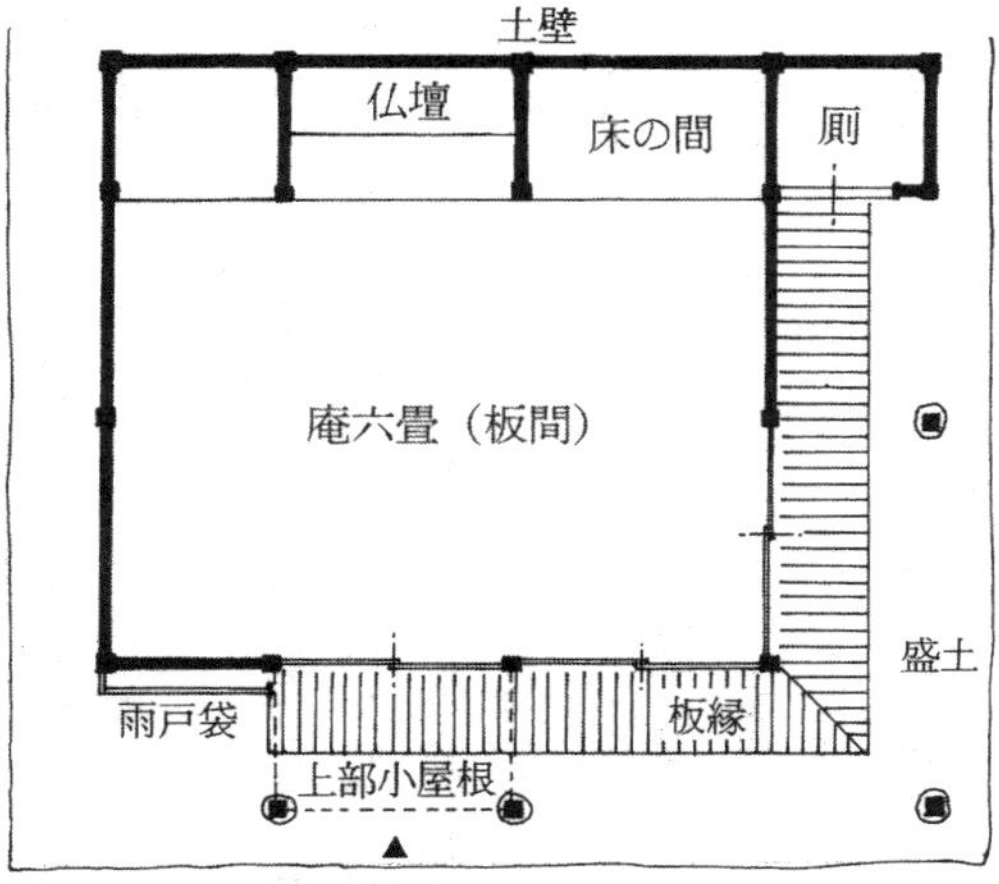

図199　現存の五合庵

図200　現存五合庵の風景

そして六畳の部屋の前と右横には巾の狭い廻り縁があり、その上は茅葺きの本屋根より一段下がった板葺きの差し掛け（庇）になっている。また正面には玄関構えの小屋根を設けている。

　だが、これが良寛が暮らした当時の庵とは考えにくい。まずこの庵での暮らしを詠んだ『乞《こつ》米《まい》』という詩の中に「蕭条《しょうじょう》三間屋《みまや》」とあり、それは寂しい間口三間の庵という意味である。よって当時の庵は、間口二間の六畳の部屋の左横に間口一間の三畳ほどの小部屋があったことになる。それはおそらく寝室の納戸《なんど》であろう。戦国時代の廃墟に近かった国上寺を再興した万元和尚の功績を讃えて建てた隠居屋であるからして、居間と納戸の二部屋ぐらいは設けていたであろう。良寛が暮らした後、大雪などで三畳の部屋が崩れ、明治十七年の調査時点ですでに間口二間に縮小していたと考えられる。納戸は閉鎖的で風通しも悪く、柱や土台が他の部分よりも朽ちやすいからである。そして桃山末期から江戸時代初めにかけて京都で生まれた床の間が地方の農村に普及するのは江戸時代後期であるからして、前期に近い正徳年代の頃はまだ普及していない。さらに玄関構えの小屋根も隠居屋としては不釣合いで、厠も当時は別棟が一般的である。またぜいたくな差し掛けもなかったと思われる。再建時に郷土の偉人良寛を偲んですこし立派に建てたのであろうか。

　次に庵のまわりはどのようであったか。多くの彼の詩からつなぎ合わせるとつぎのようになる。庵の周囲は竹林がうっそうと生い茂り、藤の木もある。その山のすこし平たくなったところに庵があるが、そのまわりを竹でつくった垣根で囲み、そこに小さな柴門を設けていた。その竹垣はつるに覆われていたという。縁もあり、そこで坐禅をしたり、衣のほころびをつくろいだというから、それは半間巾の広い縁であろう。そこに上がる沓脱《くつぬ》ぎの石段を置き、門からそこへいたる踏み石が敷かれ、その周囲には薬草が茂る。庭は苔むして花が咲き、そして井戸もあった。また庭の一隅を耕し大根を育てていたようだ。このような五合庵の風景を図201、202に示す。

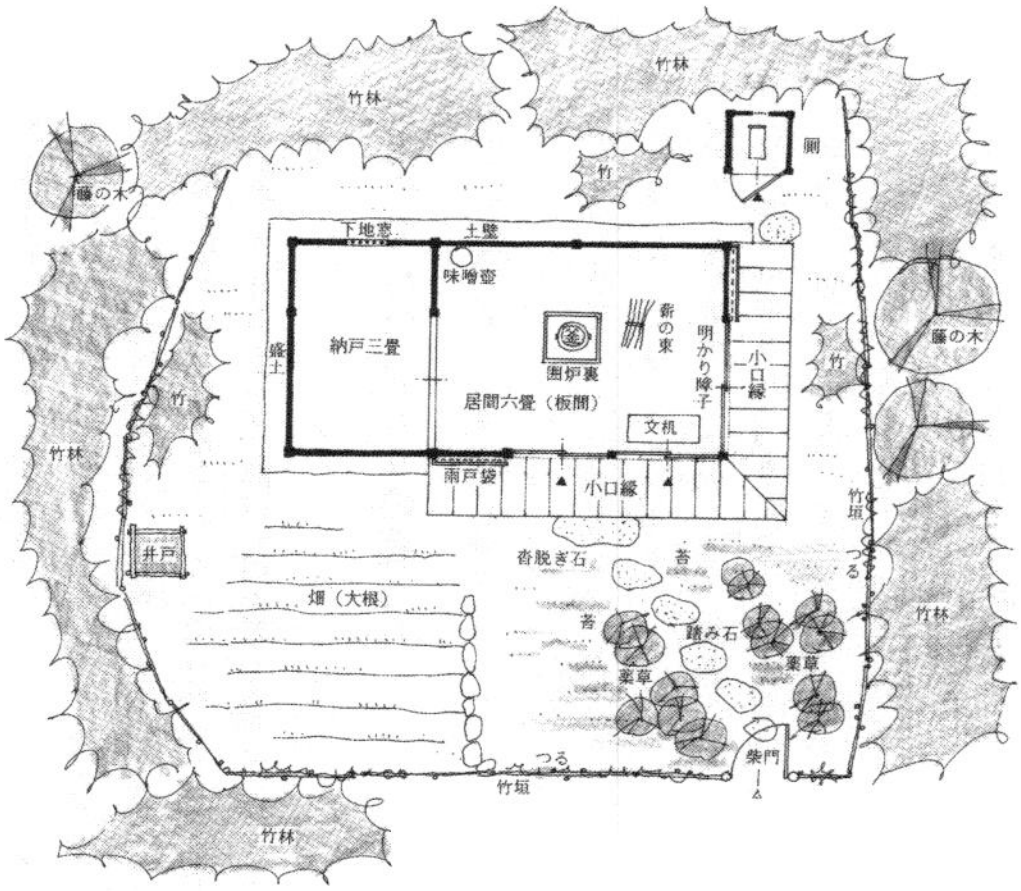

図201　当時の五合庵

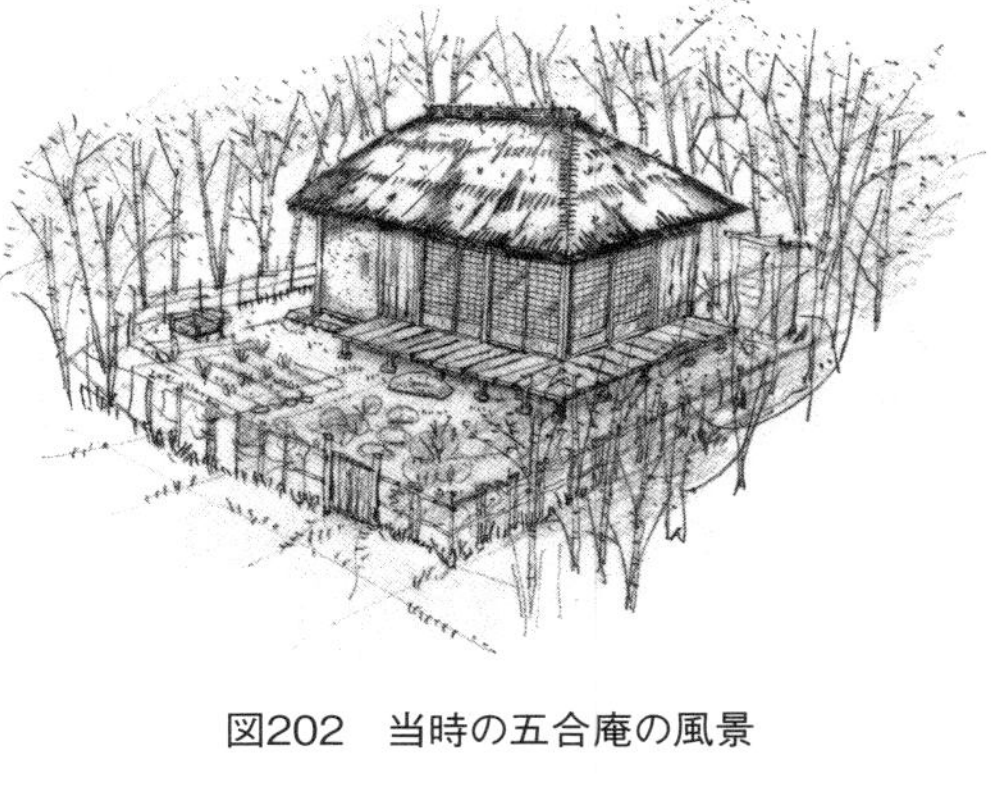

図202　当時の五合庵の風景

5　庵の暮らし

何もない暮らし

五合庵での暮らしの風景を次の詩に詠む。

索索《さくさく》たり五合庵《ごごうあん》、其《そ》れ鳥の巣の若《ごと》く然《しか》り。
牀頭《しょうとう》　瓶《びょう》　一口《いっこう》、戸外竹千千《こがいたけせんせん》。
釜中《ふちゅう》　時に魚有り、竈裡《そうり》　屡《しばしば》　烟《けむり》無し。
独《ひと》り隣寺《りんじ》の僧有り、頻《しき》りに月下《げっか》の門を叩く。

寂しくて侘しい五合庵、それはまるで鳥の巣のように何もない。寝床のそばには小さな水瓶《びん》が一つ、庵の外は竹がうっそうと生い茂る。炉の釜は長いあいだ使っていないので魚が湧くようで、しばしば火をつけることもない。ただ隣の寺の僧が月に誘われてやってきて、しきりに門を叩く、という。[38]

建てられて八〇年以上がたつ庵は古びてみすぼらしい。茅の屋根も相当に傷んで、雨漏りもしたであろう。それはまさに巣立った後の鳥の巣のように荒れていた。庵の中は何もなく、飲み水であろうか、それを入れた水瓶《みずびん》が寝る部屋の納戸に一つあるだけ。そして煮炊きをする居間の囲炉裏にかかる釜もずいぶん長く使っていないようだ。おそらく坐禅や学習に忙しく、食べ物を乞《こ》う托鉢《たくはつ》にしばらく出ていなかったのであろう。まさに極貧の暮らしであるが、そのようなときにたまの助太刀が現れる。近くの寺の僧が月夜に浮かれて良寛と話そうとやってきて門を叩くが、食い物も持参したに違いない。そのような暮らしの気概を詠んだ詩がある。

生涯《しょうがい》　身を立つるに慵《ものう》く、騰騰《とうとう》　天真《てんしん》に任《まか》す。
嚢中《のうちゅう》　三升の米、炉辺《ろへん》　一束《いっそく》の薪《たきぎ》。
誰《たれ》か問《と》わん迷悟《めいご》の跡《あと》、何ぞ知らん名利《めいり》の塵《ちり》。
夜雨《やう》　草庵《そうあん》の裡《うち》、双脚《そうきゃく》　等閑《とうかん》に伸《の》ばす。

これまで立身出世などは気にならず、自分本来のあるがままに自由に生きてきた。食う物といえば袋の中に三升の米、炉ばたには一束の薪があるだけ。先人の迷いや悟りの足跡も気にならず、名誉や利益への執着もまったくない。この夜雨《やう》が降る草庵の内で、さあ、両足をのびのびと伸ばして眠るのだ、[39]という。

この詩を詠んだときにはすこし物があったようだ。それでも袋に米三升と炉にくべる薪一束だけである。その米は托鉢の施《ほどこ》しであろう。物がなくて貧しいが、俗世間とのわずらわしさに惑わされず、こころ自由に生きる暮らしがそこにある。外は雨が降り、夜も更ける。ゆったりと、思いきり両足をのびのびと伸ばして眠る、この何でもないことに生きるよろこびを精いっぱい感じる良寛であった。とくに最後の一節「双脚等閑《そうきゃくとうかん》に伸ばす」は心身の開放を思いきり表現している。

自然とかかわるよろこび

さらに自然とかかわる暮らしの風景を詠むが、その訳文を次に示す。

「鳥の声を琴の音色のように聞き、空に流れる雲を隣人のように親しみをこめてながめている。崖の下には澄みきった湧き水があって衣類や頭巾を洗う。山の上には松や柏《かしわ》の木があってそれを薪《たきぎ》にする。このようなのびのびとした思いのままの暮らしをいつまでも長くつづけたい」

庵のまわりは竹林で覆われ、その上に松や柏の木が生える山へと続き、崖の下には泉が湧いている。ここにはゆったりとしたこころ安らかな良寛がいる。こころが開放されて自由になれば、何でもない自然が優しく近寄ってくるのだろう。このような暮らしを「優遊《ゆうゆう》また優遊」と表現し、それをいつまでも続けたいと願う。次の詩もそのような暮らしを詠む。

「わが静かな庵は渓谷《けいこく》の西にあり、古くて高い木に青々とした葛《かずら》の絡まった林の中にある。ここに訪ねてくる人もおらず、たまに山に登る薪採《たきぎと》りの歌が聞こえてくるだけだ。私は、昼は日なたに出て衣のほころびをつくろい、夜は月の明かりで仏を賛美する詩句を唱える。世の同門の僧にいいたい、こころの満足は決して物ではないことを」

庵のまわりは、竹林の他に葛《かずら》の絡まる高い古木もそびえていたようだ。それは鮮やかな紫の花を束になって咲かせる藤の木であろう。しかし人は滅多に訪ねてはこないという。寂しい暮らしでもあるが、こころの満足は物や栄誉ではないことを悟り、確信する良寛がそこにいる。

ところでこの詩には堕落する僧たちへの批判も詠まれているが、事実はそうであった。とくに中世において僧たちの集団である寺は、寺領の拡大によってしだいに地主および高利貸しを兼ねるようになり、欲と権力にまみれていく。さらに江戸時代になると寺の世俗化がいっそう進むが、それは寺檀《じだん》制度の影響が大きい。幕府はキリシタン禁制を理由に、すべての人にどこかの寺の檀家になることを強要した。固定化した檀家の確保と葬式などの仏事の増加で寺の生活は安定した反面、仏に仕えることと修行とが疎かにされていく。良寛はそのことについても「葬式に忙しくかまけ、世俗に媚びへつらった堕落した教えがあふれている」とまで他の詩でいいきる。

彼はこの庵の縁で坐禅をよくする。深夜までひたすら坐禅をして口のまわりにかびが生えることもあったと他の詩に詠む。そのとき道元のいう身心脱落《しんじんだつらく》の無心の境地になったという。そして坐禅をしないときは琴を静かに奏《かな》でる。琴は古来から陶淵明、白楽天、兼明親王、鴨長明などの隠逸詩人たちが孤独の寂しさを慰めるために好んで用いた楽器である。それを詠んだ次の詩がある。

清夜《せいや》　草庵の裡《うち》、静かに撫《ぶ》す没絃琴《もつげんきん》。
調《しら》べは風雲《ふううん》に入《い》りて絶《た》え、声は流水《りゅうすい》に和《わ》して深《ふか》し。
洋々《ようよう》として幽壑《ゆうがく》に盈《み》ち、颯々《さつさつ》として長林《ちょうりん》を度《わた》る。
耳聾《じろう》の客に非《あら》ざる自《よ》りは、孰《たれ》か希声《きせい》の音を聞《き》かん。

清らかな夜の草庵の内、静かに没絃琴《もつげんきん》を奏でる。その調べは風に乗り、雲に入って消え、その音は流れる水の音に調和して深くしみ通る。さらにその音は広々として深い谷間を満ちて行き、風がさあっと吹くごとくに林の高い梢《こずえ》にわたっていく。音の聞こえない人以外は誰もこの音を聞き分けられないのだ[40]、という。

没絃琴とは絃のない琴のことである。しかしそのような琴を持っているはずもない。終わりの一節がそれを示す。音の聞こえる人は誰もこの音を聞き分けることができないという。それはこころに思う琴であり、目を閉じて琴を奏でる振りをしていた。そのこころに響く美しい音色がまわりの自然の中へしみるように溶けこんでいく。良寛はいつもこころの中に琴を持ち、寂しいときにそれを奏でていたのであろう。静かで心地よいひとときであった。

6　托鉢の風景

修行僧である良寛は山を下りて食べ物を乞う托鉢にも出かける。それは町や村の家々を訪ねる。そこでは人びとといろんな出会いがあった。まず町へ出かけたときの詩をみよう。

昨日《さくじつ》　城肆《じょうし》に出《い》で、乞食《こつじき》すること西又《ま》た東。
肩は痩せて嚢《ふくろ》の重きを知り、衣は単《ひとえ》にして霜《しも》の濃《こ》きを覚《おぼ》ゆ。
旧友　何許《いずこ》にか去《さ》れる、新知《しんち》　相逢《あいあ》うこと希《まれ》なり。
行《ゆ》きて行楽《こうらく》の地《ところ》に到《いた》れば、松柏《しょうはく》　晩風《ばんぷう》に叫《さけ》ぶ。

昨日は町に出て、西や東へと乞食《こつじき》の托鉢《たくはつ》をして歩いた。肩は痩せて、頭陀袋《ずだぶくろ》は重く感じるし、ひとえの僧衣を着ていたので霜の寒さが身にこたえる。旧友はどこへ行ってしまったやら、しかも新しい知人にもめったに出会わなくなった。かつての盛り場のあたりにやってくると、今は墓地となり、海からの強い北風が寂しく鳴るばかりであった[41]、という。

国上山《くがみやま》を下りて乞食の托鉢をしながら出雲崎の町へと歩いたのであろう。鉢《はち》を入れた頭陀袋は重く感じるという。痩せて肩の肉が落ちたからであったが、すこしお布施も溜まっていたのであろう。そして僧衣はひとえであるので霜の寒さが身にこたえるというから、季節は晩秋である。托鉢の途中でも旧友の行方が気にかかる。その友人と若い頃に通った遊び場や遊郭があった場所を訪ねたが、そこは墓地に変わっていたという。そこに佇み、無常の寂しさを痛感する良寛であった。だが楽しくてうれしいときもある。それを詠んだ詩の訳文を次に示す。

「今日は八朔《はっさく》の日、錫杖《しゃくじょう》の金環《きんかん》を鳴らしつつ町屋をまわる。家々は早朝から店を開け、どの家も炊事の煙が斜めに立ち昇る。善男と善女が、われ先にとお布施（食物、金銭、衣類など）をくださる。私はゆっくりと鉢を持って歩くが、この道のように仏道もまっすぐに人びとのこころの中に通じている[42]」

陰暦の八月一日を八朔《はっさく》といった。この時期、早稲《わせ》の穂が実り始めるので初穂《はつほ》を恩人に贈る習慣が村に古くからあった。それが武士や町人のあいだにも広がり、日頃お世話になった人に物を贈る祭りとなる。また仏教行事としてもおこなうようになった。越後では団子やおはぎをつくって仏を祀るらしい。よって今日はお布施をたくさんいただける日でもあり、朝早くから錫杖の金環を鳴らしながら町へと出向く。家々はそのお祭りの用意のために囲炉裏や竈から炊事の煙が立ち昇っていた。そして男も女もわれ先を争うように、お布施を持って良寛の下へ駆けつける。それをすることで家族の災いを無くし、将来よいことがあるように仏と縁を結ぶ習わしであった。良寛は、今歩いている大通りのように、仏の道もまっすぐに人びとのこころに通じているのだなあ、とよろこぶ。

　托鉢で村へも歩くが、そこでも人びとは彼を歓迎した。それを詠んだ次の詩がある。

行《ゆ》き行《ゆ》きて田舎《でんしゃ》に到《いた》る、田舎　秋水《しゅうすい》の垂《ほとり》。
寒天《かんてん》　晩《ばん》に向かって霽《は》れ、鳥雀《ちょうじゃく》　林を遶《めぐ》って飛ぶ。
老農《ろうのう》　言《こと》に帰り来《き》り、我《われ》を見ること旧知《きゅうち》の若《ごと》し。
児《じ》を呼んで濁酒《だくしゅ》を酌《く》ましめ、黍《きび》を蒸《む》して更《さら》に之《これ》を勧《すす》む。
師《し》よ　淡薄《たんぱく》を厭《いと》わざれば、数《しばしば》　茲《ここ》に茅茨《ぼうし》を訪《と》えと。

　歩きまわって村の家に着いた、そこは川のそばにある。寒々とした空は日暮れには晴れ、雀が林の付近を飛びまわっている。年老いた農夫が帰ってきて、私を古い知り合いのごとくもてなしてくれる。子どもを呼んで、どぶろく酒の酌をさせるし、黍飯《きびめし》を炊いて食事を勧めてくれた。農夫はいう、良寛さん、こんな粗末なものでよかったら、もっとたびたびこのあばら家を訪ねてください[43]、という。

　村の人はみすぼらしい乞食《こつじき》姿の良寛をこのように温かく迎えた。彼は酒が好きであったから、自家製のどぶろく酒の振る舞いには思わず舌つづみを打ったことであろう。さらに飯まで炊いてくれる。

　乞食《こつじき》とは、乞匃《ほかひびと》に源流がある。その「ほかひ」とは、折口信夫氏によれば、古くは家々を訪問して寿命や豊作を祈る寿詞《じゅし》、寿歌《じゅか》のことをいい、それをおこなう人を「ほかひゞと」と称したということは前にのべた。また客のことを「まれびと」という。それも折口氏によれば、古くは神をさす言葉であり、常世《とこよ》（海の向こうのはるか彼方の国）からきたと考えられた。この「まれびと」と「ほかひゞと」とがいつしか一つになり、客としての訪問者に食事を出したり、またそれをいっしょにすることで家の幸せを祈ったのである。

とくに良寛の場合は、地元の出身であり親近感もあったのであろう。それに裕福な町名主の家に生まれながら、それを捨てて修行僧になったことも共感を呼んでいたのかもしれない。まれびとであり、ほかひゞとである良寛を村びとたちは歓迎した。

托鉢は遠くの村まで歩くこともあり、日が暮れると訪問先の家に泊めてもらい、そこで主人や家族とともに酒を飲み、食事をすることもあった。また旧友の家を訪ねたときには、風流な話を語り合い、托鉢をすっかり忘れてそこにあった書を読みふける。さらに托鉢の道すがら、野良で働く老人たちに呼び止められ、蘆《あし》の筵《むしろ》の上に招かれ、桐の葉を取り皿として杯《さかずき》を酌み交わし、その後、彼は田の畔《あぜ》で眠りこんでしまう。また日暮れに農家に立ち寄り、風呂に入れてもらい、気もちよく庵に帰ることもあった。それらのことは他の詩に多く詠まれている。

7　子どもたちと遊ぶ

良寛は托鉢に出て、その道すがら町や村の子どもたちとよく遊んだ。次の歌はその風景を詠む。

霞《かすみ》立《た》つ　永《なが》き春日《はるひ》に　飯乞《いひこ》ふと　里《さと》にい行《ゆ》けば　里子《さとこ》ども　いまは春べと　うち群《む》れて

み寺《てら》の門《かど》に　手まりつく　飯《いひ》は乞《こ》はずて　そが中《なか》に　うちもまじりぬ　そが中に
一二三四五六七《ひふみよいむな》　汝《な》は歌ひ　我《わ》はつき　我は歌ひ　汝はつき　つきて歌ひて　霞たつ
永き春日を　暮《く》らしつるかも

日が長くなった春の日に、托鉢にまわろうと思って村里に出かけて行くと、村里の子どもたちが、今は春だと集まり、お寺の門前で手まりをついて遊んでいる。そこで私は托鉢をやめてその中に仲間入りをさせてもらった。子どもたちが集まるその中で、一二三四五六七《ひふみよいむな》と、子どもたちが歌って私がまりをつき、また代わって、私が歌って子どもたちがまりをついて、ついて歌って長い春の日をすごした、[44]という。

托鉢に出かけたはずの良寛は、それをすっかり忘れて子どもたちとの手まりつきに夢中になる。彼はそのようにして子どもたちとよく遊んだ。とくに手まりをくり返し数えてつくのを好んだ。そのうち子どもたちは良寛がやってくるのを楽しんで待つようになる。

今日は町を歩く。町の子どもたちも寺の門前に集まっていた。もうすこし待てば、あの変なお坊さんがきっとやってくる。そう思っていると、通りの向こうにその姿が見えた。数人の子どもたちが良寛の下へ一目散に駆けつけ、彼の手をとり、いっしょに遊ぼうよと、みなが待つ門前まで強く引っぱって行く。良寛は思わずのけぞりそうになりながらも、にこにこ笑って付いて行く。さあ遊ぼう、彼の頭は托鉢などどうでもよくなり、子どもたちとの遊びに夢中になる。そこには身なりは僧であるが、こころはすっかり子どもたちと同化する良寛がいた。

そこへ通りがかりの人が良寛に「どうしてまりつきなどをなさるのか」と尋ねる。彼は何とも答えられず下を向いたままであったが、「ただくり返し無心に遊ぶこと、ただそれだけなのだ」と答える。

やがて良寛は、手まりをどこかで手に入れて、衣の袂《たもと》に忍ばせて托鉢に出るようになり、寺の門前に偶然に通り合せたような振りをして子どもたちにつかまる。托鉢より子どもたちとの遊びでこころはいっぱいであった。

なぜにこのように子どもたちとの遊びに夢中になるのか。それは子どもたちに汚れなきこころを見たからであろう。汚れた世俗を捨てた彼にとって、子どもたちの遊びは澄みきった清らかな世界であった。その手まりつきも、一《ひ》、二《ふ》、三《み》、……十《とお》まで数えてまた一《ひ》に戻るというくり返しは、果てしなく続いて広がる仏のこころと同じであるという。

8　すがすがしい暮らし

良寛は病《やまい》に臥せることもあった。そのことを次の詩に詠む。

独《ひと》り臥《ふ》す　草庵《そうあん》の裡《うち》、終日《しゅうじつ》　人の視《み》ること無し。
鉢嚢《はつのう》　永《なが》く壁に掛かり、烏頭《うとう》　全《まった》く塵《ちり》に委《まか》す。
夢は去《ゆ》きて山野を翺《かけ》り、魂《たましい》は帰りて城闉《じょういん》に遊ぶ。
陌上《はくじょう》の諸童子《しょどうし》、旧《きゅう》に依《よ》って我《わ》が臻《いた》るを待たん。

病《やまい》になり草庵の内にひとり寝ているが、私の世話をしてくれる人は誰もいない。鉢を入れた頭陀袋は壁に掛ったままで、藤の杖はまったく塵をかぶっている。しばらく托鉢に出ていないが、眠っていても夢の中で山野を駆けめぐり、私の魂は町の中に戻ってさまよう。道ばたで遊ぶ可愛い子どもたちは、以前と同じように私が行くのを待ちわびていることだろう、[45]という。

庵でのひとり暮らしは病が一番辛い。しかしこの山中には誰もやってこない。しかも托鉢にも出ていないので食べる物にもこと欠く。じっとがまんして寝床に臥して眠るが、夢は山野と町を駆けめぐり、早くよくなって、自分を待っているであろう子どもたちに会いたいと願う。良寛にとって子どもたちとの交わりは生きがいとなっていた。その思いが仏に通じたのであろうか、しばらくして快復したようだ。次の詩はそのようなひとり暮らしを顧みるが、その訳文を示す。

「世を捨て、わが身を捨てて、迷いのないこころ安らかない隠者となり、月や花を友として人生を送っている。雨が晴れ、雲が晴れてまわりの大気もさわやかだ。こころも清らかで、あらゆるものがみなすがすがしい」[46]

彼は世俗を捨て、父母やこれまでの人生も捨ててこの隠者のような修行僧となった。寂しいときもあるが、そこには慰めてくれる月や花がある。病に臥したときは辛かったが、やはり今の暮らしは清らかですがすがしいという。詩には、この道を歩んだ良寛の確信めいた気もちが表れている。そのことは次の詩でもはっきりとのべるが、その訳文を示す。

「庵はひっそりとした山の中にあるが、一年中訪ねてくる人はいない。夜には月に向かって経文《きょうもん》の一節を読み、多羅樹《たらじゅ》の葉を摘んで、その葉に仏を讃《たた》える詩を書く。炉のあたりは一束《ひとたば》の薪《たきぎ》があり、釜の中は三升の粟《あわ》があるだけ。これで充分である。誰が位《くらい》の争いなんかに苦しむことがあろうか、満足を得るということは、何も多くを求めることではない」[47]

このような人気のない月の光だけの夜の静寂な林の中で、誰にも邪魔されず、ただひたすら仏の道を深める。昼は托鉢に出て、子どもたちと夢中になって遊び、仏のこころを知る。良寛にとってすべての生活が修行であった。庵には一束《ひとたば》の薪《たきぎ》があり、当分のあいだは炉の火を絶やすことはない。無くなれば山に登ってすぐに採ってこれる。釜の中にも粟《あわ》がまだ三升もあり、しばらくはそれで食いつなげる。世の中は位《くらい》や名利《めいり》の争いにあけくれ、苦しんでいる人が多いが、悠々《ゆうゆう》たる暮らしがここにある。そして、こころの満足は決して物や、それが多いことではないという。この暮らしには、道元の「貧なる道こそが真実である」や、芭蕉の暮らしと同じように、老子の「足るを知るものは富む」の思想がつらぬかれていた。

9　生家の滅亡と兄弟たち

前にのべたように、良寛の生家である町名主の橘屋山本家と町年寄の敦賀屋鳥井家との確執は、弟が家督を継いだ後も続いていた。敦賀屋は、代官所や一部町人、それに新興勢力の町屋と結託して橘屋の追い落としを謀《はか》る。それは橘屋のある不手際を理由にして町人から訴えたように代官所に訴訟《そしょう》する。今もよくある手口である。文化元年（一八〇四）のことであった。その六年後に家財取り上げの上、所払《ところはら》いの判定が下された。弟は四九歳、良寛五三歳のときである。家は没収され、家族たちは追放となる。この年、弟の妻は他界していたが、それと併せての悲劇である。弟は世を絶望し、やけになって色と酒に溺《おぼ》れる日が続く。その弟に宛てた良寛の手紙があるが、その訳文を次に示す。

「人も三〇歳、四〇歳になると、心身ともに衰えてゆくものだから、充分にお身体に気をつけてください。大酒を飲み、色情に溺《おぼ》れることはまことに命を縮める斧《おの》のようなものです。決して度を過ぎぬようにしてください。七尺の高さの屏風も、身を躍《おど》らせばどうして越えられないことがありましょうか。薄絹と綾絹の着物の袂《たもと》も強く引けば、どうして耐えきれないことがありましょうか。自分の欲するところであっても、自制心で抑えれば、どうして抑えられないことがありましょうか。巣守老《すもりろう》」48

良寛は生家が訴えられたことは人伝《ひとづて》に聞いていたであろうし、ついに家が取りつぶされることにこころを痛めたであろう。しかし自分には何もできず、弟たちを見守るしかなかった。この手紙には、このような苦境も、もう一度心身を振るいおこし、自制心を強く持って生きてくださいという兄としての精いっぱいのいたわりと励ましの言葉をのべている。

まもなくして弟は諸国流浪の後、剃髪《ていはつ》して与板に隠棲し、名を由之《ゆうし》と改めた。彼も国学、和歌、俳諧、書画に優れていたという。良寛は由之にたびたび手紙を出して様子をうかがい、また由之も庵に良寛を訪ねたりして二人はたがいに思いやり続けた。

この事件の三年後、ばらばらになっていた弟や妹たちは良寛を含めて一同に集まった。そこで詠んだ歌がある。

弥生《やよひ》の晦日《つもごり》の夜《よ》　はらから集《つど》ひて詠《よ》める

円居《まろゐ》して　いざ明《あ》かしてむ　あづさ弓《ゆみ》　春は今宵《こよひ》を　限《かぎ》りと思へば

今日は三月末日、兄弟たちが集まって、さあ和《なご》やかに円居《まろゐ》して夜を明かそう。今宵《こよい》が春の終わりと思うので、(49)という。

円居《まろい》ということばが実によい。どこかの部屋で兄弟たちが輪になって坐り、たがいを見つめながら言葉を交わし合ったのであろう。法衣姿は良寛に加えて由之もそのようである。嫁に行った妹たちもそこにいる。おそらく始めはただ涙ばかりであったが、しだいに笑いに包まれていったことであろう。

10　乙子神社の庵

これまで二〇年ものあいだ暮らしてきた五合庵は文化十三年（一八一六）、良寛五九歳のときに出ることになる。移った先は国上山の麓にある乙子《おつこ》神社境内の庵であった。その理由はわからないが、しだいに年老い、また病気がちであるので五合庵のある山の中腹までの登り下りが辛くなったものと思われる。そこで六九歳までの約一〇年を暮らす。

この乙子神社の庵の風景を次の詩に詠むが、その訳文を示す。

「国上山の麓にある乙子神社は森に囲まれ、その中に庵があって、そこで私は余生を送っている。富豪の邸宅のような立派な家は長いあいだ住むのにわずらわしく、すがすがしい風や明るい月といった自然こそ私には縁がある。たまたま子どもたちと出会ってまりつきをし、さらに風流な趣を感じれば、そのたびに詩をつくったりする(50)」

この庵も自然に囲まれた静かなところにあった。他の詩によれば、乙子神社のまわりは大きな杉の木が多く立ち、柴でつくった垣根に囲まれていた。庵はその神社の奥にあり、その裏側には滝があって、水の音が庵の内まで聞こえるという。庵にいたる小道はひっそりとして苔むしていた。この庵のことを槙《まき》の板屋といっているから、杉板か杉皮で屋根を葺いていたのであろう。柱は竹でつくられ、入り口に戸はなく、菰《こも》を垂らしただけであった。また床《ゆか》は隙間だらけの板敷きで、山から吹き下ろす風が床下から吹き上がってきて、とても寒かったという。その床の上に小さな筵を敷いて身を横たえ、あるだけの着物をかぶって寝ていた。このように乙子神社の庵は五合庵よりもさらに粗末なものであった。

そこでの暮らしは以前と変わらず、托鉢に出かけたり、ときには子どもたちと遊び、庵では相変わらずの坐禅三昧であった。さらに興味が湧けば詩を書くという。彼の詩歌は形式にとらわれず、あるがままの思うことを率直に詠んだものが多い。

この庵と前の五合庵で暮らした約三〇年のあいだ、良寛はたびたび諸国行脚の旅をしている。その国は、伊勢、大和、木曾、信濃、越前、奥州、武蔵野、江戸などであるが、その地を一度にまわったのではなく、何度かに分けて旅をしたようだ。その中には二、三年をかけての旅もあった。芭蕉が旅する目的は歌枕を訪ねて俳諧を究めることにあったが、良寛の旅はそれもあるが、道中の行脚に重きを置いた修行のためであろう。彼は六〇歳を過ぎてもなお米沢など奥州を旅しているが、西行はさらに六九歳になっても奥州平泉へ旅していたのである。

六〇歳を越えた良寛は次のような詩をつくる。それは仏道への思いと悟りのこころである。

四〇年前　行脚《あんぎゃ》の日、辛苦《しんく》　虎《とら》を画《えが》いて猫にも似ず。
如今《じょこん》　嶮崖《けんがい》に手を撒《はな》って看《み》るに、只《た》だ是《こ》れ旧時《きゅうじ》の栄蔵子《えいぞうし》。

四〇年前から行脚をして日々をすごすようになり、辛い修行にも打ちこんできたが、虎を描くつもりが猫にも似ないありさまで、悟りを得た高僧にはなれなかった。今、執着せずに自由に自分を見れるようになったが、ただ、昔の栄蔵の時代とすこしも変わっていないことに気づいた[51]、という。

この詩は四〇年も仏道の修行と行脚を重ねてきた晩年六〇代の述懐を詠む。明らかにこれまでとは違った思いがそこにある。終わりの一節、昔の自分とすこしも変わっていないという言葉はきわめて深い意味を持つ。この頃に詠んだ他の詩でも、波に任せるようなありのままが仏の道であるといい、また悟りはもともと始めもなく終わりもなく、悟りを忘れることこそ悟りなり、という。そこには執着を脱し、無私の境地に達した良寛を見る。昔とすこしも変わらずとは、そのようなこころで自分を振りかえると、人生とは相変わらず妄念ばかりであるというのであろう。この頃に詠んだ次の句がある。

うらを見せおもてを見せて散《ち》るもみじ

紅葉《もみじ》が裏を見せ、表を見せてひらひらと散るように、私もよろこびと悲しみ、悟ったかと思えば妄念ばかり、さまざまな裏と表の人生をさらけ出しながら死んでいくことだ、[52]という。この句にこそ良寛の人生観の真髄が詠まれている。

12　夢の出会いと清らかな唱和歌

六九歳になった文政《ぶんせい》九年（一八二六）、良寛は乙子神社の庵を出て島崎の木村邸内の庵に移る。そこで詠んだ『草庵雪夜《そうあんせつや》の作』という詩がある。

回首《かいしゅ》す　七十有余年《ゆうよねん》、人間《じんかん》の是非《ぜひ》　看破《かんぱ》に飽《あ》く。
往来《おうらい》の跡幽《あとかす》かなり　深夜の雪、一炷《いっしゅ》の線香《せんこう》　古匆《こそう》の下《もと》。

これまで生きてきた七十余年を振りかえると、世の中の善悪をみるにも飽きる。深夜まで降る雪は外の往来する道を消し去ろうとしている。庵の内は、ただ一本の線香の煙だけが古びた窓のそばで立ち昇る、[53]という。

庵は木村邸の庭の奥にあるのであろう。外は深夜になっても雪が降り続ける。あたりはもうずいぶんと白くなり、世間に通じる道も消えてゆく。この庵だけが雪の中に孤立しているようだ。古びた窓辺には一本の線香の煙だけがゆらゆらと立ち昇る。そのそばで、これまでの人生をひとり静かに回想する良寛がいる。おそらく坐禅をするでもなく、窓の外の風景を坐ってじっと見つめているのであろう。雪に消えゆく小道と残りわずかな線香の煙に、やがてくるであろう人生の終焉《しゅうえん》を暗示するような孤独で寂しい詩である。

この島崎の庵を訪ねるひとりの尼僧《にそう》がいた。文政十年（一八二七）の秋のことである。法《ほう》名《みょう》は貞心尼《ていしんに》といい、ここから五里ほど南東の福島の閻魔堂《えんまどう》からやってきた。以後、良寛とは仏道を通じて清らかな交流が三年あまり続く。

貞心尼は寛政十年（一七九七）に長岡藩の武士の娘として生まれ、良寛より三九歳下であった。医師と結婚するも五年で実家に戻る。それは夫との死別、離婚という二つの説がある。その後、柏崎で剃髪して出家したが、そのときまだ若き二十二、三歳であったらしい。良寛を訪ねたときは三十歳頃になっていた。この二人が交わす三四首の唱和歌《しょうわか》は、良寛の死後に貞心尼が『はちすの露』としてまとめたが、その最初の歌を次に示す。

　　はじめてあい見《み》奉《たてまつ》りて　　貞《てい》

君にかく　あい見ることの　嬉《うれ》しさも　まだ覚《さ》めやらぬ　夢かとぞ思ふ

　御《をん》かへし　　師《し》

夢の世《よ》に　かつまどろみて　夢をまた　語《かた》るも夢も　それがまにまに

始めの歌は貞心尼から良寛への歌である。こうして初めて師（良寛）にお目にかかり、うれしくて未だ覚めない夢のようです、夢ならやがて覚めるでしょうから、という。[54] 次はこれに返す良寛の歌である。夢のようなこのはかない世の中で、うとうとと眠って夢を見、またその夢を語ったりする夢を見たりするのも、その成り行きに任せましょう、[55] と答える。

貞心尼は出家して七年ほどのまだ若い尼僧である。修行一筋に生き、また子どもたちと手まりつきで遊ぶ良寛の噂を聞いて、一度ぜひ会って教えを請いたいと思っていたのであろう。意を決して閻魔堂から駆けつけたが、すでに夕暮れになっていた。貞心尼は、やっと会えたことを夢のようだといい、そのよろこびにあふれている。これにたいして良寛は、このはかない世で、またあまり訪ねてくる人もいないこの庵で、このような出会いこそ夢の中の夢のようですといい、尼僧の訪問に感激する。そしてこの出会いも成り行きに任せましょうと、そこには落ちつきと静かなる振る舞いがみられる。貞心尼はみやげの手まりに歌を添えて良寛に差し出し、彼から教えられるままに庭に出て手まりをつく。この出会いから二人はしだいにこころ深くつながり、多くの唱和歌を詠むが、その主なものを訳文でみてみよう。[56]

貞心尼
「今夜はこれだけだと、お師匠さまはおっしゃるけれど、まだお話をお伺いしたい気がして。このように向かい合って、このまま千年でも万年でもずっとお顔を拝していたいのです。空をゆくお月さまがどうなったなんて、お気になさらなくてもよろしいのではありませんか」

良寛
「あなたの私へのこころさえ変わらなかったら、這《は》って伸びる蔦《つた》がとぎれないように、いつまでも向かい合って話をしよう、千年でも八千年でも」

貞心尼
「お師匠さまがおられなかったら、百回千回と数えても、十ずつ十が百だとはわからなかったことでしょう」

良寛
「さあ、そういうことでしたら、私もこれ以上申すまい。九つの次が十、十ずつで百だとわかったならば、あなたがようやく仏の教えがわかられたようだから」

貞心尼
「山烏《やまがらす》のお師匠さまがその里に行かれるのでしたら、小烏《こがらす》の私を誘ってください。子烏ですので羽は弱く、お師匠さまの足手まといになりましても」

良寛
「あなたを誘って行くというなら、行ってもよいのだが、他人が私たちを見て変に思ったらどうしよう」

貞心尼
「鳶《とび》は鳶どうし、雀《すずめ》は雀どうし、鷺《さぎ》は鷺どうし、烏《からす》は烏どうしで仲よく行くのに、何が変なことがありましょう」

貞心尼
「日も暮れたので、お師匠さまは今夜泊まる宿に帰られ、また明日訪ねましょうと、おっしゃって」

良寛
「さあ、それでは今日はこれまでにして、私は宿に帰ります。貞心さんはここで安らかにお休みなさい。この続きは明日にしましょう」

貞心尼

「翌日、お師匠さまは朝早く訪ねていらっしゃったので、さあ、これからお歌を詠みましょうか、手まりをつきましょうか、野原に出て遊びましょうか、お師匠さまの思うままに遊びましょうよ」

良寛

「そうだね、歌も詠みたいし、手まりもつきたいし、二人で野原に出て遊びたいし、どれから始めたらよいか、なかなか決められないね」

貞心尼は夫の死別か離婚で実家に戻るが、まもなくして出家する。夫との別れや実家での居り辛さなどが相まって、世をはかなみ仏の道に入ったのであろう。その悲しみは尼僧になってもずっと続いていたようだ。だが良寛に会い、彼の励ましと優しい導きでしだいにこころの迷いから覚め、仏の道もわかり始めたようだ。二人で手まりつきをしながら、一《ひ》、二《ふ》、三《み》……と数えてついてみなさいといわれ、十《とお》で終わってまた一《ひ》から数えなおすくり返しに仏の道がこめられていることを悟る。

この二人は親と子ほどの年の離れた男と女であるが、それを超越した清らかなこころの結びつきがある。それを愛といってもよいであろう。貞心尼は良寛を父親のように慕い、また甘える。良寛は可愛い娘のように思い、その慈愛の中にもほのかな恋ごころも垣間見える。

ある里に良寛が旅に出ることになり、ぜひ連れていってほしいと貞心尼はせがむ。良寛は照れくさそうにして、そんなことをしたら人は変に思いやせぬかと、すこしたじろぐ。貞心尼はそんなことどうでもよいじゃありませんか、雀や烏のように似たものどうしで行きましょうと、明るく積極的である。さあ、道すがら何をして遊ぼうか、歌か、手まりつきか、野原での遊びかと、子どものようにはしゃぎながら歩く二人であった。

13 浄土への旅立ち

貞心尼との出会いから三年後の秋、良寛は病に臥せる。天保《てんぽう》元年（一八三〇）の七三歳であった。その頃に詠んだ唱和歌がある。[57]

貞心尼

「その後、お師匠さまは思うようにご病気が快復なさらず、冬になるとお庵室ばかりに閉じこもられて、人と顔を合わせないようになり、内側から戸締りを固くして臥せっておられると聞きおよびましたので、お手紙を差しあげて、そのままじっとご辛抱なさってください。今さらになって、この世はちょっとの夢のようだと思わないでください、お師匠さま」

良寛

「暖かい春になったら、あなたの草の庵を出て、早く私のところへきてください、あなたにお会いしたいなあ」

貞心尼はたびたび良寛の庵に出向き、彼の世話に没頭したようだ。それは弟の由之が貞心尼に兄の看護の礼状を出していることからわかる。それは次のようである。

ひとひふたひハ、ことに寒さたへがたく候《さうらふ》。病者御《をん》あつかひ、御辛労可申様《ごしんらふまをすべくよう》もなく、奉存候《ぞんじたてまつりさうらふ》。さむきにつけてハ、ことにあんじられ候。どふぞ便《たより》あらば、くはしく御《を》しらせ被下度《くだされたく》候。御覧《ごらん》もむつかしからむと存《ぞんじ》、ぬしへハふミもたてまつらず候。かしこ。
廿九日。雪ふればそらをあふぎて思ひやる心さへこそ消《きへ》かへりぬれ。貞心禅尼《ていしんぜんに》御《をん》もとへ。
由之《ゆふし》

弟の由之《ゆうし》も薬や布団を届けたりし、また兄を見舞ったりしているが、下《しも》のものまで洗ってくれる貞心尼に感謝していた。それは良寛から由之へのつぎの手紙にうかがえる。

このよらの　いつかあけなむ　このよらの　あけはなれなば　おみなきて　ばりをあらはむ
こひまろび　あかしかねけりながきこのよを

今日の夜は、いつ明けるのであろうか。今日の夜がすっかり明けたならば、病の世話をしてくれる女の人がきて、下のものを洗ってくれるだろう。それまでは、転げまわり、夜を明かすことができないでいる。この長き冬の夜を、[58]という。

このことから、貞心尼は五里も離れた閻魔堂から冬の寒い朝を良寛の世話をしに通っていたようだ。良寛は寝床に臥せり、転げまわりながら朝が早くくることを待ちわびていた。しかし病はさらに深刻になり、次にみるのは最後に交わした唱和歌である。

くるに似《に》て　かへるに似たり　おきつ波《なみ》　　貞《てい》
かく申《まを》したりければとりあへず

あきらかりけり　君《きみ》がことのは　　師《し》

初めの貞心尼の歌は、沖の波が岸に打ち寄せては返って行くように、人と人とは出会いと別れですね、[59]という。これにたいして、あなたの言葉は真実で、まさにその通りですね、と良寛は返す。

この頃に詠んだとみられる辞世の句がある。

形見《かたみ》とて　何残《なにのこ》すらむ　春は花　夏ほととぎす　秋はもみぢ葉《は》

この翌年の一月六日、七四歳の良寛は貞心尼と弟由之らに見守られながら父母のいる浄土へと旅立つ。寒い日の夕暮れであった。

引用・参考文献

漢詩の書き下し文および口語訳、そして歌、俳文俳句、手紙などの口語訳については、以下の○印の文献を引用または参照し、そこに私の解釈も入れさせていただいた。その引用参照文献の箇所は本文中に注番号を付け、それを○印の文献名の末尾に記している。ここに謹んで謝意を表します。

○本田済編訳『後漢書』昭和四三年、平凡社……1、2

和田武司『陶淵明論』平成十二年、朝日選書

佐久節『続国訳漢文大成　白楽天詩集』昭和四年、国民文庫刊行会

○岩田九郎『諸注評訳　芭蕉俳句大成』昭和四二年、明治書院……5、7～9、14～20、24～26、28、29

○井本農一ほか『松尾芭蕉集②　新編日本古典文学全集71』平成九年、小学館……3、4、6、10～13、21～23、27

山崎藤吉『芭蕉全傳』昭和十六年、建設社出版部

尾形仂ほか『定本　芭蕉大成』昭和三七年、三省堂

佐々醒雪ほか『芭蕉翁全集』大正五年、博文館

弥吉菅一ほか『諸本対照　芭蕉俳文句文集』昭和五二年、清水弘文堂

折口信夫『巡遊伶人の生活、折口信夫全集第一巻』昭和二九年、中央公論社

○内山知也、谷川敏朗、松本市壽『定本　良寛全集第一、二、三巻』平成十八、十九年、中央公論新社……30～60

松本市壽『良寛という生き方』平成十五年、中央公論新社

吉野秀雄『良寛　歌と生涯』昭和五〇年、筑摩書房

中野孝次『良寛と会う旅』平成九年、春秋社
玉置康四郎『道元』昭和五八年、中央公論社
和辻哲郎校訂『正法眼蔵随聞記』平成三年、岩波書店
加藤周一『日本文学史序説下』昭和五五年、筑摩書房
大岡敏昭『幕末下級武士の絵日記』平成十九年、相模書房

あとがき

本書は、平成二三年に相模書房から出版したものに新たな章を加え、装いを変えて水曜社から発刊した。その相模書房はこれまで数々の建築専門書を刊行してきた老舗《しにせ》の出版社であったが、今はない。

代表の佐藤弘氏が出版不況の中で、高齢にもかかわらずがんばってこられたが、一昨年ついに力尽き閉鎖にいたった。この佐藤氏もすでにこの世にはいない。世の無常を切々と感じる。佐藤氏には、私の本を三〇年ほど前から数冊出していただいたが、不思議なことに一度もお会いしたことはなかった。いつも電話でのやりとりであったが、その親みのある「しわがれ声」が懐かしい。

人と人とは出会いと別れですね、とは本書でのべたように、良寛が浄土に旅立つ前、貞心尼《ていしんに》が良寛と最後に交わした唱和歌の一節である。まさにそのことの真実を痛感する。

しかし幸いにも、相模書房で佐藤氏といっしょにやってこられた編集者が水曜社に移られ、本書の企画を私に与えてくださった。そこに無常なる世であっても、脈々と何か温かいものが受け継がれて行くのを、また感じる。

この本にのべた武士の家と農民の家については、その調査に二〇年ほどの歳月を要した。東北から九州までの全国各地の家を学生たちとともに訪ねたのであるが、その思い出は今も鮮明である。

小雪の舞う十一月の末、岩手県の奥深い村を訪ね、前もって区長さんから教えてもらった家を探し求めたが、建てた当時に近いかたちで残っていた家にはひとり暮らしのおばあさんが住んでいた。話によると息子たちが東京に出て永らく音信がないという。広間の囲炉裏のそばには雑然と食器が置かれ、その隣にじゃがいも、切り干し大根などが古新聞の上に大事そうに置かれていたのが印象に残る。私たちの調査が長引くのをただじっと待ちながらお茶を入れてくださるその横顔は優しく、ありがたい気もちでいっぱいであった。かつての高度成長の浮かれた風潮の中で、このような村の矛盾を垣間見たことはたびたびである。しかしどのような状況になろうと、畑を黙々と耕し、淡々と生きるその姿に感動を覚えた。

そして大分県の小さな城下町でのことである。江戸時代末期に建てられた武士の家には八六歳になるおばあさんが、やはりひとりで元気に暮らしていた。気さくな方であり、初めて訪問する私たちを奥の茶の間まで招き入れてくださり、家のことからおばあさんの生い立ちや結婚のこと、中国大陸で戦死されたご主人のことにまで話がはずんだ。大阪にいる長男がいっしょに暮らそうというが、旧高女時代の友人や近所の人たちが頻繁に訪ねてくるこの家を離れたくないし、広い庭に植えた花を毎日手入れするのが楽しみだという。座敷には出征時の若きご主人の軍服姿の写真が大事に掲げられ、戦後、女手ひとつでがんばってきたこの家への限りない思い入れと愛着を抱いておられた。

そのような調査での家の人びととの交わりを通して、家とは単なる居住空間ではなく、まさに出会いと人生の空間であると思った。

末尾になりましたが、水曜社代表の仙道氏には深甚の謝意を表します。

平成二九年十月

大岡　敏昭

大岡敏昭 おおおか・としあき
昭和十九年、神戸市生まれ、熊本県立大学名誉教授。九州大学大学院博士課程（建築学専攻）修了。工学博士。歴史は現在の問題から遡るべきという理念のもとに、古代から現代までの日本住宅と中国住宅、およびその暮らしの風景を研究している。主著に、『日本の住まい　その源流を探る』（相模書房）、『清閑の暮らし』（草思社）、『武士の絵日記』（角川ソフィア文庫）などがある。

江戸時代の家

二〇一七年十一月十七日　初版第一刷発行
二〇二〇年二月二十二日　初版第二刷発行

著者　大岡 敏昭
発行者　仙道 弘生
発行所　株式会社 水曜社
〒160-0022 東京都新宿区新宿一-一四-一二
電話 〇三-三三五一-八七六八
ファックス 〇三-五三六二-七二七九
URL : suiyosha.hondana.jp
印刷所　日本ハイコム 株式会社
制作　西口 雄太郎（青丹社）

ISBN978-4-88065-433-1 C0021

忍藩（埼玉県行田市）の下級武士が書き残した「石城日記」。
家族や市井の人々の交流が描かれた武士たちの日常生活を
知る貴重な記録。　オールカラー挿絵180点収録の大型本。

新訂
幕末下級武士の絵日記
その暮らしの風景を読む

大岡敏昭 著

ISBN 978-4-88065-459-1　本体価格2,500+税
登場人物関係一覧と年譜を初掲載

全国の書店でお買い求めください。価格は税別です。